Gerald Hüther | Robert Burdy

Wir informieren uns zu Tode

Gerald Hüther | Robert Burdy

Wir informieren uns zu Tode

Ein Befreiungsversuch für verwickelte Gehirne

HERDER

FREIBURG · BASEL · WIEN

MIX
Papier aus verantwortungsvollen Quellen
FSC® C014496

www.herder.de

Satz: Carsten Klein, Torgau
Herstellung: GGP Media GmbH, Pößneck

Printed in Germany

ISBN Print: 978-3-451-60900-8
ISBN E-Book (EPUB): 978-3-451-82800-3
ISBN E-Book (PDF): 978-3-451-82902-4

Inhalt

Vorbemerkungen 9

Teil 1: Absturz 15

1.1 Die schöne neue Welt der Verwirrung 19

Wer gut informiert ist, spart angeblich Zeit und Geld 19

Wer alles gleichzeitig aufnimmt, bekommt angeblich mehr mit 21

Der Algorithmus als Wegweiser 26

Das Kerngeschäft der sozialen Medien 30

Wer etwas verkaufen will, muss über seine Angebote informieren 33

Wer eine Rolle spielen will, muss sich gut darstellen 36

Selbstdarstellung führt zur »Egotalisierung« unserer Wahrnehmungswelten 39

Die Gestaltungshegemonie des Digitalen 44

Die Welt ist kein globales, digitales Dorf 47

1.2 Die Schönheit der neuen Informationswelt liegt im Auge und im Gehirn des Betrachters 52

Was eine Information ist, bestimmt der Empfänger 52

Menschen nehmen wahr, was sie wahrnehmen wollen 54

Künstliche Intelligenzen steuern den Informationsmarkt in den sozialen Medien 62

Fake News und das dämmrige Licht der Wahrheit 64

Toxische Informationsgewohnheiten sind auch nur Gewohnheiten 67

1.3 Der Informationsmarkt folgt den Marktgesetzen 71

Klassische Medien zwischen Selbstreflexion und Selbstaufgabe 71

Das große Wettrennen der »Informierer« und die Verbreitung sich selbst beschleunigender Botschaften 73

Bangemachen gilt! – Warum schlechte Nachrichten gute Nachrichten sind 78

Willkommen im Emotionengroßhandel 81
Der Preis der Information 83
Nachrichten aus zweiter und dritter Hand 86
Verwirrung führt zu Verunsicherung und die führt zu Vertrauensverlust 91

1.4 Zwischen Orientierung und Manipulation – Die Bewerter und die Bewertung von Informationen haben sich verändert 97
Der Kampf um die Deutungshoheit 97
Gerüchte, Glaubensfragen und Gelehrte 99
Bewertungsinstanzen in der Lieferkette 102
Was ist eine objektive Information? 105
Konstanten in der konstanten Veränderung – Alles und jeder sind nur jetzt, in diesem Moment, so, wie sie sind! . . 109
Die Welt ist ein Chor – singen wir dasselbe Lied? 111

Teil 2: Reset 115

2.1 Rückbesinnung auf das, was Informationen wirklich sind und was wir daraus gemacht haben 117
Weshalb ist die Evolution des Lebendigen eine Evolution der Informationsverarbeitung? 118
Welche Vorstellung liegt unserem heutigen Informationsbegriff zugrunde? 125
Was betrachten wir als »Informationen« und wozu werden sie verbreitet? 128

2.2 Rückbesinnung auf das, was uns Menschen so abhängig von verlässlichen Informationen macht 133
Weshalb sind wir Menschen so sehr auf den Austausch von verlässlichen Informationen angewiesen? 134
Wie funktioniert Informationsverarbeitung im Gehirn? 138
Wie funktioniert die Verarbeitung von Informationen in menschlichen Gemeinschaften? 147

2.3 Rückbesinnung auf das, was uns verwirrt und in eine Informationsflut geführt hat 158
Was macht uns mit unseren Gehirnen so leicht verführbar? . . 159

Weshalb verwickeln wir uns auf der Suche nach dem Glück? . . . 162
Was führt uns bei der Suche nach Lösung in Sackgassen? . . . 164
Wie verwickeln wir uns auf der Suche nach Entscheidungen? . . . 168
Von welchen Informationen lassen sich Menschen berühren? . . . 172
Wann, wie und weshalb wird Information für Propaganda und Manipulation missbraucht? . . . 176

Teil 3: Neustart . . . 183

3.1 Befreien kann sich nur, wer auch wirklich frei sein will . . . 185
Wer unbedingt dazugehören will, muss in Kauf nehmen, verwickelt zu bleiben . . . 186
Wer möglichst lange lebendig bleiben will, darf keine Angst davor haben, etwas früher zu sterben . . . 191
Wer nach schnellen Lösungen sucht, läuft Gefahr, sich noch weiter zu verwickeln . . . 194

3.2 Frei werden kann nur jemand, der kein Bedürftiger mehr ist . . . 199
Wer nicht mehr ständig Informationen verbreiten will, darf keine Angst davor haben, unwichtig zu sein . . . 200
Wer nicht mehr ständig nach neuen Informationen suchen will, darf keine Angst davor haben, etwas zu verpassen . . . 206
Wer frei sein will, darf nichts mehr von anderen haben wollen . . . 211

3.3 Es gibt einen Ausweg aus der selbst verschuldeten Unmündigkeit . . . 215
Menschen sind keine Objekte . . . 218
Ausbildung ist keine Bildung . . . 223
Erklärungen sind keine Berührungen . . . 227

Nachbemerkung . . . 237

Vorbemerkungen

»Irgendwas geht hier schief!« Dieses Gefühl äußern – meist in vertraulichen Gesprächen, oft aber auch öffentlich – immer mehr Menschen. Und es handelt sich dabei keineswegs nur um die immer Zweifelnden, die beruflichen Infragesteller und ideologischen Ablehner. Da ist der Vorstandschef einer großen Bank genauso wie die Studentin im ersten Semester und der Arbeiter im Gebäudemanagement. Sie stimmen immer häufiger und immer beherzter ein in jenen Chor des Irgendwas-geht-hier-schief. Sie tun das ohne Hass und ohne Hetze. Sie weisen weder Schuld zu noch Verantwortung von sich. Sie suchen weder den großen Führer noch die Deutungshoheit für sich selbst. Sie stellen nur einfach die Sinnfrage neu. Was machen wir hier eigentlich und warum? Dass sie das tun, ist gut und es gibt Hoffnung. Die StudentInnen und SchülerInnen auf der Fridays-for-Future-Demo sind da gar nicht so weit entfernt von dem Rentnerehepaar, das noch nie bei einer Protestkundgebung war, aber das Gefühl hat, die Welt nicht mehr zu verstehen. Sie alle stellen dabei auch fest, dass es schwerer geworden ist, miteinander zu reden. Weil es so sehr ums Rechthaben geht, wird immer vehementer aufeinander eingeredet. So lassen sich die wichtigen Fragen nicht beantworten.

Dabei stand doch nie zuvor in der Geschichte der Menschheit so vielen Menschen so viel Wissen frei zur Verfügung. Noch nie hatten Menschen von Delhi bis Delitzsch, von San Pedro de Atacama bis Swerdlowsk die Möglichkeit, ihre Stimmen zu erheben und die ganze Welt teilhaben zu lassen an ihren Erfahrungen und Bestrebungen. Und noch nie ist die Kommunikation so kläglich und so wortreich gescheitert. Das ist kein Widerspruch, sondern deutet nur darauf hin, dass wir uns mit unseren globalen digitalen Informationstechnologien hocheffiziente Werkzeuge geschaffen haben, die wir aber noch gar nicht so recht bedienen können. Fast wirkt es so, als hätten diese digitalen Medien eine lenkende Macht über uns gewonnen, der wir kaum zu entkommen imstande sind.

Haben wir Menschen diese hocheffizienten Informationstechnologien nicht ursprünglich deshalb erfunden und eingeführt, um voneinander zu lernen und möglichst viele in die gemeinsame Gestaltung unseres Lebens einzubeziehen? Ist uns da etwas entglitten, hat sich diese neue Technologie – oder besser: ihre Nutzung durch uns – verselbstständigt? Und wenn ja, wie finden wir wieder zurück in unsere eigene Gestaltungskraft? Wie gelangen wir zu gemeinsamen Vorstellungen, entlang derer wir unser Leben und unser Zusammenleben ausrichten? Das sind Fragen, denen wir in diesem Buch nachgehen wollen.

Im Vergleich zu den großen Erfindungen und Technologien, die das Maschinenzeitalter eingeleitet hatten, ist die digitale Revolution praktisch über Nacht über uns hereingebrochen. Und nun laufen wir Gefahr, dem Zauberlehrling immer ähnlicher zu werden, der etwas in Gang gesetzt hat, dem er selbst nicht gewachsen ist. Wir möchten dabei helfen und uns mit Ihnen auf den Weg machen, das Zauberwort wiederzufinden, das den losgelassenen Besen zu einem Segen für uns macht statt zu einem Fluch.

Es könnte sein, dass es in der von uns selbst noch nicht so recht verstandenen Arbeitsweise unserer Gehirne zu suchen ist. Die im menschlichen Gehirn angelegten, unser Denken, Fühlen und Handeln lenkenden Nervenzellverknüpfungen, die neuronalen Netzwerke, sind zeitlebens veränderbar. Die Vernetzungen der Nervenzellen bilden sich erst »unterwegs«, also als strukturelle Verankerungen der im Lauf unseres Lebens gemachten Erfahrungen, heraus. Wir haben also niemals ein »fertiges« Gehirn. Es ist ständig im Umbau und formt seine Vernetzungen so ähnlich heraus wie ein Baum seine Äste – je nach Standort und in Abhängigkeit von Wind und Wetter.

Deshalb ist es kein Wunder, dass wir zeitlebens auf der Suche nach passenden Lösungen sind. Wie jeder Baum im Wald müssen wir diese Lösungen im Einklang mit den Erfordernissen des Zusammenlebens mit anderen Menschen erst finden. Weil diese aber ebenfalls nach für sie geeigneten Lösungen suchen, sind wir auf einen ständigen Austausch mit diesen anderen Menschen angewiesen.

Es gibt vieles, das diesen überlebenswichtigen Informationsaustausch behindert, oft sogar unmöglich macht: Was da alles tagtäglich, stündlich, minütlich an Informationen auf uns hereinprasselt, kann sehr schnell zu einer Flutwelle werden, in der wir ertrinken. Menschen, die sich angesichts dieser Überflutung nicht mehr miteinander verständigen und sich auf das einigen können, worauf es für ein friedliches Zusammenleben ankommt, werden ihre jeweiligen Interessen noch stärker durchzusetzen versuchen als bisher und gegebenenfalls auch übereinander herfallen. So laufen wir Gefahr, uns zu Tode zu informieren.

Mitte der achtziger Jahre eines – so fühlt es sich an – lange vergangenen Jahrhunderts, warnte der US-amerikanische Medienwissenschaftler Neil Postman mit seinem wichtigsten Werk: »Wir amüsieren uns zu Tode!« Es war eine Klageschrift gegen die Medien, vor allem das Medium Fernsehen, das mit seinen Bildern und inhaltlichen Verflachungen die Urteilsfähigkeit der Bürger einschränke und zu einer beinahe epidemischen Sinnbefreiung von Politik und Kultur beitrage.

Es wäre völlig überzogen zu behaupten, dass allein diese Entwicklung oder gar Postmans treffliche Analyse uns in dieses *Zeitalter der Verwirrung* geführt hätten. Aber das ist es, wo wir uns nun befinden: Wir leben in einem Zeitalter der Verwirrung, das alle Anstalten macht, die freiheitlichen Demokratien in ihren

Grundfesten zu erschüttern. Die um sich greifende Verwirrung agiert wie ein tödlicher Virus, der danach strebt, den Körper, auf den er übersprang und der ihn nährt, zu zerstören. Wir sind nicht geimpft gegen diesen Virus und heißen die tödliche Krankheit mit kindlicher Naivität und Hilflosigkeit sogar willkommen. Und viele behaupten, es gebe diesen Virus nicht, nur damit sie als Verbreiter und Konsumenten von Informationen so weitermachen können wie bisher.

Neil Postman hatte damals recht. Seine Analyse war visionär. Aber sie war nur der Vorbote einer Entwicklung, die viel breiter wurde, viel tiefer ging und viel nachhaltigere Folgen hatte als ein schlechtes Fernsehprogramm. Dass dieses Buch eine Anlehnung an sein berühmtes Werk im Titel trägt, soll keine Anmaßung sein, sondern eine Verbeugung. Auch wenn unser Buch einen bedrohlichen Titel trägt, will es eine Botschaft der Hoffnung verbreiten: der Hoffnung auf Einsicht und Umkehr. Deshalb ist es keine Klageschrift gegen diejenigen, die uns zu manipulieren versuchen mit Botschaften, die nur vortäuschen, Informationen zu sein. Und auch kein Klagelied über den Niedergang politischer Kultur und zivilisierten gesellschaftlichen und menschlichen Umgangs. Auch wenn es in beiden Fällen genug zu sagen und zu lamentieren gäbe. Es geht aber nicht um »die anderen«. Es geht um uns! Es geht darum zu verstehen, warum wir uns manipulieren lassen. Und wie wir lernen können, uns der Informationsflut entgegenzustellen. Wir werden nicht zu Tode informiert, wir informieren uns zu Tode. Und wir können uns entscheiden, ob wir das wollen.

Beim Schreiben dieses Buches haben wir versucht, außerhalb »der Box« zu denken, ja sogar ganz herauszutreten aus der Kiste unserer Denkmuster und der Erklärungsversuche für das, was gerade in unseren modernen Gesellschaften geschieht. Denn eines scheint sicher: Die neue Lösung liegt nicht da, wo die alten Lösungen entstanden sind. Die verloren gegangene Ordnung kann nicht nach denselben Maßstäben in Form von Selbst-, Menschen- und Weltbildern und auch nicht mit denselben Verfahren der Belehrungen und Bewertungen wiederhergestellt werden. Es gibt keinen Weg zurück, der Geist geht nicht mehr in die Flasche und der Besen des Zauberlehrlings stellt sich nicht freiwillig wieder in die Ecke.

Was wir für ein friedliches Zusammenleben brauchen, ist eine gemeinsame, sinnstiftende Orientierung. Aber nicht eine durch irgendwelche Anführer oder einheitliche Medieninformationen vorgegebene. Sie kann nur durch die Suche nach dem gefunden werden, was möglichst vielen Menschen gleichermaßen am Herzen liegt. Natürlich gibt es da eine ganze Reihe von Anliegen: unser Leben schützen, die Erderwärmung eindämmen, unsere natürlichen Lebensräume und die Artenvielfalt bewahren. All das und noch viel mehr ist in einer gemeinsamen Anstrengung zu erreichen. Aber wird die Lösung all dieser von uns selbst geschaffenen Probleme dann auch dazu führen, dass wir aufhören, ständig selbst wieder neue Probleme zu erzeugen? Indem wir uns weiter auf diese Weise im Kreise drehen und von einer Baustelle zur nächsten hetzen, werden wir die Frage nach dem Sinn unseres Daseins nicht beantworten können. *Wofür* wollen wir gesund bleiben, unsere natürlichen Lebensräume schützen oder die Artenvielfalt erhalten? Um eine Antwort auf diese Fragen zu finden, brauchen wir etwas anderes als möglichst viele und möglichst zuverlässige Informationen. Und genau darum geht es in diesem Buch.

Teil 1: Absturz

Wie zu viele und zu widersprüchliche Informationen unsere Gehirne überfluten: Das Informationszeitalter ist zu einem Zeitalter um sich greifender Verwirrung geworden

Im Märchen »Der süße Brei« der Gebrüder Grimm ist die Geschichte unserer aktuellen globalen Informationsflut bereits erzählt. Symbolisch natürlich und mehr als ein Jahrhundert bevor irgendjemand auch nur an einen digitalisierten, weltweiten Wissensaustausch gedacht hat. »Der süße Brei« erzählt von einem armen, kleinen Mädchen, das hungrig und bettelnd durch die Stadt streift, bis ihm eine alte Frau einen Zaubertopf schenkt. Ein kurzer Befehl genügt und der Topf beginnt, einen süßen Brei zu produzieren, der fortan das Mädchen und seine geplagte Mutter ernährt. Das geht so lange gut, bis die Mutter in Abwesenheit des Mädchens den Zaubertopf anwirft und dann das magische »Mutabor« vergisst, um die segensreiche Breiproduktion wieder einzustellen. So läuft der Zaubertopf über, flutet Haus und Hof, Stadt und Land mit seinem süßen Brei und der Segen wird zur Heimsuchung. Erst im letzten Moment kehrt das Mädchen zurück, spricht die Zauberformel und rettet Mutter und Welt vor dem bitter-süßen Tod durch Breivergiftung.

Das kleine, hungrige Mädchen sind wir alle, die wir nach Unterhaltung und Ablenkung hungern, genauso, wie es Neil Postman in *Wir amüsieren uns zu Tode* prophezeit hat. Der Zaubertopf der globalisierten Digitalisierung schüttet auf einen Mausklick, also die digitale Version des Zauberwortes »Töpfchen, koche!«, seinen süßen Brei über uns aus. Und der Brei fließt und fließt und wir werden dick und fett und doof davon und können weder aufhören, die klebrige Masse zu verschlingen, noch den Quell der Misere ausschalten. »Töpfchen, steh!« reicht schon lange nicht mehr. Seine moderne Version »Alexa, hör mit dem Scheiß auf!« auch nicht! Also schlürfen wir und schlabbern und schlingen die ungesunde Masse in uns hinein, verwundert über jene Verstopfung globalen Ausmaßes, die das zwangsläufig auslöst! Niemand hat uns gewarnt. Niemand hat uns verraten, dass die alte Frau, die uns den Zaubertopf namens Internet schenkte, Zuckerberg hieß und Gates und so ähnlich. Dass die scheinbar ungeschickte Mutter, die angeblich das Zauberwort vergaß, um den Topf zu stoppen, in Wirklichkeit gar kein Interesse daran hatte, weil sie längst einen Onlinehandel für den Brei aufgemacht hatte. Wir wissen nicht mal, dass wir gar kein Zauberwort brauchen, um die Flut der süßen Masse, die uns die Gehirne verklebt, zu stoppen. Wir müssten den Brei nur einfach nicht mehr konsumieren, das würde den Zauber brechen.

Hier kommt das Fest für alle Verschwörungstheoretiker! Es sind mehrere große Entwicklungen, die sich gegen uns und unsere Gehirne verschworen haben.

1.1 Die schöne neue Welt der Verwirrung

Unsere neue globalisierte und digitale Informationswelt gibt uns den Eindruck, mehr Kontrolle über unseren Austausch mit anderen zu haben als jemals zuvor in der Menschheitsgeschichte. Das stimmt, wenn wir auf die Möglichkeiten des Informationsaustausches schauen. Aber in dieser Welt gibt es auch Mechanismen, die dazu geeignet sind – und manche von ihnen sind speziell so angelegt – dass wir Kontrolle abgeben. Dann droht uns die Informationsflut mitzureißen und wir werden vom aktiv kommunizierenden Menschen zum Objekt fremder Interessen.

Wer gut informiert ist, spart angeblich Zeit und Geld

Wir leben in einer Zeit des Unmittelbaren. Alles geschieht sofort. So kommt es einem zumindest immer häufiger vor. Natürlich gibt es noch diese althergebrachten analogen Dinge wie Leben, Lieben und Sterben, die nach wie vor ihre Zeit brauchen. Aber wir werden mit ihnen auch schnell ungeduldig, weil wir diese unerträgliche Langsamkeit des Menschseins einfach nicht mehr gewohnt sind.

In jenen schwarz-weißen Tagen, als der Fernseher noch einen Drehknopf für die Auswahl zwischen zwei oder drei verschiedenen Programmen hatte, war es für einen Menschen gesunden Geistes ganz normal, zur Straßenbahnhaltestelle zu gehen und dort zu warten, bis die nächste Bahn in die richtige Richtung fuhr. Wir haben uns dabei nichts gedacht. Heute gehen wir gar nicht erst los, bevor wir nicht die entsprechende App konsultiert, einen Fahrschein aufs Handy heruntergeladen und die Anschlussverbindungen zu anderen Mobilitätsarten gebucht haben. Und wenn diese ärgerlich analoge Straßenbahn dann vier Minuten und 48 Sekunden verspätet kommt, sind wir erbost, weil solche Nachlässigkeiten einfach nicht in unser durchdigitalisiertes Leben passen. Wie gut, dass wir uns wenigstens die Zeit mit dem Konsum zahlloser kleiner Botschaften auf unseren Smartphones vertreiben konnten! Nur wenige der vielen Botschaften, die uns so täglich erreichen, berühren tatsächlich unser Leben. Die meisten sind inhaltlich weit von unserer Lebenswirklichkeit entfernt und haben praktisch keine Relevanz für uns. Trotzdem dringt die Nachricht über ein neues Immobilienprojekt in der Schweiz, das eine frühere Schulfreundin betreut, mit derselben Dringlichkeit ans Ohr und ins Blickfeld wie die Nachricht von der Tochter, die in einer persönlichen Angelegenheit um Hilfe bittet.

Alleine per E-Mail werden jeden Tag 330 Milliarden Botschaften versendet. Pro Minute werden nur über die Plattform iMessage weltweit zwölf Millionen Messages verschickt – in einer Minute! (Wir benutzen hier bewusst den Anglizismus »Messages«, denn dies sind nicht wirklich Nachrichten oder Informationen. Mehr dazu später.) Fast die Hälfte der Weltbevölkerung nutzt soziale Medien. Und in Deutschland beträgt die durchschnittliche Nutzungsdauer pro Tag knapp eineinhalb Stunden. Zum Vergleich: Laut statistischem Bundesamt spielen Eltern in Deutschland pro Tag rund eine halbe Stunde mit ihren Kindern. Zählt man die gemeinsame Zeit im »Elterntaxi« mit dazu, also die Fahrten zur Schule, zum Ballett, zum Klavierunterricht oder zum Einkaufen, dann sind es rund 80 Minuten, die wir mit unseren Kindern verbringen. Das heißt, selbst wenn wir die meistens stressige Zeit im Auto und das Zuschauen beim Fußballtraining mitzählen, in der viele Eltern ja gleichzeitig auch digital unterwegs sind, dann ist uns das Umfeld der sozialen Medien genauso viel Lebenszeit wert wie unsere Kinder. Ist das eine von uns bewusst getroffene Entscheidung? Die meisten Eltern wären wohl eher peinlich berührt angesichts dieser Zahlen. Und sie würden eine solche Gewichtung von Prioritäten für sich selbst weit von sich weisen. Aber irgendwo kommen die Zahlen her. Und auch wenn es Durchschnittswerte sind – sie beschreiben ein gesellschaftliches Phänomen.

Wer alles gleichzeitig aufnimmt, bekommt angeblich mehr mit

Bis zur Digitalisierung waren unsere Gehirne – gleichgültig, ob wir als Straßenfeger oder als Gehirnchirurg unterwegs waren – in der Lage, alle Informationen, die unser Leben betrafen, aufzunehmen und zu verarbeiten. Wir mussten nicht so viel wissen, um mitzukommen. Obwohl ihr Leben deutlich weniger komfortabel und in vielerlei Hinsicht erheblich herausfordernder war als unsere modernen Existenzen, hatten die Generationen unserer Großeltern und jene vor ihnen noch gute Chancen, sich in ihrer Welt wiederzufinden. Ihre Egos waren kleiner und ihre Welt war kleiner. Und jene von uns, die noch vor der großen Informationsflut geboren wurden, erinnern sich noch daran: Da gab es Zeiten herrlicher Langeweile. Schier endlose Urlaubsfahrten auf dem Rücksitz des elterlichen Autos zum Beispiel, auf denen nichts mehr geschah als das Plärren eines krächzenden Radios und das gelegentliche Gezänk mit den Geschwistern. Wir hatten Phasen des Nichtstuns, der Kontemplation aus Mangel an Stimulation. Lesen Sie diesen Satz mal einem »Digital Native« vor. Sie werden feststellen, dass Begriffe wie Nichtstun, Langeweile und Kontemplation dort Angst und Schrecken verbreiten. Ein Urlaub ohne WLAN und Internet erscheint den meisten Teenagern – und auch vielen ihrer Eltern – heute wie ein Aufenthalt in Guantanamo Bay, dem US-Gefangenenlager für Terrorverdächtige.

Dabei geht es nicht unbedingt um Müßiggang. Wie aus der Zeit gefallen mutet die wunderbare Geschichte von Beppo Straßenkehrer an, die Michael Ende in seinem Buch *Momo* erzählt. Beppo Straßenkehrer erklärt darin seiner Freundin Momo, wie er eine Straße kehrt, die einem auf den ersten Blick fürchterlich lang und damit wie eine viel zu große Herausforderung vorkommen kann. »Man muss immer nur an den nächsten Schritt denken, an den nächsten Atemzug, an den nächsten Besenstrich. Dann macht es Freude; das ist wichtig, dann macht man seine Sache gut. Und so soll es sein. Auf einmal merkt man, dass man Schritt für Schritt die ganze Straße gemacht hat.« Beppo konnte es egal sein, was derweil in der Welt geschah. Er war Straßenfeger. Er fegte eine Straße. Und er wusste, wie er das so tun konnte, dass danach die Straße sauber und er selbst zufrieden war.

Heute denken wir permanent, versuchen andauernd, neuen Botschaften einen Sinn zu geben. Wir versuchen, uns einzuordnen in die Welt, die wir wahrnehmen. Allein die Tatsache, dass wir ständig das Gefühl haben, nicht mehr alles mitzubekommen, erzeugt Stress und Verunsicherung in jedem Einzelnen. Das neue »alles« ist einfach zu viel. Und zu viel Verunsicherung macht uns empfänglicher für negative Botschaften. Schon bevor die digitalen Helfer in unser Leben eindrangen, begann Multitasking zur vermeintlichen Tugend zu werden, für jeden, der in der Gesellschaft, bei der Arbeit oder auch zu Hause Verantwortung übernehmen wollte. Der Manager, der mehrere Bälle gleichzeitig jonglierte, die Mutter, die Beruf und Kinder und Haushalt und Beziehung unter einen Hut und damit in ein Gehirn bekommen wollte … wir alle waren gefordert, mehrere Dinge gleichzeitig zu tun. Wer so aussah, als könne er das, galt und gilt als erfolgreich, als Macher oder als Powerfrau.

Die Digitalisierung hat diese Entwicklung noch weitergetrieben: Heute ist es normal, dass Menschen auf Fahrrädern durch dichten Innenstadtverkehr fahren, während sie gleichzeitig mithilfe ihrer Ohrhörer telefonieren und das Handy in der Hand halten, um Nachrichten zu lesen. Vor einem halben Jahrhundert noch hätten Menschen, mit diesem Bild konfrontiert, ungläubig den Kopf geschüttelt und das Ganze für eine unglaubliche Persiflage auf den menschlichen Versuch des Multitasking gehalten.

Es reicht ein Blick auf die Unfallstatistiken, um zu erkennen, dass Multitasking nicht funktioniert. Im Straßenverkehr sterben allein in Deutschland rund 500 Menschen jährlich, weil sie auf ihr Smartphone statt auf die Straße schauen. 25 000 werden verletzt. Ein Fünftel aller Fußgängerunfälle sind auf Handynutzung zurückzuführen. Und es vergeht kaum ein Tag, an dem die Nachrichtenagenturen nicht von jemandem berichten, der geradewegs unter eine Straßenbahn oder einen heranrauschenden Zug spaziert ist. Oder von Autofahrern, die auf Landstraßen in lang gezogenen Kurven ohne ersichtlichen Grund geradeaus und geradewegs gegen einen Baum kutschiert sind. Wir können einfach kein Multitasking. Zumindest dann nicht, wenn es sich um Tätigkeiten handelt, die Aufmerksamkeit erfordern. Natürlich kann ich in einem Kochtopf rühren, mich mit der anderen Hand am Gesäß kratzen und gleichzeitig per Freisprechanlage ein Telefongespräch führen. Aber in dem Moment, in dem mir die Brille in den Topf fällt, bekomme ich von meinem Telefongespräch nichts mehr mit. Und ich kratze mich auch nicht mehr am Gesäß. Probieren Sie es aus!

Genauso zwingt uns die Überdosis an Botschaften, die wir empfangen, zu einer schnellen Abfolge in der Bearbeitung. Weiter als bis zu einer raschen, emotionalisierten Reaktion kommt man aber nicht, wenn man sich diesem Mechanismus nicht sehr bewusst verweigert. Die Botschaften kommen zu schnell und es sind zu viele. Am Ende des Tages ist der größte Teil der eingegangenen Botschaften dann liegen geblieben. Die »In-Box« läuft über. Und der nächste Tag beginnt mit einer neuen Flut von Informationen. So führt der Versuch, alles gleichzeitig aufzunehmen, zu einem chronischen Mangel an Stille, Langsamkeit und Achtsamkeit. Der Feierabend zwischen dem alten Tag und dem neuen fällt dann allzu oft aus.

Verweigerung? Ist das wirklich eine Option? Zumindest hat die Entscheidung, sich der Nachrichtenflut zu entziehen, indem man auf die Nutzung der entsprechenden Geräte verzichtet, weitreichendere Konsequenzen, als es auf den ersten Blick aussieht. Mit dem Überangebot der als Informationen daherkommenden Botschaften steigen nämlich die Erwartungen an unsere individuelle Informiertheit. Mit anderen Worten: »weiß nicht« gilt nicht! Früher reichte »Ich habe heute noch keine Nachrichten gesehen« als Entschuldigung für eine Informationslücke aus. Diese Zeiten sind vorüber. Die Nachrichtenschwelle liegt heute nicht mehr bei 20 Uhr, wenn der Gong der Tagesschau das Wichtigste des Tages einläutet. Informationen sind inzwischen rund um die Uhr und global erhältlich, in beinahe jeder Sprache, an jedem Ort und zu jeder Zeit. Wir erwarten voneinander, ständig über alles informiert zu sein. Das heißt, wer sich der Überflutung verweigert, leistet sich einen Luxus, der extrem unmodern geworden ist, nämlich keine Ahnung zu haben. Und das ist heute ein beinahe unentschuldbarer Zustand. Es scheint, als fühle sich jedermann berufen, zu allem eine Meinung zu haben, nicht nur zum Thema Fußball. Außerdem ist es nahezu unmöglich, sich zu entziehen. Unser Ich definiert sich permanent mit unseren Gedanken, unserem inneren Dialog. Und dieser Dialog wird in seinen Inhalten und seiner Begrifflichkeit aus unserer Kommunikation gespeist.

Das menschliche Gehirn ist in seiner Komplexität und seiner Lern- und Anpassungsfähigkeit unübertroffen. 100 Milliarden Nervenzellen werden dort durch insgesamt 5,8 Millionen Kilometer Nervenbahnen verbunden. In jedem einzelnen Gehirn. Trotz seiner verblüffend komplexen Konstruktion droht dieser erstaunliche Denkapparat, nicht mehr mitzukommen. Die Flut der Botschaften beliefert zu einem weit überwiegenden Teil unser begriffliches Denken und setzt in jedem von uns einen fortwährenden inneren Dialog in Gang. Dieser Dialog ist Denken in Begriffen. Also Sprache. Und die wird geprägt durch unsere Kommunikation. Wenn diese Kommunikation aber unsere Gehirne überflutet, kommt es zu einem Ungleichgewicht. Gefühle, Vorstellungskraft, Entdeckerfreude, Neugier, ganzheitliches Verständnis gehen verloren. Und weil unser Gehirn solche Ungleichgewichte auszugleichen sucht, macht es irgendwann zu, entscheidet sich, angesichts der Informationsflut anzulegen in vermeintlichen Heimathäfen im Verständnis unseres Ich und der Welt. Das heißt, wir treffen Entscheidungen nach dem Motto »So isses!«, nur um selbst eine Art Gewissheit über unsere Welt herzustellen.

Der *Vielfaltsbericht der Landesmedienanstalten* aus dem Jahr 2021 stellt fest, dass Internetplattformen wie Suchmaschinen eine immer stärkere Rolle bei der Meinungsbildung in Deutschland spielen. Das heißt: Der Algorithmus eines globalen Werbekonzerns wie Google entscheidet, was wir an Botschaften empfangen, die dann als Informationen verstanden werden. Dem Bericht zufolge nutzen rund 33 Millionen Menschen diese Dienste als Informationsquellen. Das entspreche rund 46 Prozent, also fast der Hälfte der Bevölkerung in der Altersgruppe 14 plus. Rund drei Viertel der Bevölkerung (72,5 Prozent laut Statista) nutzten 2020 das Internet als Informationsquelle, wenn sie sich über etwas näher informieren wollten.

Die Wahrnehmung unserer Erlebniswelten wurde zu einem großen Teil in die digitale Welt transferiert: Zunehmend suchen wir alle unsere Informationen über die Welt, in der wir leben, mithilfe digitaler Medien. 98 Prozent der 16- bis 44-Jährigen nutzen das Internet. Bei den 65- bis 74-Jährigen sind es noch 79 Prozent. Dagegen liegt das Durchschnittsalter der Zuschauer aller großen öffentlich-rechtlichen Fernsehsender bei oder deutlich über 60 Jahren.[1]

Mehr als die Hälfte der jungen Zuschauer nutzen Streamingdienste oder Mediatheken und befinden sich so auch bei der Nutzung eigentlich linearer Medien im digitalen Raum. Auf dem globalen, digitalen Medienmarkt konkurrieren etablierte und gesellschaftlich verankerte Informationsquellen mit allen anderen Anbietern von Informationen.

Der Algorithmus als Wegweiser

Was bei den linearen, klassischen Medien aus gutem Grund sauber getrennt wurde, ist bei den neuen Informationsquellen absichtlich und mit bislang nicht gekannter Perfektion vermischt: Verkaufen und Verstehen. Kommerz und Kompetenz. Transparenz und Transaktion. Die großen Internetplattformen, auf denen sich die meisten von uns praktisch täglich bewegen, sind vorrangig keine Wissenswerkzeuge. Die Information ist hier nur Kollateralgewinn oder -schaden, je nachdem. Sie sind in erster Linie Verkaufswerkzeuge. Würde ein TV- oder Radiosender auf derart perfide Art Werbung, Direktverkauf und Information nicht nur vermischen, sondern auch bewusst die Grenzen unkenntlich machen …, der Laden hätte in Windeseile seine Lizenz verloren. Nicht so die neuen Global Player der virtuellen Welt.

Egal was man mithilfe einer Suchmaschine wie Google auch recherchiert, es werden in den Ergebnissen immer kommerzielle Angebote gleich neben Wissensangeboten gelistet, ganz vorne jene, die für die beste Platzierung bezahlen. Und natürlich

---

1 »Vielfaltsbericht der Medienanstalten«, ALM GbR (Hrsg.), Berlin April 2011, www.die-medienanstalten.de/publikationen/vielfaltsbericht?tx_news_pi1%5Bnews%5D=4967&cHash=3836a0fe4664991a725adfa001e43add

taucht auch der entsprechende Link zum themenrelevanten Video auf der Schwesterwebseite YouTube auf. Das sieht aus wie ein Service, aber machen wir uns doch bitte nichts vor: Das ist knallhartes Geschäft. Und dessen Währung sind die sogenannten Klicks. Jedes Mal, wenn unser Informationsbedürfnis uns aus der Google-Suche auf die Videoplattform YouTube führt, wird Geld verdient. Durch das Anklicken der Videos werden Werbeeinnahmen generiert. Sogenannte Influencer, die für Geld Meinungen beeinflussen, deshalb heißen sie so (»to influence«, *engl.* = beeinflussen), machen nichts anderes, als in braver Kooperation mit kommerziellen Anbietern oder manipulativen Meinungsanbietern ihre »Informationsempfänger« … ja, gezielt zu beeinflussen! Und alle bedienen sich dieser Meinungsheinzelmännchen, vom Automobilhersteller bis zum Kinderbekleidungsgeschäft. Während wir glauben, dass wir eine selbstbestimmte Recherche nach Informationen im Netz betreiben, zerren sie uns am unsichtbaren Strick des Algorithmus in Richtung ihres Produktes, ihrer Meinung, ihrer Bewegung. Und sie machen eine Menge Geld damit.

Ausschlaggebend in dem Geschäft ist die Anzahl der Follower. Die »kleinen Fische« der Branche mit einer virtuellen Gefolgschaft von 1000 bis 5000 verdienen immerhin zehn bis knapp 60 Euro pro Beitrag, den sie posten. Prominente und sogenannte Mega-Influencer kommen auf rund 14 000 Euro pro Post.[2] Auch wenn diese Zahlen vielleicht den einen oder anderen überraschen, es ist wahrhaftig kein Geheimnis, dass mit der gezielten Beeinflussung unserer Meinungen sehr viel Geld verdient wird. Das tragen manche dieser Influencer dann auch gern zur Schau. Da posieren Zwanzigjährige bräsig vor Maseratis. Teenager zeigen sich in sündhaft teuren Outfits. Menschen, die nur prominent

2 Statista: »Marktdurchschnittspreis für einen Beitrag von Influencern in Deutschland im Jahr 2020«, 2020, de.statista.com/statistik/daten/studie/1119636/umfrage/influencer-einkommen-pro-post/

sind, weil sie als Prominente gelten, halten ihre chirurgisch perfektionierten Hinterteile, nur vage kaschiert durch halb durchsichtige Leggings, formatfüllend ins Bild. Oder die Influencerin zeigt sich stolz an exotischen Traumreisezielen, als sei sie dort aus dem virtuellen Boden gewachsen. Und ihre Follower bewundern sie dafür, ohne zu ahnen, dass es diese Bewunderung ist, die das profitable Schneeballsystem der Meinungsmanipulation überhaupt erst möglich macht.

Warum ist diese Pornografie des neuen, digital generierten Reichtums ein Problem? Die Antwort hat wenig mit Moral zu tun und viel mit Informationsüberflutung, wer hätte das gedacht! Die virtuelle Komplizenschaft der neuen Meinungsmanipulatoren mit ihren schicken kleinen Influencer-Gehilfen und den Algorithmen der verkaufsoptimierenden Konzerne trägt wesentlich zur Radikalisierung bei, zur Polarisierung von Gesellschaften und zum Auseinanderdriften von Wahrnehmungswelten.

Die Experten reden von einem sogenannten »Pipeline Effekt«. Dabei werden Meinungen in sozialen Medien durch Kommentierungen radikalisiert. Wir werden uns das später noch genauer anschauen (siehe S. 81): Die Möglichkeit zur unmittelbaren Reaktion trägt direkt zur Radikalisierung von Positionen bei. Das ist keine Nebenwirkung, das ist so gewollt, weil es gut fürs Geschäft ist, denn mehr Aufregung macht mehr Klicks und mehr Klicks machen mehr Geld. Das ist das neue Gesetz der Schwerkraft in der digitalisierten Welt. Facebook und YouTube sind da die Hauptverdächtigen. Aber auch eine Plattform wie Amazon, die ja eigentlich nur dem reinen Verkauf dient und von den meisten gar nicht als Informationsmedium angesehen würde, ist anfällig für diesen Mechanismus. Was heißt anfällig …, das klingt zu sehr nach Opfer.

Auch hier ist der Algorithmus der Motor des unseligen Treibens: Er ist darauf angelegt, schnelles Einkaufsverhalten und enthusiastische Kommentierungen und Bewertungen entsprechend abzubilden für künftige Interessenten. Auf diese Art kommen zum Beispiel manche Bücher ganz schnell ganz vorne auf die Empfehlungsliste. Und der Algorithmus, braver Verkaufssoldat, der er ist, hilft dabei und verhilft so auch den abstrusesten Botschaften prominent auf den virtuellen Ladentisch. Im nicht virtuellen Buchhandel sind dies die Plätze, wo die Bestseller gemacht werden. Im digitalen Handel auch.[3]

Für ein Nachrichtenmedium, das von seinem Ruf lebt, eine verlässliche Informationsquelle zu sein, wäre die Verbreitung von Falschmeldungen publizistischer Suizid. Für die digitalen Informierer und Botschaftenverbreiter spielt es keine Rolle, ob ihre Nachrichten stimmen. Sie locken die Menschen in Informationsfallen und für sie geht die Rechnung auf. Ihnen ist es völlig gleichgültig, ob irgendjemand empört »falsch!« ruft, oder sich ein anderer vor Angst in seinen Verschwörungskokon einrollt. Sie haben ihr Ziel in dem Moment erreicht, wenn die Schlagzeile angeklickt wird, denn dieser kleine Klick bedeutet Umsatz. Da geht ein neues Fenster in der digitalen Welt auf und … hoppla … gleich noch eins zum Hersteller von Treppenliften, Potenzmitteln oder veganen Sonnenschirmen, je nachdem, mit welchen Präferenzen der User dem »Social Profiling« der Suchmaschine aufgefallen ist. Und jedes geöffnete Fenster bringt der vermeintlichen Nachrichtenseite Werbeeinnahmen.

Damit wäre die Sache erledigt, würde sie nur hier enden. Leider aber gibt es im Umgang mit derartigen »Informationsangeboten« eine schlechte Angewohnheit mit weitreichenden Folgen. Sie ist mit dem Spiel »Stille Post« vergleichbar, bei dem man sich nur Stichworte ins Ohr flüstert und durch das Weitertragen einer

---

3 Meineck, S., Laufer, D.: »So penetrant empfiehlt Amazon den Verkauf von Verschwörungsliteratur«, 2. September 2020, www.netzpolitik.org/2020/desinformation-so-penetrant-empfiehlt-amazon-den-kauf-von-verschwoerungsliteratur/

falsch verstandenen Botschaft eine falsche Nachricht verbreitet. Die Informationsflut überfordert vor allem jene, die ungebremstgutgläubig solche zweifelhaften Botschaften weiterleiten, wobei sie meist nur noch die Schlagzeilen aufnehmen. Der Beitrag dahinter, der in der Regel offenbart, dass eben nichts dahinter ist, wird gar nicht mehr angesehen. Mit großer Empörung, Wut oder Neid wird die Schlagzeile weitergereicht, und so verbreiten sich immer extremere Gerüchte und Theorien wie Lauffeuer. Die renommierte Columbia University hat gemeinsam mit dem französischen Forschungsinstitut für Informatik und Automatisierung (INRIA) herausgefunden, dass mehr als die Hälfte, nämlich 59 Prozent, aller auf Twitter geteilten Artikel nie gelesen wurden. Die Informationsflut hat unsere Aufmerksamkeit auf das Niveau einer Schlagzeile reduziert. Und seit der Columbia-Studie dürfte sich die Verbreitungsgeschwindigkeit solcher ungeprüften Headlines noch einmal deutlich erhöht haben.

Das wiederum liegt unter anderem an der Art und Weise, wie viele Menschen Suchmaschinen wie Google nutzen. Sie werden zunehmend zu Informationsquellen. Selbst für komplexe Themen. Und da der Algorithmus nicht nach seriösen und verlässlichen Informationsangeboten und Fake News sortiert, sondern nur nach Durchschlagskraft auf dem Informationsmarkt, geraten fragwürdige und unzutreffende Botschaften immer mehr durcheinander.

Das Kerngeschäft der sozialen Medien

Große Geschwindigkeit führt nicht immer schneller zum Ziel. Wie beim Autofahren bedeutet immer schneller auch immer gefährlicher. Und das gilt leider auch für Informationen und unsere Möglichkeit, auf sie zu reagieren. Zu viele Botschaften, zu rasche

Abfolge ihrer Übermittlung und zu kurze Reaktionszeiten verwandeln potenzielle Informationen in zunehmende Verwirrung.

Jede Botschaft, die wir empfangen, macht etwas mit uns. Jeder kleine Informationsbrocken aus Fakten oder vermeintlichen Fakten, Meinungen, bestätigten Glaubenssätzen oder Erwartungen löst bei uns eine Emotion aus. Wir reagieren darauf.

Die sozialen Medien des digitalen Zeitalters nutzen diesen Umstand auf eine Art und Weise, dass man sie wohl verbieten würde, wären sie eine chemische Substanz. Sie verleiten uns dazu, das denkbar Ungesundeste zu tun. Sie erlauben es uns nämlich, mithilfe unserer selektiven Wahrnehmung aus der globalen Fülle von Botschaften ausschließlich jene auszusuchen, die uns in den Kram passen. Botschaften, die unsere Anschauungen und Glaubenssätze bestätigen, werden angenommen und weitergeleitet. Was nicht zu unseren Vorstellungen passt, wird abgelehnt, als Verschwörungstheorie oder Komplott der Lügenpresse oder der Mächtigen diskreditiert. Dieser Auswahlprozess findet auf der Grundlage starker emotionaler Reaktionen statt. Schließlich geht es um die Bestätigung unserer Glaubenssätze. Die sind ein wichtiger Teil unseres Ich-Konstrukts, also unserer Identität.

Wir glauben, was wir glauben wollen. Das war wohl schon immer so. Aber im analogen Zeitalter gab es langsamere Reaktionszeiten, die uns vor manchen Fehlern bewahrten. Wer sich über etwas aufregte, das er zum Beispiel in der Zeitung gelesen hatte, hatte genug Zeit sich aufzuregen. Und sich dann wieder abzuregen. Das Gehirn hatte Zeit, aus der vom Psychologen Paul Ekman als »Refractory Period« bezeichneten Phase wieder herauszukommen. Das ist die Zeit, die wir brauchen, um nach einer starken Emotionalisierung wie Wut, Angst, Entrüstung oder Trauer wieder abzukühlen. Erst danach ist das Gehirn in der Lage, mithilfe unseres Verstandes das Erfahrene oder Erlebte vernünftig einzuordnen.

Das Kerngeschäft von Social-Media-Plattformen ist aber das Gegenteil, nämlich eine möglichst hohe Reaktionsgeschwindigkeit, also das Unmittelbare. Wir empfangen die globale Flut von Botschaften praktisch zeitgleich in dem Moment, in dem sie gesendet werden. Und wir können genauso unmittelbar und mit globaler Wirkung darauf reagieren. Wir werden selbst zum Sender mit potenziell Millionen und Abermillionen von Empfängern. Diese Reaktion findet dann meist in dieser emotional aufgeladenen Stimmung der »Refractory Period« statt. Und an diesem Punkt wird die Überflutung unserer Gehirne beinahe bildhaft verständlich. Die schier unvorstellbare Menge der global verbreiteten Botschaften wird durch den Filter unserer Voreingenommenheiten aufgenommen und löst eine Emotionalisierung aus. Es gibt dabei kein Innehalten, wir reagieren in der Phase dieser starken Emotionalisierung ohne die Kontrollinstanz unserer Vernunft.

Das Ergebnis können wir tagtäglich im Netz bewundern. Praktisch jedes Thema wird mit maximaler emotionaler Aufregung vorangetrieben. Die Kommentarspalten zahlloser Seiten laufen über mit Hasskommentaren, Hetze und sogar Gewaltandrohungen. Das hat die Dynamik einer sich bahnbrechenden Kneipenschlägerei, nur millionenfach multipliziert.

In den skandinavischen Ländern hat es genau aus diesem Grund Überlegungen gegeben, unmittelbare Reaktionsmöglichkeiten auf Facebook & Co. gesetzlich einzuschränken. Und auch bei uns gibt es Unternehmen und Institutionen, die aus gutem Grund Verzögerungen bei ihren Kommentarspalten einbauen, sodass sich Menschen nicht im hoch emotionalisierten Zustand der »Refractory Period« kopflos abreagieren können.

Wer etwas verkaufen will, muss über seine Angebote informieren

In weniger als einem Vierteljahrhundert hat sich unser Leben grundlegend verändert. Mit der Jahrtausendwende begann das Zeitalter der Digitalisierung und der Globalisierung. Sie kamen gemeinsam, weil sie zusammengehören wie Pech und Schwefel. Das eine wäre ohne das jeweils andere nicht möglich gewesen. Die Welt ist durch die globalen, unmittelbaren und individualisierten Kommunikationsmöglichkeiten zu einem einzigen erdumspannenden Marktplatz geworden, auf dem jeder Einzelne Anbieter und Kunde, Ware und Konsument zugleich ist. Wir sollen alle die wunderbaren Produkte kaufen, die die globale Wirtschaft vor uns ausbreitet. Und wir werden pausenlos mit Nachrichten überschüttet, die uns darüber informieren, warum wir dieses oder jenes Produkt, diese oder jene Dienstleistung unbedingt brauchen. In den neuen, digitalen Medien werden diese Werbebotschaften oft mit privaten, öffentlichen oder beruflichen Botschaften vermischt. Eine Tatsache, gegen die sich die Öffentlichkeit bei den klassischen Medien zu Recht gewehrt hätte. Deshalb wurden da auch schon mal teure Sonnenschirme von den Kantinen-Terrassen öffentlich-rechtlicher Sender verbannt, weil sie das Logo eines Mineralwasserherstellers trugen. Ausnahmen sind der Sport, den es im publikumswirksamen Profibereich ohne Kommerz gar nicht gäbe, und die Unterhaltung, wo die Protagonisten zugleich von Marketingstrategen und Agenten auf die Marktbedürfnisse zugeschnittene und gestaltete Produkte sind.

In den digitalen Medien ist die Grenze zwischen Information und Werbebotschaft meist gar nicht mehr zu erkennen. Werbebanner werden gezielt auf die Interessen des sich in der Anonymität wähnenden Nutzers platziert. Da sucht man auf dem Rechner im Büro mal schnell nach Konzertkarten für den Lieblingsmusikanten und siehe da!: Auf dem Heimrechner ploppen am selben Abend Werbebanner auf, die die neue Autobiografie des Barden anpreisen, sein jüngstes Album auf einem Streamingdienst oder die Merchandisingseite des Künstlers selbst.

Politische Kräfte nutzen Social-Media-Daten, um gezielt Wähler anzusprechen, die für ihre Botschaften offen sein könnten. Wer regelmäßig Bücher über den Klimaschutz kauft, in der lokalen Umweltgruppe aktiv ist und das auch bei Facebook postet oder sich für alternative Heilmethoden, biologisch produzierte Ernährung oder Produkte aus recyceltem Material interessiert, der ist für eine grüne Partei wahrscheinlich leichter ansprechbar als für eine konservative. Umgekehrt scheint nach der Logik der sozialen Profiler jemand, der im Netz nach Verschwörungstheorien Ausschau hält, sich kritisch über Einwanderung äußert oder eine Mauer an der Grenze zu Mexiko, Polen oder San Marino bauen will, der ideale Wähler erzkonservativer oder gar extremer nationalistischer Gruppierungen zu sein. Die Parteien in den USA nutzen diese Art des »Social Profiling« bereits seit Längerem. Da wurden erstmals vor der Wahl von Donald Trump 2016 gezielt Wähler angesprochen, die mit ihren Aktivitäten in den sozialen Medien eine gewisse Offenheit für die Botschaften des republikanischen Kandidaten gezeigt hatten. In Deutschland sind die Parteien da noch zurückhaltender, auch wenn es in den letzten Bundestagswahlkämpfen erste Versuche gab, Nutzerdaten auszuwerten. Dass diese eher zaghaft waren, dürfte vor allem an der Bedeutung liegen, die viele deutsche Wähler dem Datenschutz zumessen: Eine allzu intensive Nutzung ihrer selbst veröffentlichten Daten könnte hier eine eher negative Wirkung haben.

Aber egal, wie sehr wir theoretisch Wert auf Datenschutz legen, wir machen uns selbst mit unserem Verhalten in den sozialen Medien zur gläsernen Meinungsfabrik. Auch die Nutzer vermischen gerne Persönliches mit beruflich Vorteilhaftem oder gar purer Werbung. Selbst auf Plattformen, die dem beruflichen Austausch dienen, wird teilweise mit schamloser Offenheit für Produkte und Dienstleistungen geworben. Gerade Start-ups, freiberufliche Dienstleister wie Coaches oder Berater und viele andere nutzen den beruflichen Austausch für Botschaften, die das gesamte Spektrum zwischen klaren Werbebotschaften und persönlicher Profilierung abdecken. Es würde der Maus die Schamesröte ins Gesicht treiben, wüsste sie um ihren Beitrag dazu, dass manch ein ach so unabhängiger Berater, Lifestyle-Coach oder sogar Steuer- oder Anlageberater ganz gezielt die Botschaften von potenziellen Kunden oder Multiplikatoren »liked«. Die so herzlichen Botschaften im Stil des »ich bin so stolz auf dich ...« und »weiter so ...« sind oft kaum getarnte Akquiseversuche. Plattformen wie LinkedIn oder Xing werden zur kollektiven Speichelleckorgie mit digitaler Infektionsgefahr.

Es gab eine Zeit, da gab es in den dritten Programmen im Fernsehen das »Werbefernsehen«. Wenn man zu dieser Zeit einschaltete, wusste man, da wird jetzt Werbung gemacht. Und danach kamen Tagesschau und Tatort und Schluss war's mit der Werbung. Heute werden wir 24/7, wie die »Digital Natives« sagen, also rund um die Uhr, mit Botschaften behagelt, die für, gegen oder um irgendetwas werben. Vor allem immer um unsere Aufmerksamkeit. Und dazu müssen wir noch nicht einmal etwas tun. Unsere Smartphones liefern die Werbebotschaften mit derselben Impertinenz, wie sie die Nachricht von einer Naturkatastrophe, einem Flugzeugabsturz oder einem Regierungswechsel in unser Leben zwitschern. Waren Informationen mal ein Angebot (weshalb man ja von Informationsangeboten sprach ...), so sind sie heute invasiv. Sie stehen nicht nur zur Auswahl bereit, sondern dringen in unsere Gehirne ein und machen sich dort auf bräsigste Art und Weise breit. Und das ist der Ursprung unserer Aufmerksamkeitsökonomie.

Wer eine Rolle spielen will, muss sich gut darstellen

Die Flut von angeblichen Informationen, die jederzeit und praktisch überall verfügbar sind, macht uns selbst jederzeit und praktisch überall verfügbar. Das ist der Fluch der digitalen Welt, der böse Geist, der nicht mehr in die Flasche geht. Aber ist es nicht so, dass wir doch noch immer die Kontrolle über die Endgeräte haben? Wir wissen doch alle, wo der »Aus«-Knopf ist, die Stummschalttaste oder die für den Flugmodus. Wir haben den Schalter in der Hand, mit dem wir der eigenen Verfügbarkeit für den globalen Informationsstrom den Strom abdrehen können. Wir tun es aber nicht. Wir schalten ihn nicht aus, diesen Monsun von Informationen, der unsere Gehirne überflutet. Das würden wir nicht wagen. Immerhin steckt ein Teil von uns unter diesen kleinen bunten Feldern auf dem Handydisplay. Der oder die Liebste könnte eine WhatsApp schicken. Der Chef könnte noch eine Frage zur Präsentation haben, die wir für morgen vorbereitet haben. Die Krabbelgruppe könnte von einem bösartigen Virus heimgesucht sein und wir müssten den Tagesplan für morgen umbauen. Vielleicht versucht uns der Traumarbeitgeber zu erreichen, oder sein Headhunter.

Vieles von dem, was uns wichtig ist, was unseren Erfolg ausmacht, unseren Platz in der Gesellschaft bestimmt und die Bestätigung, die wir durch andere erfahren, kommt ja inzwischen aus dem kleinen Kästchen, das wir da ständig mit uns herumtragen. Das reicht vom Herzchen, das einen Like auf der Berufsplattform markiert, mit dem ein Kollege eine unserer Meinungsäußerungen oder Erfolgspostings honoriert, bis zum hektischen Blick auf die Dating-App, ob mich nicht doch noch jemand für den erotischsten Beitrag zur Menschheitsgeschichte hält. Vor allem junge Menschen laufen mit der Suche nach ihrer Rolle in der Gesellschaft mit Anlauf und Begeisterung in diese Falle. Schon als Teenager machen sie heute die Erfahrung, durch soziale Medien zur »Marke« zu werden. In den Kanälen und mit den Messengerdiensten pflegen sie ihr Image. Sie stellen sich dort so dar, wie sie wahrgenommen werden wollen. Vom Abendessen bis zum neuen Make-up, vom aktuellen romantischen Schwarm bis zum nur sprachlich kaschierten Detail erotischer Begegnungen posten sie alles, wovon sie glauben, dass es die positive Wahrnehmung durch ihre Peers bestärkt.

Dabei machen sie sich zum Produkt ihrer selbst. Jedes Posting wird selbst überprüft nach dem Kriterium »Sehe ich auch gut aus?« und es wird durch ausgewählte Freunde überprüft. Ganz so, wie ein Produkt am Markt getestet wird. Und wenn der Markt zustimmt und das neue Produkt annimmt, geht es in die Massenverbreitung und es steigt ihr persönlicher Börsenwert, ihr Selbstwertgefühl.

Heranwachsende sind besonders anfällig für diese Art der Selbstwahrnehmung. Aber das Phänomen betrifft uns alle. Die eigene Identität verschmilzt zunehmend mit der öffentlichen Identität. Selbstwahrnehmung wird durch Fremdwahrnehmung geprägt. Und so droht ein Verlust des Privaten. Dass man sich so selbst zum Objekt, zum Gegenstand der Beurteilung und Instrumentalisierung anderer macht, wird dabei leicht übersehen. Diese anderen werden dieses fremde Produkt, nämlich »meine« Identität, mit ihrer eigenen Produktwelt abgleichen und dabei sehr genau darauf achten, wiederum ihr eigenes Erscheinungsbild so aufzuwerten, dass der Konkurrent keine marktbeherrschende Position einnehmen kann. Wer mit seiner öffentlichen Selbstdarstellung zu attraktiv wird oder nicht in das Bild anderer passt, wird schnell ausgegrenzt. Aus diesem Selbstvermarktungsdrang erwachsen dann verbale Gewaltphänomene wie »Bullying« und »Distancing«. Das kann gar nicht anders sein.

Und so hat sich die Kontrolle sozusagen klammheimlich auf die andere Seite geschlagen. Ob der Teenager oder die Mutter im Job, ob der Hausmeister oder die Rentnerin, wir meinten, die kleinen digitalen Helfer gäben uns die Kontrolle über die weltweite Informationsflut, den Zugang zum modernen Leben und den Schlüssel zur ganz großen Bühne. Und das haben sie ja teilweise auch getan. Aber im Gegenzug haben sie die Kontrolle über einen beträchtlichen Teil unserer sozialen Vernetzung, unserer persönlichen und beruflichen Informationskanäle und sogar unserer hormonellen Höhen- und Tiefflüge übernommen: Beim Piepen und Vibrieren des Handys – oder wenn es nur still in unserem Blickfeld liegt – erhöht sich der Spiegel des Stresshormons Cortisol. Viele können gar nicht anders, als auf das nächste Piepen und Vibrieren zu warten. Es könnte ja der zukünftige Ex-Lebenspartner sein, den sie noch gar nicht kennengelernt haben! David Greenfield, Professor für klinische Psychiatrie an der Medizinischen Hochschule der University of Connecticut, beschreibt in seinem Buch *Virtual Addiction: Help for Netheads, Cyberfreaks and Those Who Love Them*, dass fast ein Drittel der Menschen in einer Studie von 18000 Probanden (29 Prozent) das Internet regelmäßig nutzen, um ihre Stimmung zu verändern. In den meisten Fällen natürlich, um sie aufzubessern. Greenfield, der solche »Süchtigen« gegen ihre Internetsucht behandelt, beschriebt Fälle von Menschen, die ihre gesamte Existenz aufs Spiel gesetzt haben, um sich im Internet immer wieder den positiven Kick zu holen.[4]

Dies wäre ein guter Moment für fast alle von uns, betreten auf unsere Schuhspitzen zu schauen (für alle »Digital Natives«: Das hat man früher getan, als es noch nicht das Icon mit dem hochroten Kopf gab). Wie gut, dass wir eine Entschuldigung haben! Es ist die beste Entschuldigung überhaupt, denn sie erklärt uns endgültig als »out of control«: Wir sind Suchtkranke, wir können

---

4 Greenfield, David D.: *Virtual Addiction: Help for Netheads, Cyberfreaks, and Those Who Love Them*, Oakland 1999, vgl.: www.virtual-addiction.com/book-excerpt/

nicht anders! Die Überflutung unserer Gehirne mit Botschaften aus der digitalen Welt führt dazu, dass wir süchtig danach werden.

Selbstdarstellung führt zur »Egotalisierung« unserer Wahrnehmungswelten

Unser Gehirn lernt solche Dinge schnell: Mein Ich findet im digitalen Raum Anerkennung und Zustimmung. Jeder Like belohnt mich für meine Bemühungen zu gefallen. Und jede Belohnung vertieft und verstärkt den Lernprozess: Ich will als attraktiv, klug, empathisch, professionell oder erfolgreich wahrgenommen werden und erhoffe mir dadurch Zustimmung, Anerkennung und Verbundenheit mit anderen Menschen. Durch diese fortwährende Bestätigung des Ich dreht sich praktisch die gesamte Erfahrungswelt des Digitalen um den Einzelnen. Was will ich erfahren und glauben? Welche Rolle spielt das für mich? Welche Rolle spiele ich in dem Ganzen? So wird die Digitalisierung zu einem kollektiven Egotrip, einer »Ego-talisierung«.

Als die damalige SPD-Generalsekretärin Andrea Nahles 2013 im Deutschen Bundestag das »Pippi-Langstrumpf-Lied« anstimmte, war das ein denkwürdiger Moment. Weniger wegen des gesanglichen Vortrags, der für das eine oder andere anspruchsvollere Ohr vielleicht einiges zu wünschen übrig ließ. Noch wegen der damit ausgedrückten Kritik an der Bundesregierung. Sondern weil Nahles damit den Finger auf den wunden Punkt eines Zeitgeistphänomens legte: Ich mach' mir die Welt, wie sie mir gefällt. Im Kinderlied ist dieser Refrain sinnvoll: Glückliche Kinder erleben ihre Welt so, als sei sie extra für sie gemacht. Im Laufe einer gesunden Entwicklung beginnen Heranwachsende jedoch, sich selbst als Teil dieser Welt wahrzunehmen und dort einen Platz für sich zu finden. Zunehmend aber wird inzwischen das Gegenteil zum gesellschaftlichen Phänomen: Milliarden Egos sind der Mittelpunkt von Milliarden Universen, in denen sich die Planeten wider besseren Wissens um die Erde, also um sich selbst drehen. Eine Studie der Hochschule für Humanwissenschaften Akkon und des Meinungsforschungsinstituts Forsa aus dem Jahr 2020 belegt, dass bei der Hälfte der Befragten ein egoistisches und antisoziales Verhalten überwiegt.[5] Das war überraschend für die Forscher, die einen deutlich höheren Anteil an solidarischem Verhalten erwartet hatten.

Wir alle versuchen uns die Welt zu erklären. Und weil wir uns selbst als wichtigen Teil dieser Welt wahrnehmen, versuchen wir auch, uns selbst zu verstehen und anderen verständlich zu machen, was uns bewegt. Das ist in einer analogen Welt auch kein Problem. Da sagen wir heute etwas, mit dem wir uns identifizieren und positionieren, und wenn wir morgen schlauer geworden sind, passen wir dieses bisherige Selbstverständnis und die bisherige Selbstbeschreibung an diese neuen Erkenntnisse an.

In der digitalen Welt aber gilt die Regel, dass das Internet nichts vergisst. Wer sich hier positioniert, der wird diese Position nicht mehr los. So geraten Menschen in die Falle ihrer eigenen Narrative. Sie dürfen nicht mehr schlauer werden, weil sie dann doof dastehen. Deshalb werden die unzähligen Geschichten, die unser Verständnis von der Welt und unsere Rolle darin beschreiben, immer stärker zementiert. Das ist ein Effekt, der der menschlichen Natur und dem Leben grundlegend zuwiderläuft. Unsere Welt und wir selbst in ihr verändern uns laufend. Ich bin das Ich, das ich jetzt bin, nur in diesem einen Moment. Und mein Gegenüber auch. Der Baum, der dort drüben steht, ist morgen schon anders, grüner und größer oder von Schädlingen

5 Vgl. www.akkon-hochschule.de/newsreader/verhalten-in-der-corona-krise-50-prozent-der-menschen-in-deutschland-reagieren-egoistisch

befallen und auf dem Weg abzusterben. Die große Liebe wird schon morgen von Zweifeln zersetzt und ist übermorgen nur noch eine schmerzhafte Erinnerung.

Nun ist es aber so, dass unsere Narrative unser Weltbild und unser Selbstbild so sehr prägen, dass wir es als existenzbedrohend wahrnehmen, wenn das Narrativ angezweifelt wird. Wie gekränkt und verunsichert reagieren wir, wenn ein Mensch, der uns etwas bedeutet, sagt, dass wir ungeduldig sind oder ungeschickt! Hielten wir uns nicht selbst für langmütig und ausgeglichen und durchaus geschickt im Umgang mit den kleinen Herausforderungen des Lebens? In der analogen Welt wird aus diesen unsere Wahrnehmung verändernden Interaktionen ein Prozess, eine Abfolge von Korrekturen am Narrativ unseres Lebens. In der digitalen Welt steht das Narrativ fest, wir haben es für immer eingespeichert. Dadurch wird jede Anfechtung zu einer Bedrohung. Das verstärkt die Fokussierung auf und die Kampfbereitschaft um das eigene Selbstverständnis und die geäußerte Meinung. Es macht intolerant und verhärtet Fronten, die gar keine sein müssten. Und wir sind mit diesen Dingen mutterseelenallein.

Der Zugang zu Informationen ist inzwischen auch zunehmend individualisiert. Saßen wir in der Zeit der ausschließlich linearen Medien noch als Familie oder Gruppe von Freunden am Radio oder vor dem Fernseher, findet der digitale Zugang zu Informationen überwiegend allein statt. Ich starre auf mein Handy. Ich sitze vor dem Rechner. Die kleinen Grüppchen von überwiegend jungen Menschen, die man allerorts beobachten kann, wie sie jeder auf seinen oder ihren Bildschirm schauen, sind keine Gemeinschaften. Sie sind Ansammlungen digitalisierter Einsamkeiten. Jeder Einzelne befindet sich in seiner ganz persönlichen Erfahrungs- und Wahrnehmungswelt. War das Fernsehen bei Neil Postman noch das moderne Lagerfeuer, um das man sich zum Feierabend versammelte, so sind die digitalen Medien

Milliarden einzelner kleiner Lichter, die im globalen Sturm der elektronischen Botschaften flackern. Nur gelegentlich werden Querverbindungen hergestellt, wenn gegenseitig beliebte Videos vorgeführt oder Postings gezeigt, also elektronisch geteilt werden. Der »Share«- oder »Teilen«-Button hat das »schau mal« größtenteils ersetzt. Aber teilen wir wirklich? Wie viel davon ist schon wieder Teil des digital betriebenen Persönlichkeitsmarketings?

Es ist wahrscheinlich nicht übertrieben zu sagen, dass wir aus der Ära des Automobils kommend auf der Überholspur ins Zeitalter der Digitalisierung befördert wurden. Im 20. Jahrhundert haben wir uns in die Blechkokons unserer Autos zurückgezogen und diese Form der Individualisierung als Ausdruck von Freiheit und Mobilität empfunden. Heute haben viele Menschen erkannt, dass die Freiheit des Einzelnen, sich jederzeit überall hinbewegen zu können, nicht nur ein Segen war. Unser Leben hat sich durch das Automobil grundlegend verändert. Unsere Städte sind zu Orten des Straßenverkehrs geworden, um den das Leben herum fließen muss, wo es doch eigentlich umgekehrt sein sollte. Der Verbrennungsmotor hat unsere Luft verpestet. Und Hunderttausende Menschen haben bei Verkehrsunfällen ihr Leben verloren.

Wir haben uns vor mehr als hundert Jahren in das Zeitalter des Automobils gestürzt, weil wir es konnten. Das Ding war nun mal erfunden. Und es erfüllte den großen Wunsch vieler Menschen, sich frei und selbstbestimmt bewegen zu können. Wer jemals gegen seinen Willen gefesselt, in einem engen Ort eingeschlossen oder gar eingeklemmt war, weiß sehr genau, wie stark der Wunsch nach Bewegungsfreiheit werden kann. Viele geraten in Panik, wenn diese Bewegungsfreiheit eingeschränkt wird. Deshalb verlieren ja auch viele Autofahrer so schnell die Nerven, wenn sie im Stau stecken oder andere sie an ihrer freien Fahrt hindern.

Genauso selbstverständlich sind wir in das Zeitalter der Digitalisierung geschlittert. Weil wir es konnten. Eine gemeinsame Entscheidung zugunsten der Digitalisierung hat es nie gegeben. So ist das oft mit technologischen Entwicklungen, vor allem, wenn sie sich kommerziell nutzen lassen. Die Digitalisierung eröffnete bis dahin ungeahnte Möglichkeiten des Informationsaustausches. Eine ganze Welt tat sich da auf, die unserer Entdeckerfreude entgegenkam und unser Bedürfnis nach Verbundenheit zu befriedigen schien. Es gab auf einmal so viel Neues zu sehen, zu hören und zu bestaunen. Und es waren so viele Menschen da, mit denen man sich austauschen konnte. Und so haben wir uns im 21. Jahrhundert in den digitalen Kokon unserer Handys und Rechner zurückgezogen und empfinden diese Form der Individualisierung als Ausdruck von Freiheit und Mobilität. Wie zuvor bei den Autos. Beide technologischen Entwicklungen sind Errungenschaften, die viel Gutes bewirkt haben. Aber so, wie das Automobil in seiner ungebremsten Expansion über den Globus zur Überdosis wurde, ist es uns nun auch mit der Digitalisierung ergangen. Nur viel schneller. Weil sie viel schneller ist.

Im Jahr 1900 wurden weltweit 9.504 Autos produziert. 2019 waren es mehr als 67 Millionen. Das war schon eine gigantische Ausbreitung in etwas mehr als einem Jahrhundert. Aber nichts im Vergleich zum Smartphone: 2002 erschien das erste Blackberry Smartphone. 2007 wurde mit dem ersten iPhone endgültig die Ära des Smartphones eingeläutet. Nur zehn Jahre später, 2017, gab es weltweit 7,8 Milliarden Mobilfunkverträge und damit mehr mobile Datengeräte als Erdenbewohner. In China kamen 2018 auf 100 Einwohner 119 Handys. Und wer glaubt, die spinnen, die Chinesen, der muss sich mit der Tatsache anfreunden, dass es in Deutschland 134 Handys auf hundert Einwohner sind …[6] Warum finden wir die Bremse nicht? Warum

6 The World Factbook. CIA (Hrsg.), 2019, vgl. Wikipedia, de.wikipedia.org/wiki/Liste_der_L%C3%A4nder_nach_Anzahl_an_Mobiltelefonen

schlittern wir in Entwicklungen, ohne uns zu fragen, was sie für unser Leben bedeuten und ob wir das wirklich wollen? Warum geben wir uns ihnen hin wie Opferlämmer?

Die Gestaltungshegemonie des Digitalen

So wie jeder Raucher schon einmal darüber nachgedacht hat, sich den Glimmstängel abzugewöhnen, haben wahrscheinlich auch die meisten Nutzer digitaler Informationstechnologien schon einmal darüber nachgedacht, damit aufzuhören. Können wir uns der Verführungskraft digitaler Medien entziehen, indem wir sie ausschalten? Die Antwort auf die Frage nach den Erfolgschancen eines Entzugs ist noch eindeutiger als beim Raucher. Es ist schwer. Unser Gehirn lässt uns nicht einfach auf den Ausstoß von Glückshormonen verzichten, wenn es einmal den entsprechenden Mechanismus gelernt hat. Diese Art von chemischer Belohnung einer Verhaltensweise ist schwer zu »ent-lernen«. Und wer sich heute der globalen Informationsflut entziehen will, zahlt einen hohen Preis dafür.

Die alle Lebensbereiche durchdringende Gestaltungsenergie, die der Digitalisierung innewohnt, hat uns eine Welt beschert, in der Persönliches, Privates, Geschäftliches und Öffentliches verschwimmen. Berufliche Identitäten lassen sich nicht mehr von privaten trennen. Fakten und millionenfache Befindlichkeiten vermischen sich. Es gibt außerdem ganze Lebensbereiche, die ohne digitale Unterstützung fast nicht mehr erlebbar sind. Auch ganz alltägliche. Nehmen wir zum Beispiel eine eigentlich ja ganz analoge Zugfahrt. Wer auf seinem Handy die entsprechende App der Bahn geladen hat, kann in Sekundenschnelle eine Fahrt buchen, den Fahrschein per QR-Code herunterladen, seinen Sitzplatz reservieren und sogar am Platz einchecken, damit man dann nicht mehr vom Fahrkartenkontrolleur gestört wird. Das ist bequem, es geht schnell und ist ziemlich unkompliziert.

Wer jedoch das digitale Spiel nicht mitmachen will, der muss sich auf althergebrachtem Wege eine Fahrkarte kaufen. Das heißt: Zum Bahnhof fahren (für die Fahrt braucht man allerdings auch einen Fahrschein, wenn man nicht das Auto nimmt …) und dort ins sogenannte Reisezentrum gehen, das möglicherweise so heißt, weil es manchmal scheint, als seien sämtliche Mitarbeiter verreist. Das ist eine ziemliche Aktion, die viel Zeit in Anspruch nimmt und zusätzliche Kosten verursacht. Oder man geht an einen Automaten und versucht dort, einen Fahrschein zu erwerben. Das gelingt aber nur, wenn man sich durch komplizierte Menüs klickt, was schon wieder digital ist und nur funktioniert, wenn auch der Automat funktioniert und nicht irgendwelchen Vandalen zum Opfer gefallen ist. Insgesamt ist das Bahnfahren ebenso wie viele andere Bereiche des täglichen Lebens ziemlich umständlich für jeden Digitalverweigerer. Und dasselbe gilt auch für alle alten Menschen, die zwar einen immer größeren Bevölkerungsanteil stellen, aber eben nicht in dieses digitale Zeitalter geboren wurden. Sie sind an seine Anforderungen und seine Geschwindigkeiten nicht gewöhnt und viele von ihnen ziehen sich deshalb immer weiter zurück. Allein an diesem Punkt entstehen schon unterschiedliche Lebens- und Wahrnehmungswelten!

Aber es geht nicht nur um Alltagserledigungen wie Fahrscheinkäufe oder Bankgeschäfte, Impftermine oder Reisebuchungen. Auch das berufliche Leben ist inzwischen durchdrungen von der Pflicht zur digitalen Präsenz. Wer sich für eine Arbeitsstelle bewerben möchte, die auch nur ein bisschen Verantwortung mit sich bringt, der wird wenig Chancen haben, wenn er oder sie sagt, man sei nicht per Smartphone erreichbar. Auf viele Stellen kann man sich nur noch online bewerben. Ein Account bei einem der einschlägigen Berufsnetzwerke wie Xing oder LinkedIn gehört inzwischen so selbstverständlich dazu wie ein Führerschein im Zeitalter des Automobils. Viele Arbeitgeber sehen in den beruflichen sozialen Medien nach, wie ein Bewerber sich darstellt. So wird unsere digitale Präsenz zur modernen Identität, die fortlaufend gepflegt, aktualisiert und an die Marktanforderungen angepasst werden muss. Das digitale Ich wird zunehmend zur Ersatzidentität. Und auch für den Einzelnen selbst wird das Ich immer mehr über diese digitale Identität wahrgenommen. Im Geschäftsleben gibt es dafür längst einen Fachbegriff: »Personal Branding«. Er beschreibt den Prozess, mit dem sich Führungskräfte und Meinungsmacher zur Marke gestalten mit klar und deutlich wahrgenommenen Eigenschaften und Positionen.

Auch Politiker, die gewählt und wiedergewählt werden wollen, verwenden bewusst oder unbewusst eine ganze Menge Energie darauf, die eigene Marke auf dem Informations- und Meinungsmarkt zu etablieren. Sie versehen sich selbst mit Etiketten, die es den Wählern erlauben, sie klar einzuordnen und ihnen Positionen zuzuordnen. Und einmal auf diese Merkmale festgelegt, wundern sie sich darüber, wie sehr sie sich dafür verbiegen müssen. Oder die Wähler wundern sich, dass der so festgelegte Politiker immer mal wieder von seinem Markenkern abweicht, indem er auf einmal doch etwas anderes äußert oder die selbst gewählten Parameter nicht erfüllt. Es ist eine immer wiederkehrende Geschichte und ein populäres Narrativ, das mit den Worten »typisch Politiker« beginnt.

Längst jedoch ist diese Art des künstlichen Persönlichkeitsdesigns auf alle Lebensbereiche übertragen worden. Wirtschaftsführer, Künstler und selbst Philosophen und Wissenschaftler tappen genauso in die Falle des eigenen Narrativs und des »Personal Branding«, gleichfalls Sportler, Journalisten oder die sprichwörtliche Lieschen Müller, die sich in der digitalen Welt vielleicht Lilly Croft nennt. Sie alle – wäre es allzu schmerzhaft »wir alle«

zu sagen? – werden zu Geiseln dieser auf der Grundlage einer zwangsläufig verzerrten Selbstwahrnehmung gestalteten Fremdwahrnehmung. Personal Branding ist eine »shape changing interaction«, eine Interaktion, die die Gestalt des Agierenden verändert, nicht nur dessen Wahrnehmung durch Dritte. Mit ihr verbreitet der so als Marke gestaltete Mensch Fehlinformationen über sich selbst. Und dieser Trend lässt völlig außer Acht, dass wir uns zeitlebens verändern, dass alles um uns herum sich laufend verändert und dass damit jeder Versuch einer Festlegung auf »ich bin immer so« oder »das ist immer so« mit individueller und kollektiver Verwirrung bestraft wird.

Sowohl in unserer Selbstwahrnehmung als auch in der Kommunikation miteinander werden wir so zu allzu willfährigen Opfern unserer eigenen Narrative. Unsere Geschichten über uns selbst berauben uns der Freiheit zur Veränderung und verleiten uns zu Urteilen über andere, die der Realität der ständigen Veränderung nicht gerecht werden können.

Die Welt ist kein globales, digitales Dorf

Wir benutzen die Redewendung ebenso oft wie leichtfertig: Die Welt ist ein Dorf geworden! Dieses rhetorische Hände-über-dem-Kopf-Zusammenschlagen ist Ausdruck eines kollektiven Staunens, wie nah uns die modernen Medien zueinander geführt haben. Delhi und Delitzsch liegen nur noch einen Mausklick voneinander entfernt. Unsere Urgroßväter hätten noch eine Land- und Seereise von mehreren Wochen mit sehr ungewissem Ausgang zurücklegen müssen, um die Distanz zu überbrücken. Und die meisten von ihnen wären auch im Traum niemals auf eine solche Idee gekommen. Sie hatten erstens kaum Informationen darüber, was es in Delhi geben könnte, das ihr Leben verbessern würde, und somit keinerlei Motivation, dorthin zu gehen. Noch hatten sie das Gefühl, dass sie diese Informationen benötigten. Die Vorstellung, dass Ende des 19. Jahrhunderts ein Delitzscher den anderen fragt: »Sollen wir nach Delhi fahren, das soll toll sein da!«, hat eher etwas Surreales.

Heute wird man in Delitzsch wohl immer noch komisch angeschaut, wenn man vorschlägt, nach Delhi zu reisen – aber aus einem anderen Grund. Konferenzen finden nun zu Hause im Wohnzimmer statt ohne tagelange Dienstreisen und Unbequemlichkeiten. Aus dem Fußweg zum Briefkasten für die Morgenzeitung ist ein Griff zum Mobilgerät geworden. Und wer die Tageszeitung eines viertausend Kilometer entfernten Ortes lesen möchte, der kann das ebenso mühelos tun, als wolle er das Lokalblättchen aufschlagen. Ja, in dieser Hinsicht ist die Welt ein Dorf geworden. Zumindest in dem Sinne, dass sie kleiner geworden ist.

Aber ansonsten könnte das Bild falscher nicht sein! Die Welt fühlt sich nämlich für ihre Bewohner nicht wie ein Dorf an. Sie fühlt sich wie eine Stadt an, wie eine globale Metropolis aus Informationen mit Milliarden von Einwohnern. Ein Ameisenhügel scheinbar, aber ohne dessen fein organisierte soziale Struktur, in der jedes Individuum ein Teil des großen Organismus ist. Dieser Aspekt fehlt im viel zitierten »Global Village«. Und deshalb ist es eben kein Village, kein Dorf. Unsere moderne vernetzte Welt ist eine virtuelle, anonyme Mega-City.

In der analogen Welt heißt das Phänomen »Urbanisierung«: Mehr und mehr Menschen rund um den Globus ziehen in die Städte. Während es Mitte des letzten Jahrhunderts gerade mal ein Drittel der Weltbevölkerung war, das in Städten lebte, ist das Verhältnis Stadt-Land-Bevölkerung inzwischen umgekehrt. Heute sind es drei Viertel der Menschheit, die in urbanen Gebieten leben. Längst sind Mega-Citys entstanden, die alle Dimensionen sprengen. Allein im Großraum Tokio-Yokohama in Japan leben knapp 38 Millionen Menschen. In der indischen Hauptstadt Delhi sind es knapp 30 Millionen. Die Zahl der Millionenstädte hat sich seit 1975 mehr als verdoppelt.

Diese Entwicklung geschieht nicht, weil sich die Städter alle vermehren wie die Karnickel. Vielmehr ziehen immer mehr Menschen vom Land in die Städte. Und zwar aus durchaus guten Gründen. Der Zugang zu Wohlstand, Bildung und Gesundheitsversorgung ist in Städten insgesamt einfach besser. Auch wenn viele der neuen Großstadtbewohner buchstäblich am Rande des Reichtums hausen. Warum geschieht diese Land-Stadt-Migration aber erst in jüngerer Geschichte und noch einmal verstärkt seit der Verbreitung des Internets und warum hat sie sich nicht vor einhundertfünfzig Jahren vollzogen? Die Antwort ist einfach: Informationen. Heute erfahren die Menschen auf dem Land von den Verlockungen der Städte. Millionen von ihnen sitzen in primitiven Unterkünften in ländlichen Gebieten unter Strohdächern und mit ihren aus Blechdosen selbst gebauten Satellitenschüsseln sehen sie täglich die bunten Bilder vom urbanen Wohlstand und seinen Verheißungen. Das sind wichtige Informationen für sie und sie reagieren darauf – spätestens nach der nächsten schlechten Ernte –, indem sie sich auf die Socken machen.

Hier wie überall schlagen aber die Voreingenommenheiten mit aller Wucht zu und mit oftmals tragischen Folgen. Ihre Sehnsucht nach einem besseren Leben lässt viele Menschen nur die Verheißungen des Wohlstands wahrnehmen. Und wenn sie einmal am Ziel ihrer Träume angekommen sind, stellen sie fest, dass der Traum dort nicht Wirklichkeit wird. Stattdessen verelenden Millionen in den Armutsvierteln der Mega-Citys, losgelöst von ihren sozialen Umfeldern und vereinsamt.

Wenn wir angesichts dieser Phänomene unsere globalisierte und digitalisierte Wahrnehmungswelt in den Blick nehmen, werden die Parallelen schnell deutlich: Auch in ihr wird uns suggeriert, dass hier die Musik der Zukunft spielt. YouTube-Millionäre sind die neuen Eisenbahnbarone. Jobs gibt's im Internet und in den beruflichen sozialen Netzwerken. Hier lockt Reichtum, soziale Anerkennung und die Möglichkeit schneller Verbindungen zu anderen Menschen. In dieser globalen Mega-City aus Informationen werden also gewissermaßen dieselben Dinge versprochen wie in den Städten aus Beton. Also ziehen Millionen weltweit ein. Und sie müssen noch nicht einmal Kisten packen oder Möbel schleppen.

Leider ist das nicht die einzige Gemeinsamkeit. Die globale Mega-City aus Informationen verspricht ebenso wie ihre Partnerstädte aus Beton unglaubliche Vorteile. Die sind nicht von der Hand zu weisen. Und die Möglichkeiten, wenn wir es nur richtig machen, sind noch viel größer. Aber dieselbe Medaille hat auch dieselbe Kehrseite: Es spricht einiges dafür, dass die neue virtuelle Stadt genauso krank macht, wie es die Großstädte, sogar in den reichen Industrienationen, tun. Beide Phänomene sind wissenschaftlich untersucht und dass da irgendetwas nicht stimmt, ist längst mehr als nur ein dumpfes Gefühl der Städter. Vor allem in den weit entwickelten Ländern der Erde ist das Erkrankungsrisiko für Stadtbewohner auffällig höher als für ihre Mitmenschen auf dem Land. Dies gilt vor allem für seelische Erkrankungen. Stadtbewohner leiden eineinhalbmal so oft an Depressionen und doppelt so häufig an Schizophrenie, so beschreibt es der Stressforscher Mazda Aldi in seinem Buch *Stress and the City*. Zahlreiche Studien unterstützen diese Aussagen.

An dieser Stelle wird die Parallele zum globalen digitalen Informationsmarkt besonders deutlich. Es sind vor allem die erheblich höhere Dichte von Reizen und die Anonymität, die hier wie dort zum Stressfaktor werden. Mit anderen Worten: Die Gehirne werden überflutet und die Opfer sind alleine damit. Menschen inmitten der Menschenmenge werden so einsam und krank. In den Mega-Citys aus Beton und im Großstadtdschungel des globalen Informationsmarktes. Das ist buchstäblich ein tödliches Phänomen. Es gibt Dutzende von Studien, die belegen, dass die Sterblichkeit bei Einsamkeit um mindestens ein Viertel ansteigt. Manche Studien gehen sogar von bis zu 45 Prozent aus.[7] Damit wäre die Einsamkeit als tödliche Gefahr noch größer als Luftverschmutzung, Übergewicht oder Alkoholmissbrauch. In der Mega-City der globalen Informationen gilt der Titel dieses Buches deshalb im wörtlichen Sinne: Wir informieren uns zu Tode!

Müssen wir das? Die Antwort ist ein klares Nein. Die Lösung ist eine ganz natürliche: Natur! Allein die Möglichkeit, Bäume, Parkanlagen oder Gärten zu sehen, Vögel zwitschern zu hören oder einen Spaziergang in einer natürlichen Umgebung machen zu können, reduziert die Gesundheitsgefahren in der Stadt um ein Viertel. Genauso wichtig ist der Umgang mit der menschlichen Natur: Wir brauchen Verbundenheit. Und die gibt es traditionell in zwischenmenschlichen Begegnungen und Erfahrungen. Wir können angesichts der Informationsflut in der digitalen Mega-City statt der virtuellen Verbundenheiten gezielt ein gelebtes zwischenmenschliches Miteinander suchen. Das kann der gemeinsame Yogakurs sein, der Lesezirkel oder einfach eine aktive und fürsorgliche Nachbarschaft.

7 Z. B.: www.aerzteblatt.de/nachrichten/50573/Singles-und-einsame-Senioren-sterben-frueher

1.2 Die Schönheit der neuen Informationswelt liegt im Auge und im Gehirn des Betrachters

Wir entscheiden, welche Botschaften wir als Information akzeptieren. Aber wenn wir diese Entscheidung nicht bewusst treffen, treffen wir sie gar nicht. Dann entscheiden andere für und über uns.

Was eine Information ist, bestimmt der Empfänger

Es gab eine Zeit, die auch noch nicht ganz vorüber ist, in der wir unsere Selbstbilder vor allem über Besitzstände kommuniziert haben. Zum Beispiel mit dem schnellen und teuren Sportwagen, der Agilität und Reichtum seines Besitzers signalisiert. Zunehmend wird diese Rolle jedoch von Online-Identitäten übernommen, mit denen jeder für sich die eigene Einordnung in seine Wahrnehmungswelt versucht. Ironischerweise sind die Autos und die Rechner Seelenverwandte. Beider Kerngeschäft ist das »schnell von hier nach dort«. So transportiert das Auto Menschen und Waren. Und die Digitalisierung liefert Informationen. Die Mobilität des Automobilzeitalters war physisch. Menschen und Güter werden im Auto von A nach B gebracht, sind erst hier, dann dort. Die Mobilität der Digitalisierung ist virtuell. Informationen werden dabei in der digitalen Welt nicht wirklich transportiert, sie werden initialisiert. Die Idee im Gehirn eines Menschen in Bangalore bleibt im Gehirn dieses Menschen. Wird sie aber als Botschaft über digitale Kanäle über die ganze Welt verbreitet, erreicht sie so andere Gehirne. Und erst dort wird sie zur Information. Das ist ein spielentscheidender Unterschied. Wir gehen später (ab S. 117) noch genauer darauf ein, warum das so ist und was da genau geschieht im Gehirn.

Wenn Botschaften transportiert werden, ist das keine Logistik. Da wird nicht etwas Dingliches von einem Ort zum anderen gebracht. Vielmehr wird beim Absender aus einem Gedanken eine Botschaft. Diese wird versendet – ohne zunächst einen konkreten Empfänger zu haben. Wenn sie irgendjemanden erreicht und berührt, dann wird diese Botschaft zur Information. Das ist also kein Transport, sondern eine Transformation vom Gedanken zur Botschaft zur Information. Zwei Subjekte sind an der Transformation beteiligt: der Sender und der Empfänger. Beide befinden sich in ihrer jeweils eigenen Wahrnehmungswelt. Und da liegt das Problem.

Forscher gehen davon aus, dass rund 60 Prozent unserer Wahrnehmung einer Situation auf unserem emotionalen Zustand und unseren erlernten Erfahrungen beruhen. In stark emotionalisierten Situationen steigt der Anteil auf satte 90 Prozent. Wir kennen das alle aus unserem Alltag. Sind wir in Eile und haben uns vielleicht vor kurzer Zeit über eine Rücksichtslosigkeit geärgert, dann wird uns derjenige, der vor uns die halbe Grünphase der Ampel verträumt, möglicherweise rücksichtslos vorkommen. Wir hupen, schimpfen, zeigen dem Fahrer rüde Gesten und verfluchen das Ungenügen unserer Mitmenschen. Dieselbe Situation an einem sonnigen Sommertag in einem Cabrio mit einem geliebten Menschen neben uns würde vielleicht Freude auslösen darüber, dass alle so herrlich entspannt sind. In Wirklichkeit hat der Mensch im Auto vor uns einfach geträumt oder war abgelenkt. Alles andere an den beiden möglichen grundverschiedenen Wahrnehmungen ein und derselben Situation sind nur Spiegelungen des jeweiligen mentalen und emotionalen Zustandes, in dem sich die wahrnehmende Person befindet.

Dasselbe geschieht, wenn wir eine Botschaft empfangen. Wenn sie uns berührt, beurteilen wir sie auf der Grundlage unserer gegenwärtigen Situation. Wir bringen unsere Erfahrungen ein, alles, was wir über jene Zusammenhänge gelernt haben, die diese Botschaft betrifft. Das Ergebnis ist dann eine Information. Aber keine objektive, sachliche und faktische Information, sondern eine Information, die zu einem großen Teil aus unserer Bewertung besteht. Dabei geht es nicht nur darum, ob wir eventuell leicht erregbar sind oder zu extremen Standpunkten neigen. Es läuft auch nicht jeder mit einem so fürchterlichen Kindheitstrauma durch die Gegend, dass er oder sie nicht in der Lage ist, bestimmte Situationen rational zu bewerten. Aber es ist wichtig zu verstehen, dass unser Umgang mit Informationen ganz persönlich *unser* Umgang ist. Es sind *unsere* Informationen. Wir haben sie geprägt mit allem, was wir wissen, glauben und empfinden.

Menschen nehmen wahr, was sie wahrnehmen wollen

Es sind Voreingenommenheiten – oder im psychologischen Fachdeutsch »Biases« – die uns davon abhalten, jede Botschaft ausschließlich in ihrem faktischen Zusammenhang zu verstehen. Der britische Pädagoge Sir Ken Robinson hat es so ausgedrückt: »Wir leben alle in zwei Welten. Es gibt eine Welt, die existiert, gleichgültig ob du existierst oder nicht. Eine Welt, die entstanden ist, bevor du dazukamst, und die existieren wird, wenn es dich nicht mehr gibt. Eine Welt anderer Menschen, Objekte, Ereignisse und Phänomene. Und dann gibt es eine Welt, die es nur gibt, weil es dich gibt. Eine Welt, die entstanden ist, als du entstanden bist, und die sich verändert oder endet, wenn du dich veränderst oder nicht mehr da bist. Das ist die Welt deines Bewusstseins, deine Welt. Wir sehen die äußere Welt, in der wir alle leben, durch diese innere Welt.«[8]

Mit anderen Worten, die Kulisse unserer kollektiven und individuellen Erfahrungen prägt das Geschehen auf der Bühne unseres Lebens. Wir nehmen nicht einfach wahr, was ist. Wir nehmen nur das wahr, was zu unseren Vorstellungen und zu dem passt, was wir für bedeutsam halten. Wir sind in hohem Maße voreingenommen.

Glauben Sie an den von uns Menschen verursachten Klimawandel? Oder glauben Sie, dass es ihn nicht gibt? Glauben Sie an die Vorteile der Globalisierung? Oder glauben Sie an die negativen Folgen der Globalisierung? Glauben Sie an den positiven Einfluss der Digitalisierung auf unser Leben? Oder glauben Sie, dass die Digitalisierung unser Leben insgesamt zum menschlichen Nachteil verändert?

Diese Fragen sind so sinnvoll wie die Frage »Glauben Sie an die Schwerkraft?« Es gibt die Schwerkraft, Newtons Apfel fällt nach unten, ob wir es glauben oder nicht!

Aber es gibt auch die Relativitätstheorie, die besagt, dass diese Newton'sche Vorstellung nicht überall gilt. Und es gibt die Heisenberg'sche Unschärfenrelation, die besagt, dass die Erkenntnis, zu der ein Beobachter über einen bestimmten Sachverhalt gelangt, von dem jeweiligen Beobachter abhängig ist. Manchmal stimmt eben beides, je nachdem, von welcher Seite man es betrachtet. Trotzdem erheben wir wissenschaftliche Sachverhalte zu Glaubensfragen. Warum entscheiden wir uns zu glauben, worüber wir genauso gut einen hohen Grad an faktischer Gewissheit haben können? Mehr als 90 Prozent der Klimawissenschaftler sind aufgrund ihrer Forschungen zu dem Schluss gekommen,

---

8 Robinson, K.: »Finding your element«, 2019, www.youtube.com/watch?v=17fbxRQgMlU, ab Minute 16

dass wir Menschen entscheidend zu den Klimaveränderungen beitragen. Aber nur etwas mehr als 50 Prozent der Gesamtbevölkerung glauben das. Es ist aber keine Glaubensfrage.[9] Wir erheben es nur dazu. Warum?

Die Antwort lautet: aus Voreingenommenheit. Wir glauben, was wir glauben wollen. Wir nehmen wahr, was zu unseren Glaubensgrundsätzen oder momentanen emotionalen Bedürfnissen passt. Und wir lehnen alles ab, was unseren Glaubensgrundsätzen und Bedürfnissen zuwiderläuft. Mit anderen Worten: Wir informieren uns so, dass unser Weltbild bestätigt oder zumindest auf keinen Fall gefährdet wird.

Wenn Sie also demnächst die immer mal wieder zu hörende Klage vernehmen, »Mein Mann, meine Frau, meine Kinder … hören nur, was sie hören wollen!«, dann sagt das nichts über den jeweils angesprochenen Menschen aus, außer, dass sein Gehirn genauso funktioniert wie das der klagenden Person. Wir machen uns täglich der selektiven Wahrnehmung schuldig. Was wir natürlich nicht wahrhaben wollen und deshalb beharrlich abstreiten. Auch das wiederum ist selektive Wahrnehmung!

Die Suche nach der Bestätigung unseres Verständnisses der Welt ist wahrscheinlich die häufigste Voreingenommenheit. Der Fachbegriff dafür lautet »Confirmation Bias«, also Bestätigungsvoreingenommenheit. Sie lässt uns nur diejenigen Tatsachen innerhalb einer Situation wahrnehmen, die unseren vertrauten Einschätzungen und Positionen entsprechen, die in unsere bisher abgespeicherten Muster passen. Unterstützt wird der Confirmation Bias durch etwas, das die Experten den »Reputation Bias« nennen. Er funktioniert ganz ähnlich: Wir nehmen nur

---

9 Peter T. Doran, Maggie K. Zimmermann: »Examining the Scientific Consensus on Climate Change«, in: EOS, Vol. 90, Januar 2009, S. 22–23, www.klimafakten.de/behauptungen/behauptung-es-gibt-noch-keinen-wissenschaftlichen-konsens-zum-klimawandel

Dinge wahr, die jene Position bestätigen, die uns größtmögliche Anerkennung in unserem gesellschaftlichen Umfeld sichert. So schützen wir unseren Ruf (*engl.*, »reputation«).

Besonders in arbeitenden Teams kann die Ruf schützende Voreingenommenheit fatale Auswirkungen haben. Wir kennen die Situation alle: Der Chef lässt in der Teamsitzung sehr deutlich seine Präferenz für eine bestimmte Option oder Vorgehensweise durchblicken. Jeder eine andere Option bevorzugende Mitarbeiter steht nun vor der Wahl: dazugehören oder Konflikt? Gebe ich dem Chef recht oder begebe ich mich in eine Konfliktsituation, indem ich seiner Position widerspreche? Jeder von uns hat es schon beobachtet: Die Position des Chefs entwickelt durch diesen Reputation Bias eine beinahe unwiderstehliche Gravitationskraft. Die Beispiele von Unternehmungen, die so in großer Eintracht der Verantwortlichen und mit maximaler Entschlossenheit in die Krise oder gar in den Konkurs gesteuert wurden, sind zahlreicher und folgenschwerer, als man es vermuten würde.

Der kanadische Handyhersteller Blackberry war das erste Unternehmen, das ein wirklich alltagstaugliches Smartphone vorstellte. Schon 1999 waren Blackberrys in der Lage, E-Mails und Messages zu empfangen. Das war acht Jahre vor dem Ereignis, das heute als die Geburtsstunde des Smartphones gilt, nämlich die Einführung des ersten iPhones mit Touchscreen. Doch Blackberry hat die Entwicklung, die das Unternehmen selbst begonnen hatte, verschlafen. Oder besser: Es hat sie aufgrund des »Confirmation Bias« beharrlich ignoriert und blieb auf der Position, dass die Touchscreens ein vorübergehender Trend sein würden. Und schon 2016 starb das Unternehmen den »Tod durch iPhone«. Blackberry war ein Dinosaurier mit Keyboard und wusste es nicht, war so stark, dass man dort glaubte, man könne nicht aussterben.

Eastman Kodak erlebte genau dasselbe. Auch hier war es »Tod durch iPhone«. Der einstige Marktführer für Fotofilmmaterial glaubte fest daran, dass die klassische Fotografie nicht aussterben würde. Und obwohl Kodak selbst 1975 die Digitalkamera erfunden hatte und andere Mitbewerber auf die neue digitale Fotografie umschwenkten, steuerte Eastman Kodak aus dem Aktienindex der 500 wichtigsten US-Unternehmen geradewegs in die Insolvenz. Nicht, weil man die Technik nicht gehabt hätte, sondern weil das Management zuließ, dass Kunden die Marke Kodak weiterhin mit der ursprünglichen Erfolgsgeschichte der Fotografie mit Film gleichsetzten. Nicht umsonst setzen moderne Unternehmen heute auf agile Managementmethoden, die den hierarchischen Druck abbauen oder bestenfalls beseitigen und so den Reputation Bias verhindern oder zumindest reduzieren. Soziale Kontrollinstanzen sind das beste Mittel gegen die Durchschlagskraft dieser Voreingenommenheit.

Verwandt mit dem Reputation Bias ist der sogenannte »Default Effect«. Unser »Default Setting« sind unsere festen Grundüberzeugungen über das, worauf es im Leben ankommt und wie das Leben funktioniert (»default«, *engl.* = Voreinstellung). Diese Einstellung manifestiert sich in Glaubenssätzen, auf deren Grundlage jegliche neue Wahrnehmung beurteilt wird. Wir kennen diese Glaubenssätze alle: Immer auf die Kleinen! Niemand interessiert sich für die da unten! Es gibt nichts geschenkt! Indianer weinen nicht! Ohne Druck keine Leistung, und wie sie alle heißen. Einmal etabliert, werden derartige Aussagen zu Generalschlüsseln für jede vermeintliche Erkenntnis. Und sie können uns fürchterlich in die Irre führen, weil sie dazu beitragen, dass Situationen und Menschen nur noch durch die Brille des jeweiligen Glaubenssatzes wahrgenommen werden.

Unser Gehirn ist auf Energiesparen ausgerichtet. Man könnte es auch faul nennen, denn es rührt sich nur, wenn es muss. Es liebt Automatismen und Standardeinstellungen und vermeidet alles, was dort oben zu viel Durcheinander erzeugt. Veränderungen verbrauchen zu viel Energie.

Wenn unsere Glaubenssätze infrage gestellt werden, fühlt sich das so an, als würden wir selbst infrage gestellt. Das empfinden wir als lebensbedrohlich, weil es unser Verständnis von unserem Leben und unserer Identität bedroht. Deshalb werden diese Glaubenssätze so leicht zu einem freiheitsberaubenden Gefängnis. Es gibt auch kaum einen größeren Lernverhinderer als den Default Effekt. Wir suchen Standardeinstellungen und übertragen deren Schablone auf jegliche Lebenserfahrung. So entsteht das Schubladendenken. Es ist verrückterweise sogar fest in unserem Bildungssystem verankert. Indem Schülerinnen und Schüler standardisiert bewertet werden, wird eine Werkseinstellung »guter Schüler« festgelegt. Und unsere Kinder passen entweder in die Schublade oder werden aussortiert. Es ist auch dieser Default Effekt, der uns bei unternehmensinternen Veränderungsprozessen auf die Füße fällt und Reformen in der Gesellschaft so überaus schwierig macht.

Eine weitere Voreingenommenheit, die treibend ist für das aktuelle Phänomen des »Postfaktischen« in den modernen Industrienationen, ist der »Negativitäts-Bias«. Unangenehme Impulse haben in unserem Gehirn eine größere Wirkung als positive oder neutrale Impulse. Eine Situation oder ein Themenbereich wird negativer wahrgenommen und bewertet, als es zutreffend wäre. Negative Infos bekommen mehr Aufmerksamkeit als positive. Wir kennen diesen Effekt alle aus Alltagsgesprächen: Da spricht ein Mensch aus komfortabelsten Lebensverhältnissen scheinbar kenntnisreich von No-go-Areas in seiner Stadt. Es sei ein ganzer Stadtteil für »normale« Menschen nicht mehr zu betreten, da dieser von Andersdenkenden und Gewalttätern bewohnt werde. Die Verknüpfung von »anders denken« und »gewalttätig« wird in diesem Narrativ beinahe zwangsläufig gemacht. Häufig treten diejenigen, die solche Weisheiten zum Besten geben, mit so großer Überzeugung auf, als würden sie die Ereignisse im fraglichen Viertel täglich 24 Stunden lang observieren. Oft war der Auslöser für das vernichtende Urteil über einen ganzen Stadtteil aber nur ein marginaler Zusammenhang wie ein abgebrochener Rückspiegel am geparkten Auto oder die Tatsache, dass die Ex-Ehefrau mit einem Mann aus diesem Viertel durchgebrannt ist. Nicht selten war es noch nicht einmal eine eigene Erfahrung, sondern nur Hörensagen, das die Kette von Warnmeldungen im Gehirn, selektiver Wahrnehmung und vernichtender Urteile ausgelöst hat.

Der Negativitätseffekt ist die Datenautobahn unseres Gehirns, auf der Vorurteile und fragwürdige Überzeugungen besonders gut vorankommen. Die Suche nach möglichst einfachen Erklärungen und die Fokussierung der Aufmerksamkeit auf alles, was gefährlich werden könnte, ist ein gesellschaftliches und politisches Problem globalen Ausmaßes geworden. Wer es besonders gut versteht, angstmachende Botschaften zu verbreiten und möglichst einfache Lösungen anzubieten, hat die Chance, sogar scheinbar gefestigte Demokratien zu Fall zu bringen. Auch hier entspringt das Problem einer ursprünglich sinnvollen Lösung! Der Negativitätseffekt ist Teil eines sehr bewährten Warnsystems in unserem Gehirn. Gefahr ist ein extrem störender Input für unser Gehirn. Darauf muss es schneller reagieren als auf positive Impulse. Wer will schon über den schönen Blumenstrauß auf dem Wohnzimmertisch nachdenken, während drum herum die Hütte brennt!

Unterstützt in seiner potenziell verheerenden Wirkung wird der Negativitäts-Bias von der Wirkungsweise des »Teleskopie-Bias«: Er lässt uns Einzelereignisse überbewerten wie den abgebrochenen Rückspiegel oder den neuen Partner der Ex-Frau. Diese Details werden dann zur Beurteilung der gesamten Situation herbeigezogen. Beispiel: Sie essen seit Jahren gerne in Ihrem Lieblingsrestaurant. Dort fühlen Sie sich wohl und das Essen schmeckt Ihnen. Und dann ist bei einem Besuch das Essen versalzen. Objektiv betrachtet ist es absolut wahrscheinlich, dass das mal passiert. Der Koch ist ja kein Automat, vielleicht ist ihm die Frau gerade weggelaufen oder er hat Streit mit dem Chef oder Kopfschmerzen. Aber hat deshalb der Wirt ein vernichtendes Urteil verdient wie: »Da werde ich nicht mehr hingehen«? Natürlich nicht. Und doch urteilen wir oft genauso und schreiben es auch noch in die digitale Bewertungsplattform.

Unser letztes Beispiel für die subjektive Verzerrung von Informationen ist besonders heikel. Es handelt sich um den sogenannten »Dunning-Kruger-Effekt«, den die beiden Sozialpsychologen David Dunning und Justin Kruger von der Cornell University beschrieben haben. Kurz gesagt bedeutet er: Manche sind zu doof zu wissen, wie doof sie sind. So haben es die beiden renommierten Wissenschaftler natürlich nicht ausgedrückt. Sie beschreiben den nach ihnen benannten Effekt als »kognitive Verzerrung im Selbstverständnis inkompetenter Menschen, das eigene Wissen und Können zu überschätzen«. Diese Neigung beruhe »auf der Unfähigkeit, sich selbst mittels Metakognition objektiv zu beurteilen«.[10] Charles Darwin hatte diesen Effekt ohne sozialpsychologische Untersuchungen, dafür aber mit einer gehörigen Portion vielfältiger Erfahrungen und gesunden Menschenverstandes schon mehr als ein Jahrhundert früher beobachtet. Er brachte ihn in dem für uns alle wenig schmeichelhaften Satz auf den Punkt: »Ignorance more frequently begets confidence than does knowledge« (»Unwissenheit erzeugt viel häufiger Selbstsicherheit, als es das Wissen tut).[11]

Alle diese Voreingenommenheiten bringen wir mit, wenn wir uns tagtäglich mit den Botschaften beschäftigen, die auf uns ein-

10 Kruger, J., Dunning, D.: »Unskilled and unaware of it. How difficulties in recognizing ones own incompetence lead to inflated self-assessments«, in: Journal of Personality and Social Psychology, Band 77, Nr. 6, 1999, S. 1121–1134.

11 Darwin, C.: Die Abstammung des Menschen (The Descent of Man, and Selection in Relation to Sex, London 1871), vgl. www.projekt-gutenberg.org/darwin/abstammu/abstammu.html

stürmen. Das ist schwierig genug im richtigen Leben. Da stören sie unser Urteilsvermögen massiv und verleiten uns häufig dazu, Informationen verzerrt aufzunehmen und vorschnell und falsch zu bewerten. In der digitalen Welt machen sie uns allzu leicht zu willigen Opfern von Manipulatoren.

Künstliche Intelligenzen steuern den Informationsmarkt in den sozialen Medien

Bei der Manipulation durch Botschaften in sozialen Foren im Netz sind nicht nur intelligente Menschen am Werk, was schon schlimm genug wäre, sondern auch Softwares und Dienste mit künstlicher Intelligenz. Wissenschaftlich fundierte Schätzungen gehen davon aus, dass zwischen neun und 15 Prozent aller Twitter-Accounts von sogenannten Chat-Bots gesteuert sind.[12] Bots ist die Abkürzung des englischen Wortes »Robots«, also Roboter. Es sind Softwareroboter, die im Netz agieren wie Menschen. Eigentlich entspringen sie einem durchaus naheliegenden und zunächst auch wertfreien Gedanken: Rechner sollen mit Menschen so in den Austausch treten können, dass sie bestimmte Aufgaben wie zum Beispiel Hilfe bei der Buchung einer Reise übernehmen. In dem Bereich werden sie zunehmend angewendet. Fluglinien in Deutschland zum Beispiel setzen bei ihrem digitalen Austausch mit ihren Kunden bereits zu rund 40 Prozent solche Bots ein.[13] Wer also mit seiner Fluglinie per Chat in den Dialog tritt, hat hohe Chancen, dass der freundliche Mitarbeiter

---

12 Z.B. Varol, O. et al.: »Online Human-Bot Interactions«, Bloomington 2017, www.arxiv.org/pdf/1703.03107.pdf

13 Socialbakers: »Studie zur Verbreitung von Chatbots in Deutschland«, 2/2021, www.socialbakers.com/website/storage/2021/02/Studie_zur_Verbreitung_von_Chatbots.pdf

am anderen Ende eine Maschine ist, die nur Nullen und Einsen im Kopf hat. Die große Schwester von Alexa.

Solange diese künstlichen Intelligenzen nur als nette Verkaufshelfer auftreten, mag das noch nicht bedrohlich klingen. Immerhin sind Studien zufolge rund vier Fünftel der Nutzer entsprechender Webseiten bereit, mit solchen Automaten zu kommunizieren. Aber wenn sie die Dynamik der Diskussionen in den sozialen Medien maßgeblich beeinflussen und manipulieren, sieht die Sache anders aus. Diese künstlichen Intelligenzen betreiben inzwischen einen großen Teil des weltweiten Austausches von Botschaften.

Eine Studie der Universität Duisburg-Essen hat die Rolle der Bots in den sozialen Medien untersucht und eindeutig festgestellt: Schon wenige dieser vorgespiegelten Menschen können die Meinungsbildung in sozialen Netzwerken nachhaltig beeinflussen. Die Voraussetzungen für diesen zweifelhaften Erfolg sind demnach, dass die Meinungsroboter nicht als solche erkennbar sind. Außerdem müssen die Adressaten ihrer Botschaften gut untereinander vernetzt sein, um die Botschaften entsprechend verbreiten zu können. Und die Roboter müssen ihre Botschaften gut platzieren in der Meinungswolke, in der sie sich bewegen. Was dann geschieht, ist wiederum äußerst menschlich. Es ist nicht so wichtig, welche Meinungen es zunächst in einer Gruppe gibt. Gerade freiheitliche und demokratische Gesellschaften haben bewiesen, dass sie unterschiedliche Meinungen sehr gut auszuhalten vermögen. Spielentscheidend für die übergreifende Meinungsbildung einer Gruppe oder einer ganzen Gesellschaft ist jedoch, wer den Ton angibt. Welche Meinung erscheint vorherrschend? Mit dem gezielten Einsatz von Kommentaren und Postings lässt sich sehr schnell ein sogenannter »Shitstorm« auslösen. Eine einzelne Meinung – in der Regel ablehnend und negativ – löst eine Lawine des Zuspruchs aus. Je mehr Menschen zustimmen, desto mehr erhöht sich die Sichtbarkeit und desto mehr stimmen zu. Das ist dann die Meinung, die sich durchsetzen wird. Wenn gezielt eingesetzte Computerroboter die vorherrschende Meinung prägen, ist das Manipulation. Dann werden ganze Gesellschaften am digitalen Nasenring durch die Manege des Lebens gezerrt.

Fake News und das dämmrige Licht der Wahrheit

Im Januar 2022 wurde im Zentrum der tschechischen Hauptstadt Prag ein denkwürdiges Kunstprojekt installiert. Es ist eine Lichtinstallation des Künstlers Jakub Nepras, »Viditelnost« (*dtsch*: Sicht). Eigentlich ist es eine ganz normale Laterne. Nur, dass ihr Licht auf Fake News reagiert, also Nachrichten, die Falschinformationen enthalten. Sind besonders viele davon in den tschechischen Medien im Umlauf, zeigt die Laterne ein flackerndes blaues Licht wie einen Wirbelsturm aus Texten und Bildern. Sind dagegen weniger gefälschte Nachrichten im Umlauf, strahlt die Laterne ein warmes, sattes, gelbes Licht aus und brummt zufrieden. Meist muss man bis Mitternacht aufbleiben, will man in den Genuss dieser wohltuenden Flaute im Sturm der Fehlinformationen kommen. Dann ist auf den Verschwörungsplattformen im Netz einfach weniger los und die Fake-News-Laterne kann sich beruhigen.

Das wirklich Spannende an Fake News ist nicht, dass es sie gibt. Es gibt sie schon lange, nur unter anderem Namen: Sie heißen auch Lügen, Notlügen, List und Tücke, Unaufrichtigkeit. Menschen sagen anderen Menschen die Unwahrheit; die Lüge ist eine der ältesten Erfindungen der Kommunikation. Das trojanische Pferd war buchstäblich eine verkörperte Lüge. Sprachlos, aber wortreich, wirksam und tödlich für die Trojaner, die der optischen Information »Pferd« glaubten, bis sie zu spät merkten, dass man ihnen einen Bären aufgebunden hatte. Weniger mythologisch, dafür alltäglicher ist einer der Bestseller unter den Unwahrheiten: »Schatz, ich musste länger arbeiten.«

Alltagsdesinformation: Die meisten Menschen sehen das als ganz normalen Teil unserer Konsumgesellschaft. Die Werbung wandelt alltäglich auf dem schmalen Grat zwischen weißem Schwindel und pechschwarzer Lüge. Dabei können die Folgen von irreführender Werbung tief greifend sein. Die Werbung für einen Schokoriegel, die ebenso eindeutig wie tatsachenwidrig suggeriert, dass es sich hierbei um ein gesundes und vor allem für Kinder geeignetes Lebensmittel handelt. Solche und unzählige weitere Desinformation über Ernährung hat drastisch zur Gewichtszunahme bei unseren Kindern beigetragen. Ganze Familien werden ruiniert, weil ein Mitglied der Werbung auf den Leim gegangen ist, die suggeriert, dass Glücksspiel eine ganz normale Freizeitbeschäftigung sei. Oder weil ein anderes der Verlockung von Internetplattformen erliegt, auf denen sich alle elf Minuten ein angehender Single in eine Lüge verliebt.

Es gibt Fälle von »Fake News«, die die meisten von uns als legitim und sogar angemessen bezeichnen würden. Die alltäglichste davon ist die Antwort »Gut, danke!« auf die Frage eines entfernten Bekannten, wie es uns gehe. Selbst nahestehende Verwandte werden so desinformiert, oftmals einfach nur, weil man sie nicht mit den eigenen Problemen belasten möchte. Kaum jemand würde eine solche Falschinformation als moralisch verwerflich abstempeln, sie gilt den meisten eher als eine Form der Zurückhaltung und Höflichkeit.

Ein wenig komplizierter wird die Sache schon bei verdeckten Fehlinformationen: Die Antwort »Frag nicht!« oder »Muss ja« auf die höfliche Erkundigung nach dem Wohlbefinden heischt nach Aufmerksamkeit. Mir geht es schlecht, ich leide, schenke mir deine Aufmerksamkeit. Sehr häufig verbirgt sich gar kein wirkliches Leiden hinter diesen Botschaften, sondern nur der Wunsch, wahrgenommen zu werden. Wie gesagt: Wir verurteilen solche Desinformation in der Regel nicht, obwohl sie alle Bestandteile der Definition erfüllen: Es sind Unwahrheiten, bewusst ausgesprochen, zum Zweck der Täuschung.

Anders sieht es mit der Angeberei aus. Das Prahlen ist auch bewusste Täuschung durch Botschaften: das Angeben mit dem hohen Einkommen, dem Einfluss in der Firma, der Affäre mit der Assistentin, dem großen Dienstwagen. Dieses Verhalten enthält Botschaften, die in der Regel weit über die nüchternen Realitäten hinausreichen. Der Angeber gibt an, größer, schöner, reicher, viraler, weiß-der-Geier-wie-besser zu sein, als er wirklich ist. Er will den Adressaten über sich selbst täuschen. Und das geschieht bewusst, auch wenn es vielen Angebern derart in Fleisch und Blut übergegangen ist, dass sie es selbst gar nicht mehr merken. Fallen Angeber auf, sind sie uns in der Regel eher lästig, wir neigen dazu, sie zu meiden, und ihr Ansehen, das sie so unbedingt steigern wollen mit ihrer Angeberei, leidet. Aber es bleibt ein Alltagsphänomen.

Auch der politische Betrieb nutzt gezielte Desinformationen. Die in Deutschland beliebteste Methode ist die publizistische Kunstform des »gezielten Missverständnisses«. Öffentliche Äußerungen des politischen Gegners werden auf die Goldwaage gelegt und so gedeutet, dass sie Empörung verursachen. Obwohl jedem klar sein muss, dass der große Skandal keiner ist, sondern nur eine kleine Dummheit. Die Liste der Otto-Normal-»Fake News« lässt sich noch beliebig erweitern. Sie ist weder neu noch besonders aufregend. Was das Zeitalter der Verwirrung prägt, ist die systemische Integration der Desinformation als Mittel der öffentlichen Debatte. Natürlich bietet die schöne neuen Welt der digitalen Kommunikation, in der sich Identitäten verwischen, verbergen oder verändern lassen, wunderbare Gelegenheiten dazu. Aber auch die klassischen Medien können sich dem Vorwurf nicht ganz entziehen. Der Erfinder der Fake-News-Laterne in Prag, der tschechische Künstler Jakub Nepras, beschreibt das so: »Wenn man nicht gut sieht, muss man sich mehr auf sich selbst und seine Urteilskraft verlassen.« Genau das ist das Problem, wer verwirrt ist, sieht nicht gut.

Toxische Informationsgewohnheiten sind auch nur Gewohnheiten

Die Überflutung unserer Gehirne ist keine Sache, die uns von den selbst ernannten Informierern aufgedrängt wurde. Sie folgt vielmehr den Gesetzen des Marktes, in diesem Fall des Informationsmarktes. Unser komplexer gewordenes Leben hat unser Informationsbedürfnis massiv erhöht. Wir müssen uns orientieren in einer Welt, die immer kleiner und vernetzter und gleichzeitig immer komplizierter und damit irgendwie auch wieder größer wird. Zumindest was die Herausforderung angeht, sie zu verstehen. Zum Verstehen brauchen wir Informationen. Und je mehr wir einer Sache bedürfen und dieses Bedürfnis noch unbefriedigt ist, umso mehr gerät unser Gehirn aus dem Gleichgewicht.

Also laden wir sozusagen selbst ein zur Überflutung unserer Gehirne durch Botschaften. Unser Informationsbedarf ist die Nachfrage. Auf diese Nachfrage reagiert der Informationsmarkt und bietet uns eine Flut von Botschaften an, die wir nach Belieben als Informationen aufnehmen können. Das ist das Angebot. Die bisherige Marktdynamik ist, dass Millionen Menschen dieses Angebot in sich aufsaugen wie Industriestaubsauger auf Speed. Das kann zwar auch etwas mit dem Preis zu tun haben – Informationen scheinen größtenteils umsonst zu sein und das Netz suggeriert ja, dass Informationen kostenlos erhältlich sind.

Tatsache ist allerdings auch, dass alle versuchen, damit Geld zu verdienen. Die Ökonomie der Aufmerksamkeit besteht gerade darin, dass das auch gelingt, sonst wäre sie ja keine Ökonomie. Aufmerksamkeit – oft eben einfach in Form von »Klicks« – ist die Währung der digitalen Welt. Und sie lässt sich in bare Münze umwandeln. Für den Einzelnen ist das aber nicht ausschlaggebend. Er will vor allen Dingen Ordnung und Frieden in der Birne. Und beides gibt es nicht durch Wahrheit, sondern durch Klarheit. Am klarsten ist eine Information, je einfacher sie ist, je einleuchtender und je mehr sie in Übereinstimmung mit unseren Voreingenommenheiten ist. Also geht es nur darum, sich für eine Botschaft zu entscheiden, die man als Information annehmen will. Einmal abgespeichert, sorgt diese Information wieder für Ruhe im Gehirn.

Damit ist der Prozess der Informationsverarbeitung aber noch nicht zu Ende. Unser Gehirn ist nämlich zeitlebens lernfähig. Also speichert es auch diese Information entsprechend ab: Nicht die inhaltliche Information, sondern jene, dass es nur der Entscheidung für eine bestimmte Art von Botschaft bedarf. Das ist der normale Energiesparmodus unseres Gehirns. Es lernt Handlungsmuster, denen wir dann in Zukunft folgen können, ohne weiter groß darüber nachzudenken. So entstehen Gewohnheiten. Wir gehen morgens ins Badezimmer, nehmen die Zahnbürste in die Hand und putzen uns die Zähne. Das geht ohne kognitive Kontrolle, wir müssen darüber nicht nachdenken. Und genau dasselbe gilt auch für Informationsgewohnheiten. Wenn wir einmal erfolgreich ausprobiert haben, wo unser Gehirn die Informationen bekommt, die es braucht, um seine Kohärenz wiederzufinden, bildet sich ein Muster, eine Gewohnheit. Wir alle wissen, wie schwierig es ist, mit Gewohnheiten zu brechen. Das Rauchen, Alkohol, zu viel Essen oder gar nichts, Serien in Serie gucken …, all das sind Gewohnheiten. Unser Gehirn hat sie abgespeichert, weil sie irgendetwas für uns tun. Die Zigarette beruhigt uns. Der Alkohol hilft zu entspannen, manche Menschen zumindest. Das Essen gibt uns ein gutes Körpergefühl. Und die Serien bieten einen Notausgang aus dem Alltag in eine Fantasiewelt, die uns besser gefällt und nichts von uns einfordert. Jede Gewohnheit hat so einen Grund und erfüllt einen Zweck. Aber Gewohnheiten wie die gerade aufgezählten haben auf lange Sicht einen höheren Preis, als ihr Nutzen ist. Deshalb nennen wir sie ja auch gern *schlechte* Angewohnheiten. Wenn wir dann irgendwann die Quittung bekommen in Form von drohendem Lungenkrebs, Übergewicht oder zu wenig Schlaf und zur Einsicht gelangen, müssen wir unserem Gehirn diese Gewohnheiten wieder ent-lernen. Das ist schwierig, denn sie sind ja überaus bequem.

Außerdem – vor allem wenn es um Informationen geht – werden solche Gewohnheiten sehr schnell Teil unserer Identität, unseres wahrgenommenen Ich. Ich bin halt Raucher, immer gewesen! (Was nachweislich nie stimmt.) Ich habe eben einen schlechten Stoffwechsel. Oder ich verfüge über einen Stoffwechsel wie ein liebestolles Frettchen. Je nachdem, ob wir Übergewicht haben oder magersüchtig werden. Ich bin der totale Serienfan. Die Gewohnheit wird so zum Teil des Narrativs, mit dem wir uns selbst beschreiben, auch und vor allem uns selbst gegenüber. Sie wird Teil unserer Identität.

Diese Identifizierung festigt die Gewohnheit noch weiter, und jetzt wird jede Information über das Gegenteil zum Angriff auf unsere Identität. Und dagegen wehren wir uns mit Hauen und Stechen! Die Festigung dieses Teils unserer Identität durch die gewohnheitsmäßige Aufnahme weiterer dazu passender Informationen hingegen wirkt identitätsstiftend. Was in diesem Zusammenhang nicht unbedingt ein positiver Begriff ist.

Informationsverweigerung aus Frust über die Informationen ist wie eine lautstark proklamierte Freiheitserklärung, nachdem die Gefängnistür zugefallen ist. Dann sind wir gefangen in den Bewertungen, die die gewohnheitsmäßige Informationsaufnahme abgespeichert hat.

Im Gegensatz zu anderen »schlechten Angewohnheiten« sind toxische Informationsgewohnheiten zwar die Angelegenheit jedes Einzelnen, aber sie ist keine Privatsache. Durch den Austausch mit derartig »Informierten« werden andere Menschen infiziert. Toxische Information ist viral, ansteckend. Und sie macht aus individuellen Informationsgewohnheiten kollektive Gewohnheiten. Die Entstehung kollektiver Gewohnheiten macht toxische Informationen in hohem Maße selbst beschleunigend, weil Gewohnheiten kontextabhängig sind. Wenn eine Schale Äpfel auf dem Wohnzimmertisch steht, greift die ganze Familie immer wieder spontan hin und es entsteht eine Gewohnheit, gesundes Obst zu essen. Dieselben Äpfel im Obstfach des Kühlschranks haben diesen Effekt nicht. Genauso ist es mit Informationen.

Insofern hat jeder Einzelne eine große Verantwortung, mit seiner Gewohnheit, toxische Informationen aufzunehmen, nicht sein Umfeld zu infizieren. Wer das tut, trägt zur allgemeinen Verwirrung bei und entmündigt seine Mitmenschen dadurch indirekt, am Wettbewerb der Meinungen teilzunehmen. Wo nur noch eine Art von Informationen zugelassen ist, kann es diesen Wettbewerb nämlich nicht geben. Toxische Informationsgewohnheiten führen geradewegs in eine Art Totalitarismus der einzelnen Meinung, die keine andere mehr zulässt und jeden den sie berührt, zwingt, sich ihr anzuschließen. Solche Informationsgewohnheiten sind eben nicht, wie sie oft wahrgenommen werden, Ausdruck eines besonders freien Geistes, sondern genau das Gegenteil. Sie berauben den Einzelnen und alle, die er mit seiner toxischen Informationsgewohnheit berührt, der Freiheit. Sie sind gefangen im Gefängnis der Gewohnheit und halten zufrieden von innen die Türe zu.

1.3 Der Informationsmarkt folgt den Marktgesetzen

Der Markt der Informationen ist tatsächlich ein Markt und er folgt Marktgesetzen. Vom klassischen linearen Medium bis zu den neuen Medien. Das Kerngeschäft des Informationsmarktes ist der Großhandel mit Emotionen, verpackt in Informationsangeboten. Informationen ohne emotionale Wirkung haben auf dem Informationsmarkt keine Chance. Sie berühren nicht. Und was uns nicht berührt, nehmen wir nicht an.

Klassische Medien zwischen Selbstreflexion und Selbstaufgabe

Um es gleich vorwegzusagen: Klassische Medien sind ein Sammelbegriff. Er beschreibt eine Landschaft, die von sehr um journalistische Seriosität und Qualität bemühten Medien bis hin zu Boulevardblättern reicht, bei denen Journalismus eher die Form von Kampagnen als von Informationsangeboten hat. Es wäre nicht fair, sie alle über einen Kamm zu scheren. Aber sie haben genauso etwas gemeinsam wie die digitalen Medien, die ja auch eine durchaus bunte Szene bilden.

In vielen modernen Medienhäusern in Deutschland gibt es inzwischen eine sehr selbstreflektierte Beschäftigung mit der eigenen Rolle und Verantwortung, definitiv in den öffentlich-rechtlichen Anstalten. Die Vorwürfe von Lügenpresse, gleichgültig wie politisch sie motiviert sind und wie ungerechtfertigt sie auch sein mögen, haben einen empfindlichen Nerv getroffen. Da gibt es eine vorherrschende Gemütslage, die von dem Gefühl, ungerecht behandelt zu werden, bis zur latenten Einsicht reicht, dass man auch eine Menge falsch gemacht hat und dass die Strukturen des

Mediengeschäfts nicht unbedingt hilfreich sind bei notwendigen Veränderungen.

In den USA, in Großbritannien und an vielen anderen Orten hat die Sinnkrise der klassischen Medien den Trend zur Parteinahme dramatisch beschleunigt. Da ist dasselbe passiert, was unseren Gehirnen im Zeitalter der Verwirrung droht: eine automatische Entscheidung für eine klare Ordnung. Das anschaulichste Beispiel sind vielleicht die großen Nachrichtensender in den USA. Durch das Aufkommen des rechtskonservativen Senders Fox News hat sich dort der bis dahin um Objektivität bemühte Nachrichtensender CNN ganz auf die politische Seite der Demokratischen Partei drängen lassen. Große Tageszeitungen wie die *Washington Post* und die *New York Times* – immer noch Produzenten von hervorragendem Journalismus – sind offener als je zuvor zu liberalen Sprachrohren geworden, während andere den Weg in die rechte Ecke angetreten haben. Die US-Medienlandschaft hat sich freiwillig mit der Gesellschaft polarisiert, wenn auch viel später. Die völlig widersprüchlichen Berichterstattungen der beiden Lager tragen wesentlich zur allgemeinen Verwirrung bei.

Derweil befindet sich die gesamte klassische Medienlandschaft in einem dramatischen Umbruch. Der Wettbewerbsdruck steigt im Wettstreit um die Zuschauer, Zuhörer und Leser ebenso wie im Rennen um die Werbeeinnahmen. Einer Studie der Omnicon Media Group zufolge markierte das Jahr 2021 einen wichtigen Wendepunkt.[14] Erstmals wurde in Deutschland mehr Geld für Werbung in digitalen Kanälen ausgegeben als in klassischen Medien. 12,5 Milliarden waren es für die digitalen Kanäle und damit ein Plus gegenüber dem Vorjahr von mehr als einem Fünftel.

14 »Digitale Werbeumsätze überholen erstmals die der klassischen Medien«, Adzin, 11. Oktober 2021, www.adzine.de/2021/10/digitale-werbeumsaetze-ueberholen-erstmals-die-der-klassischen-medien/

Daraus ergab sich ein Marktanteil von 53 Prozent. Es gibt kaum Zweifel, dass diese Tendenz steigend bleibt.

Für die öffentlich-rechtlichen Anstalten wird der Druck immer stärker. Rechtspopulisten würden die lästigen Kritiker gerne ganz abschalten und haben bereits erklärt, die entsprechenden Rundfunkstaatsverträge kündigen zu wollen, sollten sie die erforderlichen Mehrheiten bekommen. Gleichzeitig fühlen sich konservative Politiker auch an maßgeblichen Stellen immer wieder berufen, in dasselbe politische Horn zu blasen. Sie fordern dramatische Kürzungen des Programmangebotes und der entsprechenden Etats und folglich auch der Gebühren.

Es ist immer wieder ein im wahrsten Sinne des Wortes billiger Angriff auf ein System, das lange den wichtigsten Eckpfeiler unserer Medienlandschaft und damit auch der demokratischen Meinungsbildung gestellt hat: Welcher Gebührenzahler würde nicht spontan sagen, ja ich würde gerne weniger Gebühren zahlen. Oder gar keine! Und man kann es einem Außenstehenden nachsehen, wenn er Mühe hat zu verstehen, warum er bei öffentlich-rechtlichen Sendern für die Informationsversorgung zahlen soll, während diese bei den privaten Anbietern scheinbar kostenlos sind. Das Argument, dass Berichterstattung anders ist, wenn sie der Gesellschaft und nicht den kommerziellen Interessen eines Konzerns verpflichtet ist, zählt scheinbar immer weniger.

Das große Wettrennen der »Informierer« und die Verbreitung sich selbst beschleunigender Botschaften

Im Sport würde man niemals so ungleiche Wettbewerber gegeneinander antreten lassen wie in der Medienlandschaft. Gebührenfinanzierte Sender neben Zeitungsverlagen, die ums Überleben kämpfen, neben riesigen Privatradiogruppen oder privaten TV-

Senderketten im Besitz großer Medienkonzerne. Und neue digitale Medien, die mit ihrer Dynamik auf dem Markt das Frühstück verspeist haben, bevor die anderen überhaupt aufgestanden sind.

Auf ihrer Suche nach einer neuen Rolle in einer neuen Informationswelt und unter dem Wettbewerbsdruck scheint es manchmal, als gäben viele klassische Medien ausgerechnet die Tugenden auf, die sie stark machen und von der Konkurrenz abheben. Klassische Tageszeitungen haben so viel Personal in ihren Redaktionen abgebaut, dass sie ihren Leserinnen und Lesern kaum noch eigene Inhalte anbieten. Stattdessen werden Agenturtexte abgedruckt, die sich dann in einer Vielzahl der Zeitungen identisch wiederfinden.

Nur eine Handvoll großer Zeitungen leistet sich noch nennenswerte eigene Reporterpools, Fachjournalisten oder gar Korrespondentennetze. Der ins Archiv entsandte Sonderberichterstatter ist eine deutlich billigere Alternative. Und diejenigen, die zu Recht die Ressourcen haben, behandeln sie stiefmütterlich. Während die ARD zum Beispiel immer noch eines der größten und leistungsfähigsten Korrespondentennetzwerke weltweit mit 30 Auslandsstudios rund um den Globus vorhält, konzentrieren sich die Programmverantwortlichen in den Funkhäusern zunehmend auf regionale Berichterstattung. Was den Menschen näher ist, wirkt emotionaler und ist damit – gemessen an den Einschaltquoten – erfolgreicher. Wie aber sollen Menschen eine globalisierte Welt verstehen, wenn das mediale Fenster in diese Welt ihnen am liebsten den Spiegel vorhält und zeigt, wie es im eigenen Vorgarten aussieht?

Wer heute ein als erfolgreich wahrgenommenes Programm machen will, muss diesen Erfolg immer stärker an der Zuschauergunst ausrichten. Erfolgreich ist, was hohe Einschaltquoten oder Auflagen bringt. Und das ist im Zweifelsfall die Unterhaltung und nicht die hintergründige Reportage über ein gesellschaftlich relevantes Thema. Und so wird die Entscheidung der Verantwortlichen in demselben Zweifelsfall immer für die Unterhaltung fallen. Dabei ist es nicht hilfreich, dass die Medienlandschaft in ihrer Struktur Information und Unterhaltung unter einem Dach vereint. Die US-amerikanische Journalistenlegende Edward R. Murrow beschrieb es so: »Wir sind im selben Zelt wie die Clowns und die Freaks – das ist Showgeschäft.« Einschaltquoten sind durchaus ein guter Gradmesser. Wenn sie aber der einzige Maßstab für medialen Erfolg werden, wäre es naheliegend, Pornografie oder Hinrichtungen zu zeigen, da schauen viele hin. Glücklicherweise stellt sich diese Frage gar nicht, weil beide Darstellungen zumindest in Deutschland nicht erlaubt wären.

Halt! Das muss präzisiert werden! Das ist in den klassischen Medien nicht möglich. Es drohten sofort Strafen und eventuell auch der Entzug der Sendelizenz. Online geht hingegen nahezu alles. Ja, es gelten dort im Prinzip dieselben Gesetze wie in den analogen Medien. Aber sie sind kaum durchsetzbar. Der endlos scheinende Kampf der Ermittlungsbehörden gegen Kinderpornografie im Netz ist wohl das traurigste Beispiel.

Aber man muss gar nicht auf die Extreme schauen. Das Alltagsgeschäft ist da viel aufschlussreicher. Hier wird täglich übertrieben und gelogen, um Aufmerksamkeit zu erregen. Da werben angebliche Informationsplattformen täglich mit »TV-Star plötzlich verstorben«, nur um später klarzustellen, dass Lassie beim Tierarzt war. Auf dem Weg dorthin hat der Nutzer aber Klicks generiert, Umwege und Abwege genommen, vorbei an den spektakulärsten Unfällen, Popstars, die sich dadurch auszeichnen, dass sie keine Unterwäsche tragen, und den angeblichen Brutalitäten marodierender Haustiere, die kleine Kinder verspeisen. Und jedes Mal wird dabei medialer Erfolg für die Plattform generiert, indem Nutzer eine Seite weiter klicken. Klickzahlen sind die Währung, in der Erfolg in den digitalen Medien gemessen wird.

Die klassischen Medien müssen sich andere Dinge einfallen lassen, um ihr Publikum zu berühren. Früher war es ein geflügeltes Wort unter Programmmachern: »Kinder, Hunde und der Papst gehen immer.« Diese Zeiten sind vorbei. Die große Tugend der Medien und vor allem des Fernsehens war jahrzehntelang, dass sie uns Dinge zeigten, die wir noch nie gesehen haben. Und was sollte das heute sein inmitten der globalen Informations-Überflutung? Wir haben alles schon gesehen. Und das Gegenteil!

Verstehen wir uns nicht falsch! Es gibt noch verdammt viel zu entdecken, zu sehen und zu lernen in dieser vernetzten Welt. Und es gibt Medien, die es immer wieder schaffen, faszinierende Einblicke in unsere wunderbare Welt zu geben. Deshalb widersprechen sich nicht selten auch die Kritiker der großen öffentlich-rechtlichen Programme, wenn sie, nachdem sie die Abschaltung von ARD und ZDF gefordert haben, stolz verkünden, dass sie ohnehin nur ARTE und Phoenix schauen, weil da so tolle Dokumentationen laufen. Stimmt, die laufen da. Sie würden es aber nicht tun ohne die Leistungsfähigkeit der Öffentlich-Rechtlichen, denn alles, was diese Nischenprogramme zeigen, wird von den öffentlich-rechtlichen Anstalten produziert.

Aber von den durchaus zahlreichen Highlights mal abgesehen …, die Alltagskost des medialen Angebotes insgesamt ist größtenteils Futter für Wiederkäuer. Dieselben Themen mit denselben Aussagen, denselben geschwätzigen »Experten« und denselben emotionalen Auslösern werden immer wieder mit großer Fanfare serviert, gierig verschlungen, aufgeregt ausgespuckt und dann fröhlich wiederverwertet. Der Nährwert liegt knapp unter dem pochierter Tempotücher.

Dabei folgen viele Programmmacher einer sehr rationalen Überlegung. Sie verhalten sich wie kluge Anbieter von Markenartikeln: Sie verkaufen Produkte, die schon am Markt etabliert sind, schaffen Varianten, die neue emotionale Auslöser drücken und können sich so des Erfolgs auf dem Markt einigermaßen sicher sein. Wohlgemerkt: des Quoten- und Auflagenerfolges.

Demselben Prinzip folgt eine Argumentation, die sich inzwischen an den Konferenztischen der Redaktionen etabliert hat und die vor ein paar Jahrzehnten noch den Aufstand kritischer Redakteure zufolge gehabt hätte. »Die Leute reden darüber, also ist es auch ein Thema!« Eine Argumentation, die sich in sich selbst verdreht wie ein Hund, der seinen Schwanz jagt! Auf diese Art und Weise schaffen es Gerüchte heute mühelos auf die Titelseiten und in die Nachrichtensendungen. Die Gegenargumentation »Aber das stimmt doch gar nicht!« zählt in solchen Fällen selten. Die Leute reden drüber. Dass die »Leute« sich ihrerseits dann sagen, »Schau mal, das Fernsehen oder die Tageszeitung berichtet auch darüber, da muss doch was dran sein«, gibt dem medialen Verwirrungscocktail erst richtig Umdrehungen.

Grundsätzlich gilt für redaktionelle Entscheidungen der Aufregerindex. Je mehr das Publikum sich aufregt, umso besser. Das signalisiert schon: Inhalte müssen emotional aufgeladen sein. Und wenn Medien Botschaften emotional aufladen, dann ist es fast immer eine negative Ladung. Das hat zwei Gründe: Zum einen ist es viel leichter, Angst und Schrecken zu verbreiten. Licht aus, buh rufen, fertig! Zum anderen ist unser Gehirn aus gutem Grund viel empfänglicher für alarmierende, beängstigende oder wenigstens beunruhigende Botschaften. Warnmeldungen haben halt Vorrang. Das ist ein Überlebensmechanismus. Und das heißt nicht so, weil er seit Jahrzehnten Generationen von Medienmachern das Überleben sichert. Plato wird folgendes Zitat zugeschrieben: »Wir können es einem Kind leicht nachsehen, dass es im Dunkeln Angst hat; die wirkliche Tragödie ist, wenn ein Erwachsener Angst vor dem Licht hat.« Leider haben Medien unabhängig von ihrer wichtigen Funktion und ihren Verdiensten über Jahrzehnte aktiv dazu beigetragen, dass wir alle so viel Angst im Dunkeln haben, dass wir uns nicht mehr ins Licht trauen.

Bangemachen gilt! – Warum schlechte Nachrichten gute Nachrichten sind

In den späten Achtzigerzahren kursierten in den Medien in den USA Berichte über die Gefahr durch die Nutzung von Dosenöffnern. Was zurückblickend wie ein schlechter Witz wirken mag, war damals bitterer Ernst. Nicht, weil die Gefahr größer gewesen wäre, indirekt von einem Dosenöffner erlegt zu werden; die war in jenen Tagen so schwindend gering wie heute. Aber Berichte über Metallsplitter im Essen, produziert durch den Schnitt des Dosenöffners durch die Blechdose, wurden von den Medien gegenseitig aufgegriffen und verbreiteten sich wie ein Lauffeuer. Millionen Menschen nahmen diese Berichte ernst und beäugten ihre Gemüsedosen wie feindliche Aliens. Und jedes Mal, wenn die Dose Bohnen im Magen eines besonders ängstlichen und beunruhigten Menschen ihren üblichen Aufruhr veranstaltete, sahen Betroffene vor ihrem geistigen Auge kleine Metallsplitter, die ihre Darmwände perforierten und sie innerlich ausbluten ließen. Dabei war die ganze Sache – nicht nur wegen der bekannten Wirkung der Bohnen – einfach nur heiße Luft.

Diese Geschichte wie so viele andere vor und nach ihr folgte einem ganz einfachen Muster: Irgendjemand hatte sich etwas gedacht, ungefähr entlang der Linie von: »Was, wenn da Metallsplitter ins Essen fallen?«, und hat angefangen zu recherchieren. Der Confirmation Bias hat zugeschlagen und ließ den fleißigen Rechercheur über alle möglichen Hinweise stolpern, dass an der Vermutung etwas dran sein könnte. Irgendein mehr oder weniger obskurer Experte von irgendeiner Hochschule bestätigte, ja das sei theoretisch vorstellbar, dass da Metallsplitter ins Essen gelangten. Und fertig war die Angstgeschichte. Andere Experten, die das Gegenteil behaupteten, wirkten einfach nur verharmlosend und damit uninteressant. Die Story wuchs und wurde von immer mehr Medien aufgegriffen. Und das Ganze führte schließlich zu einer sauber orchestrierten, kleinen Blechdosenhysterie.

»Bad news are good news«, also schlechte Nachrichten sind gute Nachrichten. Dieses uralte Diktum drückt bedeutend mehr aus als einen gewissen professionellen Zynismus seitens der Nachrichtenmacher. Dabei ist eine selbstkritische Haltung zu diesem Prinzip durchaus eine weitverbreitete »Déformation professionnelle« unter Medienmachern. Die meisten merken sehr wohl, dass ihr Beruf gelegentlich dazu neigt, ihnen und ihren Mitmenschen die Laune zu vermiesen. Niemand beschäftigt sich gerne Tag für Tag mit Negativem, Alarmierendem oder gar Ängstigendem. Und es ist ja nicht so, als seien die Macher nicht selbst anfällig für den Negativitäts-Bias.

Tatsache ist aber eben auch, dass schlechte Nachrichten mehr Aufmerksamkeit bekommen. Während fast alle Medienkonsumenten immer wieder beteuern, sie wünschten sich mehr positive Nachrichten, schenken sie den negativen doch mehr Aufmerksamkeit. Studien haben nachgewiesen, dass die Hirnaktivität von Fernsehzuschauern bedeutend stärker ausgeprägt ist, wenn sie mit negativen Inhalten konfrontiert werden.[15] Auch die Herzfrequenz variiert bei negativen Botschaften stärker. Und da, wo wir die Wahl haben, welche Nachrichten wir selbst verbreiten, nämlich in den sozialen Medien, überwiegen die negativen Nachrichten ebenfalls. Es ist also nicht unbedingt nur das Diktat einer

15 Siehe u. a.: Marano, H.E.: »Our Brain‹s Negative Bias«, in: psychologytoday.com, 2016, www.psychologytoday.com/us/articles/200306/our-brains-negative-bias

zynischen Medienkaste, das die Welt mit einer Flut schlechter Nachrichten malträtiert.

Die menschliche Neigung zum Negativen ist auch beileibe keine absolute Größe. Sie ist unterschiedlich ausgeprägt. Menschen und ganze Nationen in als prekär wahrgenommenen Situationen reagieren offenbar stärker auf die Warnsignale ihrer Umwelt. Frauen reagieren generell nicht so stark auf Negatives, vielleicht weil ihnen kulturell meistens nicht die Rolle der Beschützerin zugedacht ist und damit viele Warnungen einfach nicht in ihre »Zuständigkeit« fallen. Andererseits fallen aber die Menschen in Ghana zum Beispiel weniger dem Negativitäts-Bias anheim als ihre Zeitgenossen in den USA oder Japan, trotz eines deutlich geringeren Lebensstandards und schwächerer sozialer Sicherungsfaktoren.[16]

Wie gesagt: Der Negativitäts-Bias ist eine wichtige menschliche Voreingenommenheit, weil er uns Warnmeldungen schneller und leichter wahrnehmen lässt. Und die Medien als vermittelnde Instanz in Demokratien haben nicht zuletzt die wichtige Aufgabe, Missstände und Fehlentwicklungen, Verfehlungen und Gefahren aufzudecken. So weit, so gut. Auch hier greift aber wieder die oben bereits erwähnte Funktion der Dosierung: Eine Überreizung mit negativen Impulsen kann zu einer verzerrten Wahrnehmung der Wirklichkeit führen. Wer denkt, die Botschaften, die er empfängt, ergäben ein umfassendes Bild der Welt, die ihn oder sie umgibt, der wird schnell zu dem Schluss kommen müssen, dass die Welt schlecht ist und gefährlich, ungerecht und voller schlimmer Finger, die uns nach Leib und Leben oder der Geldbörse trachten. Negative Botschaften produzieren so – zu stark dosiert und langfristig verabreicht – eine Art »Schlechte-Welt-Syndrom«.

16 Soroka, S. et al.: »Cross-national evidence of a negativity bias in psychological reations to news«, in: PNAS, 2019, www.doi.org/10.1073/pnas.1908369116

Einmal ausgelöst, wird diese Informationserkrankung durch den Bestätigungs-Bias, der uns immer wieder nach den Nachweisen unserer schlimmsten Befürchtungen suchen lässt, zur sich selbst verschlimmernden, chronischen Fehlinformiertheit.

Willkommen im Emotionengroßhandel

Moderne Medien sind in erster Linie Großhändler für Emotionen. Nur wenn eine Geschichte eine möglichst starke emotionale Wirkung hat, hat sie im Wettbewerb der globalen Informationsflut eine Chance.

Das hat insbesondere in stark entwickelten Industriegesellschaften mit entsprechend entwickelten Medien- und Informationsmärkten dazu geführt, dass Medien sich nicht mehr mit dem vorhandenen emotionalen Wert einer Geschichte zufriedengeben. Vielmehr werden Storys emotional aufgeladen, um mehr Publikum zu erreichen und so den eigenen Erfolg auf dem Informationsmarkt zu steigern. Die emotionale Wirkung von Inhalten wird überhöht und oft werden die Medienkonsumenten wie kleine Kinder an der Hand in den dunklen Wald der Bangemacher geführt.

An diesem Punkt verlassen Medien ihre Funktion als Berichterstatter der Realitäten und werden zu Erschaffern neuer Wahrnehmungswelten. Für die meisten Medien ist dies einfach eine Gratwanderung zwischen beruflichem Ethos und Erfolgszwang. Für andere ist es eine klare Entscheidung. Vor allem Boulevardmedien machen Stimmung und Stimmungen, anstatt nur darüber zu berichten. Sie beeinflussen so die kollektive Stimmungslage und schaffen neue mediale Realitäten.

Alle Medienmacher befinden sich in dem Zwang, emotionale Wirkungen bei ihren Lesern, Hörern, Zuschauern oder Usern zu produzieren. Auch die seriösen. Oft geht das ganz von selbst ohne emotionale Aufladung, wenn man nur den richtigen Triggerpunkt findet. Selbst die Meldung über einen erwarteten Gewinneinbruch bei einem Unternehmen, den Kurs einer Aktie oder die Performance eines Investmentfonds unterliegen diesem Marktgesetz. Und während vielen Menschen die Inhalte der Wirtschafts- und Finanzrubriken selbst der seriösesten Medien nüchtern und unaufregend vorkommen mögen …, für Investoren, die ja das Publikum dieser Formate sind, transportieren sie hoch emotionale Werte. Für sie geht es um eine Menge Geld, um schnelle Gewinne oder herbe Verluste, und das ist für sie eine sehr emotionale Sache. Auf anderem thematischem Gebiet hat auch noch die nüchterne Analyse eines Aspekts der internationalen Sicherheitspolitik eine starke emotionale Wirkung: Es geht um Krieg und Frieden. Emotionaler geht es nicht!

Diese wenigen Beispiele zeigen deutlich: Die Warnerfunktion der Medien führt in die Angst. Achtung, fallende Aktienkurse! Achtung, steigende Zinsen für Häuslebauer! Achtung, Kriegsgefahr! Achtung, Metallsplitter in der Bohnendose! Seit Jahrzehnten haben die klassischen analogen Medien den Menschen so systematisch Angst gemacht. Und sie haben damit letztendlich ihren heute größten Konkurrenten das Feld bereitet, nämlich den digitalen und sozialen Medien. Diese ernten die Früchte der Angst, die über lange Zeit gesät wurde. Von Regulierung weitgehend ungebremst und von professionellen Moral-Standards unbelastet, perpetuieren sie das gegenseitige Bangemachen. Und es ist noch nicht einmal jemand schuld, zumindest ist kein Schuldiger festzustellen, da die Nutzer ja in ihren Gehirnen selbst aus den Botschaften Informationen machen und mit ihren unmittelbaren, hoch emotionalisierten Reaktionen die Angst immer wieder beschleunigen in ihrer Umlaufbahn durch die Herzen.

Nur selten gelingt es, kleine Goldstücke des Positiven im Meer der Negativität zu finden. Und dass es sie gibt in den Medien, mag ein Beweis dafür sein, dass Medienmacher sehr wohl nach Positivem suchen. Manchmal werden sie fündig und dann sind es oft auch einfach Bilder, die zwar einen negativen, oft sogar gewaltbeladenen Kontext haben, doch herzerwärmend sind und das Wunderbare und Positive des Menschseins unterstreichen. Geschichten von Menschen, die anderen völlig selbstlos helfen. Von jenen, die jenseits handelsüblicher Vernunft Zivilcourage beweisen. Wie der Mann in der Ukraine, der sich vor einen heranrollenden Panzer auf die Straße kniet und so die Kriegsmaschine für einen kurzen herzerwärmenden Moment zum Stillstand bringt. Wir alle erinnern uns an den jungen Mann, der sich auf dem Platz des himmlischen Friedens den Panzern in den Weg stellte. Solche Bilder sind sehr emotional und hoch dramatisch. Sie machen Angst, weil sie in einem mit Gewalt aufgeladenen Kontext geschehen. Aber sie senden eben auch eine Botschaft von der Kraft der Menschlichkeit. Alle Medienmacher suchen solche Affirmationen des Positiven, selbst in der fürchterlichsten Situation. Aber sie sind selten.

Der Preis der Information

Moment mal! Ist die Welt nicht voller dieser kleinen Momente großer Menschlichkeit? Zweifellos. Man muss halt nur mit offenen Augen und offenem Geist durchs Leben laufen, dann begegnen sie einem überall. Warum machen wir das nicht einfach? Hier tut sich das nächste Problem auf: Wir haben in einem großen Maß den medialen Blick verloren für diese Momente.

Moderne Medien in klassischen Formaten – also Zeitungen, Magazine, Radio und Fernsehen – haben unter dem Kosten- und Wettbewerbsdruck ihre Arbeitsabläufe massiv verdichtet. Digitale Technologien machen heute ein sehr viel schnelleres und vernetzteres Arbeiten möglich. Und für die Frauen und Männer an der »Front« der Informationsbeschaffung haben sie den Job grundlegend verändert.

In einem modernen Radio- oder Fernsehsender wird nur noch ein Bruchteil des Personals benötigt, das man vor Beginn der Digitalisierung brauchte. Dasselbe gilt für Printmedien. Während in den Zeiten analoger Technik und analoger Informationsbeschaffung für den Betrieb eines Radiosenders zum Beispiel noch ein umfangreicher Stab notwendig war – bei größeren Anstalten waren das Hunderte von Angestellten – gibt es heute digitale Radioprogramme, die mit weniger als einer Handvoll Leuten betrieben werden.

Wer heute einen Experten »live« in ein Informationsprogramm schalten will, braucht dazu nicht mehr als den Experten und ein Zwei-Mann-Kamerateam mit einem Rucksack voller Technik. Noch zur Jahrtausendwende wurde dazu ein kleiner Übertragungswagen benötigt, davor sogar ein ziemlich großer. Die Kosten einer solchen »Expertenschalte« sind damit erheblich gesunken, von teilweise fünfstelligen Beträgen hin zu ein paar Hundert Euro. Und da Produktionskosten in linearen Medien – also Radio und TV – in Preis-pro-Sendeminute gerechnet werden, muss man den Experten nur eine Minute länger schwafeln lassen und schon sind die Kosten um bis zu 50 Prozent reduziert. Das ist der Kalkulus der Oberflächlichkeit. Unter diesen Bedingungen ist es billig, einen Experten einzuladen, und es lohnt sich auch dann, wenn es vielleicht nicht der teuerste, der hochkarätigste oder aussagefähigste ist. Hauptsache, er macht für wenig Geld viel Geräusch und man kann mit einem Anflug von Recht »Experte« unter seinen Namen schreiben.

Es ist schon eine verrückte Entwicklung und sie ist natürlich komplex. Vereinfacht, aber nicht verfälscht könnte man sagen: Es gab eine Zeit, da hatten die Medien viel zu sagen und zu zeigen, aber oft nicht die technischen Möglichkeiten, es zu sagen und zu zeigen. Dann kam die Digitalisierung und seitdem könnten wir praktisch jede Geschichte erzählen. Da aber die neuen technischen Möglichkeiten die Arbeit extrem verdichtet haben, kommen wir nicht mehr dazu. Moderne Redaktionen sind nicht mit strategischem Denken und einem Bemühen um tiefes Verständnis beschäftigt, denn sie müssen rund um die Uhr Inhalte produzieren. Dazu noch einmal Edward R. Murrow in einer Zeit, als die heutige Digitalisierung in ihren Ausmaßen noch gar nicht absehbar war: »Auch der neueste Computer kann die grundlegenden Probleme im menschlichen Miteinander nur verstärken und am Ende wird der Kommunikator vor demselben alten Problem stehen, was er sagen soll und wie er es sagen soll.«[17]

Journalisten und Reporterinnen auch in sehr gut ausgestatten Medienhäusern sind heute also vorrangig mit der Produktion von Inhalten beschäftigt. Es erfordert eine Menge Talent und jede Menge Überstunden, will man unter diesen Bedingungen auch noch hervorragende Inhalte liefern. Angesichts dessen ist es erstaunlich, was auch heute noch an hochwertigem Journalismus in der Druckmaschine und auf der Antenne landet. Und es ist nicht den systemischen Bedingungen zu verdanken, sondern in erster Linie einer bewundernswerten Menge an »Liebe zum Holz« unter den publizistischen Handwerkern.

Ein moderner Reporter ist den größten Teil seiner Arbeitszeit heute mit der Recherche von Bildquellen, der Klärung von Bildrechten, der Dokumentation verwendeten Materials für die Abrechnung mit Rechtegebern und der eigentlichen Produktion, sprich: Schnitt, Grafikbestellung, Manuskript und Vertonung, befasst. Da gerade in der aktuellen Berichterstattung oft nur wenige Stunden zwischen der Beauftragung des Reporters mit seinem Thema und der geplanten Ausstrahlung oder der Druck-

---

17 Murrow, Edward R. bei Dankesrede, Family of Man Award, New York 1964.

Deadline liegen, bleibt kaum Zeit für Tiefenrecherchen oder Nachfragen.

Wer tatsächlich Informationen haben will, die zu einem wesentlichen Anteil mit der Ressource der Erfahrung, Kreativität und Wissen der Programmmacher erstellt wurden, der muss sich das was kosten lassen. Die Statistik der Kosten für die verschiedenen Programme der britischen BBC bietet da einen interessanten und aufschlussreichen Einblick. Je höher die kreative Leistung der Programmmacher, umso höher sind die Kosten des Programms. Das Kinderprogramm der BBC ist mit 22 britischen Pence pro Zuschauer und Stunde das teuerste Programm des staatlichen Senders. Zum Vergleich: Die ersten und zweiten Programme der BBC kosten nur sechs Pence pro Zuschauer und Stunde. Das liegt ganz einfach daran, dass man Kinderprogramme nicht einfach aus vorliegenden Quellen zusammennageln kann. Da muss nachgedacht werden, was pädagogisch überhaupt sinnvoll ist für Kinder. Inhalte müssen in eine einfache Sprache übersetzt werden und Bilder sehr viel sorgfältiger ausgesucht sein. Das ist Kreativzeit von Menschen. Keine Rechnerzeit. Und damit wird es halt teuer. Nur noch wenige Informationsmedien können sich den Luxus von Kreativ- und Recherchezeiten in großem Umfang leisten oder glauben, ihn sich leisten zu müssen.

Der Preis für zuverlässige und verständliche Information ist hoch. Und wenn Geld gespart werden muss, leiden Tiefgang und Zuverlässigkeit. Und dann zahlen wir alle einen hohen Preis.

Nachrichten aus zweiter und dritter Hand

Die Lösung, die moderne Medien für diese Zwickmühle zwischen Kostendruck und Qualitätsanspruch gefunden haben, ist eine bewährte in der Menschheitsgeschichte: Arbeitsteilung! Sie ist die Grundlage jedes Wirtschaftssystems: Niemand kann alles. Also macht jeder, was er kann, und die anderen bekommen es von ihm. Und umgekehrt. In seiner ursprünglichen Form war das ein einfaches Prinzip. Ich backe Brot, jener zieht das Vieh auf, die da schlachtet und liefert Fleisch und so weiter. In landwirtschaftlich geprägten Gesellschaften war das noch übersichtlich. Inzwischen ist daraus in unserer digitalisierten und globalisierten Welt ein hoch kompliziertes und weltweit vernetztes System geworden. Lieferketten reichen heute rund um den gesamten Globus und ihr Management – nicht zuletzt mit Blick auf die Einhaltung von Menschenrechten, Gleichberechtigung und Klimaschutz – ist extrem anspruchsvoll.

Aber Arbeitsteilung ist die ultimative Effizienzmaschine. Wenn einer etwas herstellt, das dann ganz viele nutzen können, senkt das massiv die Kosten. Das gilt auch für den Informationsmarkt. Global agierende Agenturen beliefern heute die Medienmärkte weltweit. Wer in Hamburg, Rio, Harare oder Bangkok einen Bericht über einen Flugzeugabsturz in, sagen wir: Island senden will, muss dafür keinen Reporter mit Kamerateam und Equipment um die halbe Welt schicken. Die Bilder und Informationen werden ins Haus geliefert. Sie kommen per Satellit oder über Datenleitungen direkt in die Redaktionen und Schnitträume. Täglich laufen dort Hunderte von Stunden Bildmaterial auf. Weltweite Nachrichtenagenturen liefern im Sekundentakt Informationen aus allen Lebensbereichen, vom Sport über die Politik bis zu den Finanzmärkten.

Es sind wenige sogenannte »News Leader«, die den globalen Markt der Fernsehbilder beherrschen. Dazu gehören große US-Sendergruppen wie CNN, ABC News, CBS News, Bloomberg für Wirtschaftsnachrichten und Nachrichtenagenturen wie Associated Press, die ihr Angebot frühzeitig auf TV-Bilder ausgeweitet haben. Sender kaufen bei ihnen die Senderechte für die Bilder und können so Stunden an Videomaterial aus der ganzen Welt nutzen. Gleichzeitig gibt es in Europa die European Broadcasting Union, EBU, in der die öffentlich-rechtlichen und teilweise auch privaten Sender zusammengeschlossen sind. Sie teilen in mehreren Überspielungen täglich ihr Bildmaterial zur gegenseitigen Nutzung.

Das bedeutet, der scheinbar so umtriebige Reporter, der in den Nachrichten aus der ganzen Welt berichtet, ist dabei möglicherweise nicht weiter gekommen als zwischendurch zur Kaffeemaschine. Den Rest hat er an seinem Arbeitsplatz erledigt. Moderne Redaktionssysteme haben Empfang, Bearbeitung und Sendung von Bildern, Daten und Informationen verknüpft und vernetzt. Der rasende Reporter ist in vielen Bereichen zum Schreibtischtäter geworden und der Begriff »rasend« bezieht sich da höchstens noch auf die Eile, nicht aber die zurückgelegte Strecke. Manch ein Bericht aus dem fernen Kriegsgebiet wurde von jemandem bearbeitet, der kein größeres Berufsrisiko mehr eingeht als das der Fettleibigkeit, weil er acht oder zehn Stunden am Tag vor seinem Rechner sitzt.

Für Programmmanager ist das der feuchte Traum schlechthin: niedrige Kosten. Und ein Produkt, das auf den ersten Blick genauso aussieht wie das Original. In vielen Fällen unterscheidet sich diese Berichterstattung per Fernbedienung nicht besonders von einer Geschichte, die ein Reporter vor Ort mit weitaus größerem Aufwand produziert hätte. Trotzdem hat das System aber weitreichende Folgen.

Was mit der Berichterstattung per Fernbedienung komplett verloren geht, sind die oben erwähnten kleinen Momente großer Menschlichkeit. Die entdeckt man nämlich nur, wenn man sein Haus verlässt, die finden im Leben statt, nicht im Nachrichtenfeed der Agentur. Und ohne diese Momente ist die Information über die Situation nicht komplett, sie gibt ein korrektes Bild, das aber nicht vollständig und deshalb trotzdem verzerrt ist.

Natürlich kann auch der vor den Computerbildschirm entsandte Sonderberichterstatter eine solche Videosequenz in seinen Bericht hineinschneiden, wie die des ukrainischen Mannes, der sich vor einen Panzer kniet. Aber kann er die Geschichte zum Leben bringen? Und wissen wir dann als Zuschauer, ob sie stimmt? Wer ist der Mann, der sich da mitten im Kriegsgebiet einem tonnenschweren Mordinstrument in den Weg wirft? Ist er ein verzweifelter Familienvater oder ein sturzbetrunkener Söldner, der nicht mehr Herr seiner Sinne ist? Das ist wichtig zu wissen, denn sonst lässt sich diese Situation auch mit ihrer emotionalen Bedeutung und Wirkung nicht begreifen.

Wer sich in diesem 21. Jahrhundert irgendwo auf der Welt eine Nachrichtensendung anschaut, der stolpert wahrscheinlich über kurz oder lang über eine Formulierung wie diese: »Wir können den Wahrheitsgehalt dieser Bilder nicht überprüfen. Es soll sich um dies, das oder jenes handeln.« Gesendet werden sie trotzdem, diese Bilder unbekannter Herkunft. Es ist einfach zu verlockend, denn ihre Wirkung ist eben oft hoch emotional und macht aus einem lauwarmen journalistischen Produkt eine ganz heiße Nummer.

Während der ersten Tage des russischen Überfalls auf die Ukraine berichteten die globalen Nachrichtenleitmedien CNN und BBC World mit gleich mehreren Korrespondenten aus dem Kriegsgebiet. Ihre Reporter konnten sagen, was sie sahen. Das klingt profan, ist aber der Kern informativer Berichterstattung. Die ARD hingegen, die sich immer noch rühmt, eines der größten Korrespondentennetze der Welt vorzuhalten, hatte ihre Kräfte während der gleichen Zeit entlang der Außengrenzen des Kriegsgebietes gebündelt. Von dort berichteten sie über die Flüchtlinge, die das Land verließen. Das waren wichtige Berichte, denn das Schicksal der Flüchtenden spiegelte natürlich das Ausmaß der humanitären Katastrophe wider, die sich in der Ukraine zutrug. Dennoch blieben die Berichterstatter im wahrsten Sinne des Wortes Zaungäste des Krieges. Über den Vormarsch russischer Kräfte, den Beschuss ziviler Ziele oder gar Verluste auf beiden Seiten ließ sich so nur aus zweiter Hand berichten.

Eine Woche nach dem Einmarsch russischer Truppen erst entschied sich die ARD – als die Kritik an der Berichterstattung der Sendergemeinschaft zu laut wurde –, eigene Berichterstatter ins Land zu schicken. Man habe zuvor auf die Dienste einer freien Mitarbeiterin und anderer »Freelancer« zurückgegriffen. Dabei ist die Methode des »Risiken-Outsourcing« durchaus etabliert, das war keine Panne, sondern hat Methode. Ein freier Mitarbeiter kostet einen Sender am Tag ein Bruchteil von dem, was ein Festangestellter kostet, der die notwendigen Sicherheitstrainings durchlaufen haben sollte, der versichert sein muss und der in der Regel auf eine sichere und funktionsfähige Infrastruktur in Form von Technik, Mitarbeitern und Fahrzeugen drängen wird. Da ist der Rückgriff auf Zulieferer und Drittquellen weitaus billiger.

Warum ist das nicht nur zynisch, sondern vor allem problematisch? Weil es den Manipulatoren Tür und Tor öffnet. Wenn Berichterstatter in weit entfernten Funkhäusern nicht mehr wissen, was sie da eigentlich sagen oder zeigen und was die Quelle dafür ist, dann ist eine der wesentlichen Grundlagen professionellen Journalismus aufs Schlimmste verletzt: *Du musst wissen, dass es stimmt. Und dazu musst du wissen, wo es herkommt.* Nur wenn der Journalist weiß, dass seine Fakten stimmen und sein Zuschauer, Zuhörer oder Leser ihm vertraut, werden die berichteten Inhalte zu Informationen. Der Grund für die inzwischen regelmäßigen Grenzüberschreitungen ist, dass ein weiterer wichtiger Grundsatz guten Journalismus verletzt wird: *Be there! Da sein!*

Viel wichtiger als die Verletzung althergebrachter journalistischer Glaubenssätze ist aber, dass Vertrauen verletzt wird. Wir sind als Menschen darauf angewiesen, dass wir auf Informationen vertrauen können. Und wenn uns etwas emotional berührt, so zur Information wird und wir dann aber nicht darauf vertrauen können, dass es wirklich so ist, ist das eine sehr bedrohliche Situation. Es lässt uns an unserer Orientierung zweifeln und an unserem Verständnis der Welt, in der wir leben.

Natürlich wissen Medienmacher das. Aber die meisten von ihnen befinden sich unter dem massiven Druck des Marktes. Sie müssen nicht nur informieren, sie müssen mit immer weniger finanziellen Mitteln unter wachsendem Konkurrenzdruck erfolgreich sein, sonst ist ihre berufliche Existenz bedroht. Auch hier lauert eine tiefe Verunsicherung!

Verwirrung führt zu Verunsicherung und die führt zu Vertrauensverlust

Medienmacher versuchen zunehmend auch, ihre eigene Verunsicherung durch den Rückgriff auf die Wissenschaft zu kompensieren. Dann wird der Journalist nicht mehr ans Archiv und an die Agenturen als Quellen verwiesen. Er soll sich zusätzlich wissenschaftlicher Arbeiten bedienen und daraus Medieninhalte produzieren, die für den nicht wissenschaftlichen Medienkonsumenten informativ sind und nicht ganz nebenbei dem Produkt Information eine wissenschaftliche Läuterung verleihen.

Das gilt nicht nur für die großen Fragen der Menschheit, sondern auch für die alltäglichen Fragen unseres Lebens. Zum Beispiel: Wie ernähre ich mich gesund? Wie beuge ich Krankheiten vor? Wie muss ich mich bewegen, um fit zu bleiben? Es gibt eine jede Menge Menschen, vor allem in den entwickelten Industriestaaten, die einen großen Teil ihrer Zeit und Aufmerksamkeit auf diese Fragen richten. Es ist in gewisser Weise ein Luxusphänomen. Solange wir Mühe hatten, überhaupt satt zu werden – die

Älteren werden sich noch an solche Zeiten erinnern –, war die Frage, was gesunde Ernährung ist, leicht zu beantworten. Gesunde Ernährung ist für den Hungernden die Ernährung, die er bekommen kann. Essen können ist ungleich gesünder als verhungern, ganz einfach. Und er wird gezwungen sein, sich zu bewegen, um Geld oder Lebensmittel zu erarbeiten, um seinen Hunger zu stillen. Womit die Frage nach der Bewegung auch beantwortet wäre. Wer abends nach eines langen Tages Mühe müde mit der Nase in die Kohlsuppe kippt, der stellt sich nicht die Frage, ob es heute wohl Zeit für Power-Pilates wäre oder eine Runde Freeclimbing. Auch heute noch lebt ein Großteil der acht Milliarden Erdenbürger in genau diesem Zustand. Und ja, das ist nicht nur gesund. Viele ernähren sich aus Not zu einseitig und schinden sich mit Arbeiten, die ihre Körper ruinieren.

Gleichzeitig sieht es so aus, als ob der Reichtum und Überfluss der westlichen Industrienationen uns auch krank macht. Der moderne Mitarbeiter ruiniert seine Gesundheit durch zu viel Sitzen oder durch psychische Belastungen, die krank machen. Zum »Ausgleich« riskieren viele dann ihr Leben, indem sie sich mit Gleitschirmen von Bergen stürzen, mit rasenden Mountainbikes die Belastbarkeit der Stämme regionaler Eichenpopulationen testen oder Supertriathlons absolvieren, die ihre Gelenke ruinieren. Großstadtkrieger marschieren in Garnisonsstärke in Fitnessclubs, um Gewichte zu heben, die ihnen von wohlmeinenden Personal Trainern absichtlich in den Weg gelegt wurden. Dieselben Menschen streiten sich mit ihrem Lebenspartner darüber, wer die Einkäufe nach Hause tragen muss. Manche Mütter haben die Globalisierung zur »Globulisierung« gemacht und geben ihren Kindern unbekannte Substanzen in kleinen Kügelchen gegen jedes Wehwehchen, während sie die Schulmedizin ablehnen, weil man da ja nicht weiß, was drin ist. Für beides – die Globuli der Naturheilkundler ebenso wie die Arzneien der Schulmedizin –

gibt es sicherlich gute Gründe. Aber um sich zu entscheiden, braucht man die Medizin der Information gegen die Krankheit der Orientierungslosigkeit.

Es scheint, dass wir Wohlstandsmenschen in einem ungewöhnlichen Maße aus der natürlichen Balance gefallen sind. Und dass es dieser Zustand der fehlenden Balance, also der Unausgeglichenheit, ist, der uns zu Bedürftigen für Informationen macht – in diesem Fall Informationen über die beste Art und Weise, gesund zu leben.

Eines der prominentesten Beispiele für die Verunsicherung von Verbrauchern ist die Diskussion über Sinn und Segen von Rotwein. Je nachdem, ob man seinen eigenen Konsum gesund reden will oder den des anderen verteufeln, finden sich alle Studien und potenziellen Informationen auf dem Markt, die man sich nur wünschen kann. Die renommierte Mayo-Klinik in den USA zum Beispiel hat die Auswirkungen des Rotweins untersucht und kommt zu folgenden Kernaussagen:

- Im Rotwein ist Resveratol und das könnte Schäden an Blutgefäßen verhindern, schlechtes Colesterin reduzieren und Gefäßverschlüsse verhindern.
- Trinken sollte man trotzdem sehr moderat oder am besten gar nicht.

Das sind die ursprünglichen wissenschaftlichen Aussagen. Absolute Spaßverderber, bedeuten sie doch, dass Rotwein auch einen positiven Effekt haben könnte, die schädigenden Wirkungen erhöhten Alkoholkonsums davon aber beileibe nicht aufgewogen würden. Die Webseite mit dem bezeichnenden Namen »love-to-know« hat daraus »Acht geheime positive Wirkungen von Rotwein« gemacht (»8 secret benefits of drinking red wine«). Dass die potenziell millionenfach verbreiteten Informationen natürlich überhaupt nicht mehr geheim sind, fällt kaum auf. Das Etikett macht neugierig, ungefähr so wie ein achtlos liegen gelassener Umschlag mit der Aufschrift »top secret«. In dem Artikel über die acht geheimen positiven Wirkungen des Rotweins beruft sich die Webseite unter anderem auf die Wissenschaftler der Mayo-Klinik und verspricht ihren Lesern durch Rotweinkonsum:

- verbesserte Herz-Gesundheit,
- langsamere Alterungsprozesse und potenziell ein längeres Leben,
- Verlangsamung der Alzheimer Krankheit,
- geringere Entzündungsneigung,
- Verhinderung und Behandlung mancher Krebsarten,
- Diabetesvorbeugung,
- verringerte Gefahr von Blutgerinnseln und Schlaganfällen,
- Vorbeugung gegen Zahnverfall.[18]

Für einen Moment wundert sich der begeisterte Leser, dass seine Krankenkasse ihm nicht den Burgunder finanziert. Aus der Empfehlung der Mayo-Klinik, trotzdem am besten gar keinen Alkohol zu trinken, macht »love-to-know« den Hinweis auf die positive Wirkung der Moderation. Zumindest die Höchstmengen werden unter Berufung auf eine andere Studie korrekt wiedergegeben.

Wenige Klicks weiter berät eine andere Internetseite mit dem programmatischen Namen »Eat This, Not That«, also: »Essen Sie dies, nicht jenes«, zum selben Thema. Sie informiert den wissenshungrigen Leser, dass Rotwein seine Zeugungsfähigkeit steigern oder verringern könnte. Je nachdem …, ja was denn nun, je nach Lust? Das erfahren wir nicht. Rotwein könnte zu Schlafstörungen

18 https://wine.lovetoknow.com/wiki/Red_Wine_Benefits

führen, zu Gewichtszunahme oder zu allergischen Reaktionen. Und man weist darauf hin, dass es noch keine offizielle Empfehlung gebe, Rotwein oder anderen Alkohol zu trinken. Am Ende der entsprechenden Seite gibt's dann noch die Hinweise auf andere Inhalte: »15 clevere Tricks für den Umgang mit übrig gebliebenem Rotwein«, »Die gesündesten Rotweine und welche man kaufen sollte« und »Erstaunliche Wirkungen von Wein, die Sie noch nie gehört haben!«. Eine dieser erstaunlichen Wirkungen wäre wahrscheinlich, dass ein moderater Weinkonsum die Aufnahme dieser vermeintlichen Informationen erträglicher machen könnte. Zumindest könnte man jeden verstehen, der seinen Informationsdurst hier zu stillen versuchte und nun aus lauter Verzweiflung zur Rotweinflasche greift.[19]

Der geneigte Wein- und Informationsverbraucher ist mit solchen Angeboten vor eine schwierige Wahl gestellt: Folgt er einfach seinen Neigungen und damit seinem Confirmation Bias und glaubt, was ihm gefällt, den Rest ignorierend? Oder lässt er sich so sehr verunsichern von diesem Informationsangebot, dass er entweder nie mehr einen Tropfen Wein trinkt oder sich völlig verzweifelt dem Suff hingibt? Vielleicht sollten manche Gesundheitstipps mit so einer behördlich vorgeschriebenen Warnung versehen werden, wie sie auf Zigarettenschachteln gedruckt werden: Informationskonsum kann ihre Gesundheit beeinträchtigen!

Die massive Verunsicherung der Informationsverbraucher durch Gesundheitstipps ist wissenschaftlich belegt. Die Dissertation von Rebekah Nagler an der Universität von Pennsylvania hat die Ergebnisse mehrerer Studien zusammengefasst unter dem Titel »Eine ständige Diät der Verwirrung« (Steady diet of confusion: Contradictory nutrition messages in the public information

---

19 https://www.eatthis.com/news-healthiest-bottle-wine/ und https://www.eatthis.com/leftover-red-wine-ideas/ und https://www.eatthis.com/secret-side-effects-drinking-wine/

environment).[20] Da geht es genau darum: Widersprüchliche Ernährungsbotschaften im öffentlichen Informationsangebot und ihre verwirrende und verunsichernde Wirkung.

Unter den in der Studie Befragten erklärten 71,8 Prozent, also fast drei Viertel, dass sie in den Medien im bedeutenden Umfang mit widersprüchlichen Ernährungsinformationen konfrontiert wurden. Vor allem zu den Themen Rotwein, Fisch, Kaffee, Vitamine und Ernährungszusätze. Nur 10,4 Prozent der Befragten hatten keine widersprüchlichen Informationsangebote festgestellt. Interessanterweise hielt die daraus resultierende Verwirrung auch an, nachdem die Probanden über mögliche Fehlinformationen aufgeklärt wurden. Die Studien ergaben weiter einen direkten Zusammenhang zwischen dem, was die Autoren »Ernährungsverwirrung« nennen, der daraus folgenden Ablehnung solcher Informationen und der schwindenden Bereitschaft, sich um eine gesunde Ernährung zu bemühen. Das heißt, Verwirrung führt in diesem Fall direkt zu einem Vertrauensverlust, zur Ablehnung der Informationen und zur Abwendung vom ursprünglichen Anliegen, für das die Informationen benötigt wurden.

Ist das nicht ein fürchterlicher – und zudem noch sehr ungesunder – Zynismus? Der Wunsch nach gesunder Ernährung führt zu einem Informationsbedürfnis. Durch widersprüchliche Informationen wird das Vertrauen in den Prozess jedoch derart erschüttert, dass Menschen sich nicht nur von den Informationsquellen, sondern auch von ihrem ursprünglichen Anliegen einer gesunden Ernährung abwenden. Es gibt deutliche Hinweise darauf, dass sich mit Blick auf unsere Demokratien derselbe Mechanismus abspielt, bei ganz vielen Menschen. Sie wenden sich von der Demokratie ab, weil sie den Informationen über die Mechanismen nicht vertrauen.

---

20 Nagler, Rebekah H.: »Steady diet of confusion: Contradictory nutrition messages in the public information environment«, Philadelphia, 2010, https://repository.upenn.edu/dissertations/AAI3429172/

1.4 Zwischen Orientierung und Manipulation – Die Bewerter und die Bewertung von Informationen haben sich verändert

In der Informationsflut des globalisierten digitalen Zeitalters sorgt die Verwirrung für ein starkes Bedürfnis nach Orientierung. Neue Instanzen bieten sich an, die unzähligen Botschaften in ein Wertesystem einzuordnen. Aber diese Instanzen bewerten nicht nach Werten, auf die wir uns in unserer Gesellschaft und unserer Gesetzgebung geeinigt haben, sondern nach ihren eigenen. Und sie alle geben uns die Illusion, dass die von ihnen am besten bewerteten Informationen das »Ende der Weisheit« darstellen, den Gipfel eines nun abgeschlossenen menschlichen Erkenntnisprozesses.

Der Kampf um die Deutungshoheit

Mit der Flut von teilweise widersprüchlichen Informationsangeboten hat sich der Markt der Informationen grundlegend geändert. Vorbei sind die Zeiten des rasenden Reporters im Stil eines Egon-Erwin Kisch, der die Welt durchstreift nach Neuigkeiten, mit denen er seine Leser überraschen und ihren Wahrnehmungshorizont erweitern kann. Heute ist praktisch jede Information schon auf dem Markt – richtige und falsche, wichtige und unwichtige, omnipräsente und in der Flut der Botschaften versteckte. Mit Neuigkeiten lässt sich kaum noch ein Blumentopf gewinnen auf diesem Markt.

Das ist erstaunlich, denn unsere Welt ist immer noch voller Wunder! Für jeden Einzelnen von uns gilt: Das meiste wissen wir nicht, das meiste kennen wir nicht, das meiste verstehen wir nicht. Selbst über die Klügsten, Erfahrensten und Weltläufigsten unter uns lässt sich dies mit sehr hoher Wahrscheinlichkeit sagen. Aber Neugierde und Entdeckerfreude sind keine marktfähigen Tugenden. Wer neugierig auf etwas ist, muss zugeben, dass er es noch nicht kennt. Wer etwas entdecken will, der gesteht ein, dass er es bislang nicht gesehen hat. Und das ist ein Problem in einer Welt, in der jeder Einzelne zunehmend unter dem Druck steht, zu allem eine Meinung zu haben.

Warum tun wir uns das eigentlich an? Wir leben in einer Welt, die so ungleich größer und komplexer ist, als es noch die überschaubare, einfache Welt unserer Großeltern war. Wir sind in dieser globalisierten Welt sozusagen gezwungen, Weltbürger zu sein. Das gilt für unser Wissen und Verständnis, und es gilt ja sogar für unsere Mobilität. Die Kenntnis und eine feste Meinung über die politischen Verhältnisse in Russland, China oder Myanmar sind längst kein exotisches Expertenwissen mehr, sondern eher ein Stück Weltbürgergrundausstattung. Und wer die Frage wo er denn schon überall hingereist ist, mit »Meppen« beantwortet, wird sich die eine oder andere angehobene Augenbraue anschauen können. Während es vor zwei bis drei Generationen noch völlig okay war, nicht aus dem heimischen Dorf herausgekommen zu sein, kommt dies heute zumindest in den hoch entwickelten Industrienationen ja fast einem menschlichen Makel gleich. Auch wenn vieles dafürspricht, dass ein derart bodenständiger Mensch genauso klug und genauso glücklich sein kann wie jemand, der von sich behauptet (fälschlicherweise, siehe oben!), schon überall gewesen zu sein. Oder noch schlimmer: … der für sich beansprucht, zu allem Kenntnisse und eine Meinung zu haben.

Das heißt, wir erhöhen unnötigerweise zusätzlich den Druck! Dadurch, dass wir nicht nur uns selbst so vieles erklären müssen, sondern auch noch für andere zum Welterklärbär werden sollen. Die Überflutung unserer Gehirne ist in dieser Hinsicht die Flutung eines Vakuums, eines Unterdrucks, der praktisch alles aufsaugt, was ihm selbst die Welt erklärt und hilft, bei anderen den Anschein zu erwecken, dass er sie ihnen auch erklären könnte.

Das hat zwei unmittelbare Folgen für den Einzelnen. Erstens werden wir zu Turbobedürftigen, was Informationen angeht. Und zweitens sind wir darauf angewiesen, dass wir Orientierung und scheinbare Gewissheiten finden. Das öffnet uns für diejenigen, die die Deutungshoheit über unsere Welt am stärksten für sich beanspruchen.

Und so ist ein Wettbewerb um die Deutungshoheit über unsere Welt ausgebrochen. Der Informationsmarkt verkauft Wahrnehmungswelten. Und da diese teilweise so widersprüchlich sind, wie die vermeintlichen Informationen, auf denen sie beruhen, braucht man Legitimation für diese Wahrnehmungswelten. Mancher selbst ernannte Experte findet dabei Akzeptanz. Da reden Fitnesstrainer daher, als hätten sie Medizin studiert, Schauspieler sitzen, bräsig über Klimaschutz schwadronierend, in Talkshows und Rockbarden verkaufen ihre ganz persönliche Weltsicht als Analyse gesellschaftlicher oder politischer Entwicklungen. Und die Rechnung geht auf, dank des Confirmation Bias: Für diejenigen, denen der zum Experten beförderte Meinungsmacher aus der Seele redet, ist bewiesen, »der hat Ahnung«, denn »so sehe ich das auch!«. In den Online-Medien heißen solche Leute »Influencer«. Und sie werden als Autoritäten anerkannt, selbst von Menschen, die angeblich alles tun, um sich nicht beeinflussen zu lassen.

Gerüchte, Glaubensfragen und Gelehrte

Das alles könnte man noch als eine Art erweitertes Entertainment bezeichnen und mit einem nachsichtigen Lächeln abtun. Aber gerade seriöse Informationsquellen bemühen sich natürlich um etwas mehr Fundament, wenn es um die Gebäude ihrer Wahrnehmungswelten geht. Und da ist die Wissenschaft nicht nur Nachrichtenquelle, sondern auch ein naheliegender Lieferant der Informationsbauelemente. Wer, wenn nicht die Wissenschaftler, könnte uns besser erklären, wie es sich mit unserer Welt in ihren zahlreichen Facetten und Details wirklich verhält!

Zu Beginn der Corona-Pandemie, im Frühjahr 2020, als die Verunsicherung angesichts dieser neuen Herausforderung am größten und Meinungen noch nicht festgelegt waren, vertrauten 73 Prozent der Menschen in Deutschland der Wissenschaft und Forschung.[21] Nachdem für viele ihre Auffassungen zur Pandemie und ihren Gefahren gefestigt waren, fiel die Zustimmung auf 61 Prozent. Aber das sind immer noch fast zwei Drittel der Befragten.

Wissenschaftler sind immer noch eine der wichtigen Bezugsgrößen, wenn es um unseren Wunsch geht, Dinge und Zusammenhänge zu verstehen. Und die Wissenschaft hat ihre Chance längst erkannt. Sie hat so die Möglichkeit, ihre Arbeit und ihre Erkenntnisse ins Licht der Öffentlichkeit zu rücken. Dass sie diese Chance oftmals geradezu begierig nutzt, ist nicht nur mit der gelegentlichen Eitelkeit einzelner Protagonisten zu erklären. Da steckt sehr viel mehr dahinter.

Lehre und Forschung befinden sich in einer zunehmenden finanziellen Abhängigkeit von Geldgebern aus der Wirtschaft und aus den verschiedensten Interessengruppen. Der Anteil sogenannter Drittmittel bei der Finanzierung wächst seit den neunziger Jahren stetig. 2011 warben die deutschen Hochschulen insgesamt 6,3 Milliarden Euro als Drittmittel ein. Das bedeutet, dass jeder vierte Euro in den Kassen deutscher Unis und Fachhochschulen aus Quellen kommt, die ein gezieltes Interes-

21 Statista: »Wie sehr vertrauen Sie Wissenschaft und Forschung?«, 2021, de.statista.com/statistik/daten/studie/1193534/umfrage/vertrauen-in-wissenschaft-und-forschung/#professional

se an den Forschungsergebnissen haben. In einem Bericht aus dem April 2014 nennt der Deutschlandfunk einige Beispiele. Der Energieversorger E.ON sponserte zu dem Zeitpunkt an der Rheinisch-Westfälischen Technischen Hochschule in Aachen das »E.ON Energy Research Center« und ließ sich die Teilhabe an der Forschung 40 Millionen Euro über zehn Jahre kosten. Und die Liste solcher Beispiele ließe sich beinahe beliebig verlängern. Mit Hunderten von sogenannten Stiftungsprofessuren finanzieren die Hochschulen ihre Arbeit.[22]

Man muss das nicht grundlegend verteufeln. Aber es ist gut zu wissen, was geschieht. Viele dieser Kooperationen sind wichtig für Forschung und Lehre. Sie kommen auch den Studierenden zugute. Und nicht immer, wenn ein Unternehmen oder eine Stiftung tief in die Schatulle greift, um sich an einzelnen Forschungsgebieten zu beteiligen, wird da Einfluss genommen. Wahrscheinlich in den wenigsten Fällen. Das zu beurteilen ist auch nicht die Absicht hier. Wichtig in unserem Zusammenhang ist die Tatsache, dass jeder Professor und jede Professorin, die ihren Marktwert steigern wollen, klug beraten sind, wenn sie in der Öffentlichkeit mit ihren Forschungsergebnissen und ihrer Expertise wahrgenommen werden. Das steigert die Möglichkeiten, Drittmittel einzuwerben, was die Forschungsarbeit erleichtert und so den Status des jeweiligen Instituts und seiner Lehrstühle anhebt. An der RWTH in Aachen, die immer wieder an der Spitze der Drittmitteltabelle der Hochschulen zu finden ist, kommt im Schnitt jede Professur auf mehr als 700 000 Euro an Drittmitteln.

Diese wachsende Abhängigkeit von Geldern aus der Wirtschaft oder von Interessengruppen bleibt nicht ohne Folgen. Der

---

22 Himmelrath, A.: »Zwischen Freigeist und Dienstleistung«, Deutschlandfunk, 2014, www.deutschlandfunk.de/drittmittel-an-hochschulen-zwischen-freigeist-und-100.html

moderne Wissenschaftler wird so zum Teil der globalen Aufmerksamkeitsökonomie. Er bekommt Aufmerksamkeit und buhlt um sie. Wer sich an ihn dranhängt, zum Beispiel indem man sein Institut und seine Forschungsprojekte fördert, seine Vorträge gut bezahlt und hohe Honorare für seine Meinungsäußerungen auf den Tisch legt, der wird zum Trittbrettfahrer der von ihm generierten Aufmerksamkeit. Und der populäre Wissenschaftler wird seinerseits zum Trittbrettfahrer all jener, die da an ihm hängen. Wie so ein Vehikel, das mehr aus Trittbrettern als aus einer geistigen Mobilitätsplattform besteht, tatsächlich irgendwo informativ ankommen soll, bleibt dem staunenden Publikum überlassen. Denn nur wenn das reagiert und die Botschaften vom Trittbrett aufnimmt, werden ja Informationen draus.

Die Tage des zerstreuten Professors jedenfalls, der im stillen Kämmerlein vor sich hinforscht und sich ausschließlich der Wissenschaft verpflichtet fühlt, sind gezählt. Der moderne Lehrstuhlinhaber sitzt auf dem Talkshow-Stuhl. Er ist sichtbar und hörbar, veröffentlicht Kolumnen und Gastkommentare. Er oder sie sieht gut aus, ist medial ausgiebig geschult und trainiert und so ein gefragter Erklärbär, Weltendeuter und Meinungsträger für jede Art von Medium. Voraussetzung ist allerdings – und das ist ganz wichtig –, dass er oder sie eine eindeutig einzuordnende Meinung hat.

Bewertungsinstanzen in der Lieferkette

So wie für Zahlen gilt, dass man nie einer Statistik trauen soll, die man nicht selbst gefälscht hat, gilt Ähnliches auch für den modernen Experten: Traue nie einer Auffassung, die du nicht selbst ausgesucht hast. An diesem Punkt lohnt es sich, in die Realitäten unserer Informationswertschöpfungskette zu schauen.

Die Auswahl der »Bewerter«, also all jener, die Botschaften einordnen, sollte idealerweise nach dem Aspekt geschehen, dass der- oder diejenige um ihre Einschätzung gebeten wird, der die tief greifendsten Kenntnisse zum jeweils gefragten Fachgebiet hat. Je seriöser das Medium, umso mehr ist dies auch zumindest das Ziel.

Vor allem die Realitäten eines extrem schnelllebigen Informationsmarktes verändern die Sache aber erheblich. Was nützt der klügste und berufenste Experte, wenn der Arme nicht in der Lage ist, seine Wissens-PS auf die Straße zu bringen und er sich im Medienumfeld in umständlichen wissenschaftlichen Erklärungen verliert. Es gibt nur wenige Wissenschaftler, Medizin-, Politik- oder Irgendwas-anderes-Experten, die das Talent, die Übung und die Disziplin haben, Dinge aus ihrem Fachgebiet so zu erklären, dass ein Laie sie versteht. Insofern ist die mediale Eignung eines »Bewerters« ein wesentliches Auswahlkriterium. Der Vorzug wird da oft dem telegenen Medienprofi vor jenen gegeben, die vielleicht deutlich mehr Tiefgang versprechen. Der Informationsmarkt ist wie ein Rennboot, wenn das Tiefgang hat, ist es untergegangen! Wer schnell ist, verfügbar und medial erfahren, hat in diesen Gewässern Vorfahrt. Das wird auf die Spitze getrieben durch hübsche junge Influencer, die in den sozialen Medien als »Bewerter« auftreten und gar nicht erst vorgeben, viel Ahnung von dem zu haben, von dem sie da reden. Ironischerweise entsteht durch diesen Zugang zum Thema eine merkwürdige Solidarisierung. Ein Teil des Publikums fühlt sich mit solchen Experten sogar sehr viel wohler als mit den Neunmalklugen, die alle anderen, einschließlich des Publikums, ein bisschen doof aussehen lassen.

Das heißt: Für die Auswahl der »Bewerter« ist ihr Kenntnisreichtum und ihre Ausgewogenheit nicht unbedingt das wichtigste Merkmal. Viel wirksamer beim Publikum ist derjenige, der eine klare Position bezieht: Schwarz oder Weiß. Gut oder böse. Grautöne und Schattierungen sind da oft nur in der Frisur zu erkennen.

Um Auswahl und Rolle der Experten zu verstehen, lohnt es sich auch, auf den Produktionsprozess zu schauen. Sinnvoll wäre es ja, zuerst den Experten zu befragen, bevor man die Inhalte einer Botschaft formuliert. Das geschieht aber in der Regel nicht. Experten sind im medialen Umfeld wie Schiedsrichter. Sie entscheiden am Ende, wie es sich wirklich verhält in einer bestimmten Thematik. Das bedeutet, die Auswahl des Schiedsrichters wird sich danach richten, wie das Spiel ausgehen soll. Oder im übertragenen Sinn: Der Autor, Reporter, Redakteur, Influencer mag sich mehr oder weniger der Objektivität verschrieben haben oder zumindest deren Anschein, aber sein Experte, sein Schiedsrichter ist eine unabhängige Instanz und kann so der objektiven Berichterstattung eine sehr subjektive Bewertung mit auf den Weg geben. Dieser Effekt ist umso ausgeprägter, je weniger ein Medium der Öffentlichkeit und je mehr es dem Markt verpflichtet ist.

Bewertungsinstanzen finden sich allerdings nicht erst am Ende der Kette, kurz bevor das »Informationsprodukt« fertig für den Konsum durch den Informationsendverbraucher ist. Wir haben schon zuvor festgestellt, dass Anbieter auf dem Informationsmarkt sich verhalten wie kluge Markenartikler. Sie verkaufen Produkte, die schon eine Akzeptanz auf dem Markt haben. Insofern ist die Aufmerksamkeit des Publikums bereits die erste Bewertungsinstanz. Das hat zugegebenermaßen etwas Demokratisches, ist es doch sinnvoll, Menschen Informationen anzubieten, an denen sie bereits Interesse zeigen.

Die nächste Bewertungsinstanz sind die Zulieferer der Informationslieferanten. Nachrichtenagenturen und die großen Bildagenturen entscheiden, was sie ihren Kunden für die Weiterverwertung anbieten. Im Produktionsprozess der großen globalen Botschaftenfabrik sind es diese Zulieferprodukte, die die Auswahl von Informationsangeboten prägen. Immerhin zahlen Medienunternehmen jeglicher Art Millionensummen für die Lizenzen der Agenturen. Natürlich nutzen sie diese Ressource dann auch möglichst umfassend.

Und dann sind da noch die sogenannten Leitmedien, also jene, die eine dominante Position im jeweiligen regionalen Markt oder auch auf dem globalen Informationsmarkt einnehmen. Sie setzen viele der Themen. Wenn das große Boulevardblatt die Aufregung über hohe Benzinpreise schürt, dann weiß jeder andere Medienmacher im Land, dass dies nun zum Gesprächsthema wird. Und er ist gut beraten, dieses Thema auch selbst zu besetzen. Da fehlt dann nur ein neuer Aspekt und ein kluger Experte, um aus dem vorgekauten Informationshappen der Leitmedien noch mal ein eigenes, mehr oder weniger appetitliches Menü zu zaubern. Wie heißt es so schön ..., bei Wurst und Politik sollte man nicht zuschauen, wie sie gemacht werden, wenn man sie anschließend noch genießen will. Dasselbe könnte man auch über Informationen sagen.

Was ist eine objektive Information?

Objektivität wird immer wieder in Anspruch genommen. Beinahe jeder, der uns eine Botschaft sendet, sagt von dieser Botschaft und ihren Inhalten, das sei *ganz objektiv*. Und wer es nicht sagt, ist zumindest davon überzeugt, vorausgesetzt, er ist kein Manipulator, der vorsätzlich Unwahrheiten verbreitet. Die meisten von uns erwarten auch von ihren Informationsmedien, dass diese sie objektiv informieren. Der Wunsch nach Objektivität ist wichtig. Denn wir wollen ja, dass Informationen, die wir aufnehmen, verlässlich und objektiv überprüfbar sind. Ansonsten droht Verunsicherung. Und wenn wir uns von der Richtigkeit einer Sache überzeugt haben, die wir als Information weitergeben, dann sind wir natürlich der Ansicht, dass dies eine objektive Information für unsere Adressaten ist. Subjektiv betrachtet, stimmt das auch. Objektiv betrachtet aber nicht.

Objektivität ist ein Ideal. Sie ist ein hehres Ziel, das anzustreben ist, wollen wir andere mit Informationen versorgen, deren Fakten nachprüfbar sind und auf die sich der so Informierte verlassen kann. So weit, so gut. Aber auch so schwierig.

Wenn es um nachprüfbare Fakten geht, ist das noch einfach mit der Objektivität. Wenn ich meinem Schreiner sage, dass der Tisch, den ich mir fertigen lassen will, zweieinhalb Meter lang und einen Meter breit sein soll, dann lässt sich diese Information mithilfe eines Zollstocks leicht überprüfen. Die objektive Betrachtung ist einfach. Liefert der gute Schreinermeister dann einen kleineren oder größeren Tisch, lässt sich das nachmessen und nachweisen und der Schreiner muss sein Werk zurücknehmen. Stimmen die Maße bei Lieferung, werden wir beide zufrieden sein in der Überzeugung, dass der neue Tisch objektiv betrachtet den Vorgaben entspricht. Wenn ich dem Schreinermeister hingegen mitteile, dass der Tisch elegante Proportionen haben soll, eine normale Höhe haben soll und in ein normales Esszimmer passen muss, dann sieht die Sache bereits anders aus. Was an Proportionen elegant ist, mag noch handelsüblichen Standards unterliegen. Präzise ist die Größenangabe jedoch nicht. Dasselbe gilt für die »normale Höhe«, hier kann der Handwerker von der Höhenspanne handelsüblicher Tische ausgehen. Aber was ist ein normales Esszimmer? Für wen normal? Für den Mieter einer kleinen Genossenschaftswohnung dürfte das erheblich anders ausfallen als für den Eigentümer einer Villa, der auf 3200 Quadratmetern Wohnfläche haust. Wie hoch ist die Wahrscheinlichkeit, dass ein derart beschriebener Tisch den Vorstellungen des Kunden entspricht? Eher gering.

Bei Einschätzungen und Beurteilungen hört dann die Objektivität endgültig auf. Wie ist dein neuer Freund? »Der ist so süß!« Toll! Aber was einen süßen Freund ausmacht, ist definitiv für jeden etwas anderes. Ist er süß, weil er hilfsbereit und fürsorglich ist? Oder findet sie Männer mit haarigen Beinen einfach zu süß? Zum Glück würde kaum jemand von einer frisch Verliebten mit Blick auf ihren Neuen überhaupt Objektivität erwarten!

Zwei Extreme auf der Objektivitätsskala. Ein Tisch, physisch ausmessbar und im Material und der Verarbeitung klar zu beschreiben. Und ein Mensch. Auch physisch ausmessbar. Aber das sagt nicht viel über ihn aus. Vor allem nicht, ob er nun »süß« ist. Vanilleeis ist süß. Aber selbst da scheiden sich die Geister. Manchen kann es nicht süß genug sein, anderen ist es viel zu süß. Dazwischen liegt eine Welt von Missverständnissen. Weil das meiste in unserer Welt eben nicht so eindeutig ausmessbar ist.

Wikipedia beschreibt Objektivität als »die Unabhängigkeit eines Ereignisses oder eines Sachverhalts vom Beobachter«. Der Tisch ist 2,5 mal 1 Meter groß. Egal, wer nachmisst. Aber trotzdem beginnt schon an dem Punkt das Theater der eingebauten Missverständnisse: Wenn man nämlich einem US-Bürger diese Maße angibt, wird er wahrscheinlich nicht dieselbe Vorstellung von dem Tisch haben wie ein Europäer. In den USA wird in Inches gemessen, die rund 2,5-mal so groß sind wie Zentimeter. Ist es dann noch eine objektive Information? Formal ja, aber es entsteht trotzdem beim Empfänger ein anderer Eindruck von der Größe des Tisches, als diese beim Absender der Botschaft vorherrscht.

Das Problem mit der Objektivität ist, dass an beiden Enden einer Botschaft Subjekte agieren. Und sowohl Absender wie auch Empfänger einer Botschaft haben völlig unterschiedliche Hintergründe, vor denen die Botschaft abgebildet wird. Wie wir schon zuvor gesehen haben, liegt nicht nur die Schönheit im Auge des Betrachters. Wir nehmen alles vor dem Hintergrund unserer Erfahrungen, unserer Prägungen und Wertvorstellungen und unseres emotionalen Zustandes auf. Außerdem ändert sich dieser Hintergrund auch fortlaufend und damit der ganze Zusammenhang, in dem eine Botschaft aufgenommen wird. Das heißt: Der Empfänger einer Botschaft, der diese dadurch, dass er von ihr emotional berührt wird, zur Information macht, ist als Subjekt der eigentliche Erschaffer der Information. Wie könnte diese also objektiv sein!

Bedeutet das, wir können uns kein wirklichkeitsnahes Bild von unserer Welt machen? Die Erkenntnistheoretiker streiten sich seit Jahrhunderten über diese Frage. Es gibt ernst zu nehmende Wissenschaftler unter ihnen, die davon ausgehen, dass es für uns knapp acht Milliarden Erdenbürger gar keine gemeinsame Realität gibt, dass jede einzelne Wahrnehmung von Realität nur die Realität des Wahrnehmenden ist. Das hieße, wir leben in acht Milliarden Welten. Und eine objektive Information wäre damit eine theoretische Unmöglichkeit. Diese Einsicht wäre das Ende des Verständnisses, oder? Wir könnten uns auf nichts mehr einigen, weil unser Verständnis dessen, worüber wir uns einigen, ja gar nicht dasselbe ist.

Aber irgendwie müssen wir uns als Individuen ja orientieren, müssen die Welt, mit der wir interagieren, verstehen und uns dort einordnen. Gesellschaften und ihre Regeln funktionieren nur, wenn ein Konsens besteht über das, was ist, und das, was sein soll. Es mag ein bisschen abstrakt klingen. Aber die Lösung für dieses Problem scheint zu sein, dass wir uns einigen müssen. Wir müssen uns auf Regeln einigen darüber, was wir als wahr akzeptieren und was nicht. Die Wissenschaft hat sich dazu auf Methoden und Standards geeinigt. Wurden bei der Feststellung wissenschaftlicher Erkenntnisse diese Methoden und Standards eingehalten, gehen wir davon aus, dass es sich um eine objektiv nachprüfbare Information handelt. Die Einhaltung dieser Regeln erschafft zwar keine gemeinsame Realität, aber die Einigung darauf ermöglicht es, etwas zum gegebenen Zeitpunkt als wahr anzunehmen.

Konstanten in der konstanten Veränderung – Alles und jeder sind nur jetzt, in diesem Moment, so, wie sie sind!

Der Zeitpunkt ist wesentlich für eine gemeinsame Realität. Die Welt verändert sich und die Menschen auch – wollen sie also ein gemeinsames Bild von ihrer Welt finden, muss dies ein gemeinsames Bild zum gemeinsamen Zeitpunkt sein. Der Zeitpunkt wird in der öffentlichen Auseinandersetzung über wahr und unwahr aber oft übersehen. Was wir als objektiv wahr betrachten, ist das, was uns jetzt in diesem Moment für objektiv überprüfbar wahr erscheint. Mehr nicht. In der Zeit, in der dieser Satz zu Ende geschrieben oder gelesen war, ist im Durchschnitt ein Mensch gestorben und drei Menschen wurden geboren.[23] Einer von ihnen kann ein neuer Hitler, Stalin oder Pol Pot sein, eine Mutter Theresa, ein Martin Luther King oder Ghandi. Und die Veränderung, die sie der Welt bringen, hat bereits begonnen. Selbst wenn nicht, wenn diese drei neuen statistischen Menschen ganz normale Fußgänger sind, werden sie das Leben vieler Menschen, die sie berühren, verändern, die wieder Tausende Leben verändern und so weiter. In spätestens zehn Minuten ist eine weitere Spezies

---

23 Vgl. »Weltbevölkerungszähler«: www.umrechnung.org/weltbevoelkerung-aktuelle-momentane/weltbevoelkerungs-zaehler.htm

auf unserem Planeten ausgestorben, denn es sind rund 150 am Tag. Unsere Vorstellung, dass der Jetztzustand ein statischer ist, ist eine Illusion, denn jetzt ist jetzt schon vorbei.

Jahrhundertelang hielten die Menschen es für wahr und offenbar, dass die Erde eine Scheibe und der Mittelpunkt des Universums sei. Das hat als Konsens funktioniert. Es ist noch nicht mal jemand von der Scheibe gefallen! Heute sieht unser Konsens aber anders aus: Wir haben auf der Grundlage der wissenschaftlichen Erkenntnisse akzeptiert, dass die Erde eine Kugel ist und dass sie gemeinsam mit zahlreichen anderen Planeten um die Sonne kreist. Und dass auch dieses Sonnensystem nur ein kleiner Teil des Universums ist. Aber auch das Universum ist ein System, das sich permanent verändert. Was werden wir morgen wissen? Wir werden klüger sein, das steht fest, wenn wir uns nicht total schusselig anstellen. Aber es ist der große historische Irrtum der Menschheit, dass die meisten immer wieder neu annehmen, dass sie am Ende der Weisheit angekommen seien, dass die Dinge so sind, wie wir sie heute wissen. Man könnte das als den Erbirrtum der Menschheit bezeichnen. Jede Generation verfällt ihm auf gewisse Weise und in einem bestimmten Ausmaß. Wir verwechseln permanent den Konsens »das ist das, was wir heute wissen« mit der irrtümlichen Feststellung »das ist das, was ist«.

Dieser Erbirrtum, der sich durch die Generationen zieht wie ein roter Faden, ist die Grundlage unserer Verunsicherung. Wir suchen nach beständigen, absoluten Wahrheiten und wir kommunizieren, als hätten wir sie im Großen und im Kleinen gefunden. Unser Verhältnis zur Wahrheit ist wie das zweier Liebender, die sich ewige Liebe schwören. Beide wissen, dass dieser Schwur spätestens dann endet, wenn sie beide verstorben sind. Dann ist Schluss mit ewig. Ein unangenehmer Gedanke, den blenden wir mal gleich aus. Der Schwur endet aber auch, wenn einer von den beiden im großen Tinder der Menschheit eine noch größere

Liebe findet oder alternativ einfach einen knackigeren Hintern. Das soll schon vorgekommen sein. Trotzdem brauchen Romeo und Julia die Gewissheit, die der ewige Schwur ihnen gibt, sonst würden sie wahrscheinlich verrückt werden vor Verunsicherung.

Unsere Gehirne freuen sich über die Gewissheiten einer Illusion des Permanenten, weil diese das Gleichgewicht immer wieder neu herstellt, das wir benötigen, um zu funktionieren. Wir akzeptieren die Gewissheiten wider besseren Wissen, weil wir Bedürftige sind, die immer wieder diese Versicherung suchen. Und wir tappen damit immer wieder in die immer zahlreicher werdenden Fallen einer Wissens- und Informationsgesellschaft, die uns mit ihren Botschaften überflutet.

Die Welt ist ein Chor – singen wir dasselbe Lied?

Wenn diese ganzen Informationsfallen so offensichtlich sind und so sehr in unserer menschlichen Natur und ihren Schwächen verankert sind, warum sollen sie dann auf einmal so bedrohlich sein? Können wir nicht einfach doof sterben – nicht sofort natürlich, aber irgendwann? Diese Frage ist gar nicht so naiv, wie sie zunächst klingt.

Immerhin hat es diese mängelbehaftete Menschheit in ihrer relativ kurzen Zeit auf der Erde doch ganz schön weit gebracht. Wir haben uns von jenen arrivierten Affen, die mit gebeugtem Gang durch den Urwald schlichen, weit entfernt. Heute sind wir moderne Homo sapiens, die mit gebeugtem Gang auf ihr Handy schauend durch den Großstadtdschungel schleichen. Wir haben moderne Gesellschaften geschaffen, in denen Regeln gelten, die es verbieten, sich gegenseitig die Rübe einzuschlagen oder den Nachbarn zu verspeisen. Die meisten halten sich an diese Regeln. Wir haben das Feuer gebändigt und Wärme und Energie daraus gemacht für Häuser, die bedeutend bequemer sind als die Höhlen, in denen unsere Vorfahren hausten. Wir haben Apparate erfunden, die uns in Windeseile von Ort zu Ort sausen lassen, und andere, die sogar durch die Luft und zu den Sternen fliegen. Und Geräte, die unsere Stimmen, unsere Gedanken und Ideen in einem Augenblick ans andere Ende der Welt transportieren. In Europa haben wir es mit den Regeln so gut hinbekommen, dass es sogar über Jahrzehnte keinen Krieg gegeben hat.

In der Aufzählung der menschlichen Errungenschaften und der Frage »Haben wir es nicht weit gebracht?« lauert die Antwort wie der Schwelbrand unter der Isolierung. Es sind genau diese Entwicklungen, die es uns nicht mehr erlauben, unsere Gehirne mit Informationen zu überfluten. »Die Welt ist nicht schlecht, sie ist voll«, sollen schon die Totengötter im antiken Griechenland gesagt haben. Und heute ist sie bedeutend voller.

Als die Menschen noch glaubten, dass die Erde eine Scheibe sei – der vielleicht prominenteste unter den Menschheitsirrtümern –, war es ziemlich egal, dass sie falsch lagen. Kaum jemand bewegte sich weit genug von zu Hause weg, um durch diese Fehleinschätzung ernsthaft in Gefahr zu geraten. Und es wäre ja auch nicht viel passiert. Ein Weltreisender wäre nur irgendwann erstaunt gewesen, eben nicht von der Scheibe zu fallen.

Heute leben wir zumindest in den reichen Industrienationen zwar in einer komfortableren Welt, aber sie ist auch sehr viel komplexer geworden. Und die Tatsache, dass wir uns die Ressourcen der Erde mit knapp acht Milliarden anderen Menschen teilen müssen und die Lebensbedingungen auf unserem Planeten für die nach uns folgenden Milliarden auch erhalten sollten, zwingt uns, miteinander zu kommunizieren und Informationen auszutauschen. Zu kompliziert sind die Herausforderungen geworden, zu groß die Nähe zueinander, als dass wir weiter einfach darauf vertrauen könnten, es werde schon gut gehen mit uns

Menschen. Dabei geht es nicht nur um die Zukunft der Menschheit. Das ist eine ziemlich große und abstrakte Idee. Es geht um das Glück jedes Einzelnen. Mein Glück. Dein Glück. Und das Glück unserer Kinder.

Unser Bedürfnis nach Freiheit verbietet es, dass die Sinn- und Glückssuche jedes Einzelnen durch die Gesellschaft behindert oder gar verhindert wird. Aber wir wollen auch dazugehören, gleichgültig, ob wir mal anders denken, ob wir anders aussehen oder woanders herkommen. Der Wunsch nach Verbundenheit und die Sehnsucht nach Freiheit sind universal, wir haben sie alle, wenn auch in unterschiedlichen Ausprägungen. Sie werden oft als Widerspruch wahrgenommen. Aber sie müssen es nicht sein.

Vielleicht kann man uns Menschen mit einem Chor vergleichen. Das scheint in vielerlei Hinsicht ein treffliches Bild zu sein: Ein kleiner Chor der Kolleginnen und Kollegen, der Freunde und Bekannten, der Menschen aus derselben Gegend, demselben Ort oder vielleicht sogar ein globaler Chor der Menschheit. Da muss nicht jeder immer mitsingen, es darf sogar mal der eine oder andere falsch singen. Es fällt nicht auf, wenn im globalen Chor mal jemand in der Nase bohrt oder heiser ist, eine Piepsstimme hat oder vor anderen akustischen Herausforderungen steht. Wichtig ist, dass im Prinzip alle gemeinsam singen wollen, jeder für sich, aber eben doch in der Gemeinschaft. Dass jeder seine Stimme beiträgt zum gemeinsamen Stimmkörper. Was hingegen nicht funktioniert, ist, dass ganze Gruppen in diesem Chor gegen die anderen ansingen, jemand mittendrin Baseball spielt, Bomben legt oder seinem Chorbruder das Messer in den Rücken rammt. Diese eigentlich einfachen Regeln funktionieren aber nur, wenn jeder sich als ein Teil des Ganzen, dieses Chores der Menschheit, begreift und nicht komplette Stimmgruppen in einer anderen Welt leben, völlig ohne Verbindung zur Welt ihrer Chorbrüder und -schwestern.

Mit anderen Worten: Wir brauchen einen funktionierenden Austausch über das Lied, das wir alle gemeinsam singen wollen. Wie lassen sich unser Wunsch nach Freiheit und Selbstbestimmtheit und unser Bedürfnis nach Verbundenheit mit anderen vereinbaren? Gibt es das gemeinsame Lied, das alle singen können, ohne vom Chorleiter in Reih und Glied gezwungen zu werden, ohne ausgeschlossen zu werden aus diesem Chor der Menschheit oder sich selbst auszuschließen und den Gegengesangsverein zu gründen? Um diese Frage beantworten zu können, müssen wir verstehen, warum wir so miteinander reden, wie wir es tun, warum das oft nicht funktioniert und was einem emotional intelligenten Informationsaustausch zwischen den Menschen immer wieder im Weg steht.

Die Versuchung ist groß, in dem dissonanten Geträller unserer globalen Informationsflut einfach einen lausigen Chor zu sehen, in dem unfähige und böswillige Sänger kollektive Harmonievermeidung üben und dessen Chorleiter die Protagonisten einer akustischen Verschwörung sind, die uns das Hinhören unerträglich machen. Aber das ist nicht der Fall. Ein Chor ist nur die Summe seiner Einzelstimmen. Und wie wir unsere Umgebung wahrnehmen, hängt davon ab, welchen Ton wir angeben. Vor allem für uns selbst!

Teil 2: Reset

Was uns in einer Flut von Informationen
hilft, die Orientierung nicht zu verlieren:
Rückbesinnung heißt das Zauberwort,
um im Fall einer Verwirrung wieder
zur Vernunft zu kommen

2.1 Rückbesinnung auf das, was Informationen wirklich sind und was wir daraus gemacht haben

Mit unseren nicht von einem genetischen »Bauplan« vorkonstruierten, sondern sich durch Erfahrungen strukturierenden und zeitlebens lernfähigen Gehirnen sind wir Menschen Suchende. Immer wird es Einzelne und bisweilen auch sehr viele Mitglieder ganzer Gemeinschaften oder Gesellschaften geben, die genau zu wissen glauben, worauf es im Leben und im Zusammenleben mit anderen ankomme.

Manche dieser Vorstellungen erweisen sich als brauchbar und werden dann auch umgesetzt. Viele sind nur kurzfristig geeignet, um ein bestimmtes Problem zu lösen, und führen langfristig zu immer größer werdenden Problemen. Erst dann werden sie allmählich als Irrweg erkannt. So tasten wir uns wie Amöben immer wieder versuchend und irrend durch die Welt. Was wir dabei lernen, geben wir an andere als Informationen weiter. So können unsere Nachkommen auf die von uns bereits gemachten Erfahrungen zurückgreifen. Sie brauchen dann nicht in jeder Generation wieder auf die gleichen Irrwege zu geraten wie wir. Um die Ausbreitung solcher Informationen zu verbessern, haben wir von Generation zu Generation auch zunehmend effizientere Informationstechnologien entwickelt. So führte die Erfindung des Buchdrucks zur Herausbildung unserer heutigen Printmedien. Und die Buschtrommel wurde zum Telegrafen, zum Telefon, zum Radio- und Fernsehgerät bis hin zu den heute allgegenwärtigen digitalen Informationsmedien.

Wenn jede und jeder in die Lage versetzt wird, all das, was sie oder er an Erfahrung und Wissen anhäuft, an alle anderen Menschen zu verbreiten, werden zwangsläufig auch sehr viele Botschaften weitergegeben, die nichts mehr mit dem zu tun haben, wozu nicht nur wir Menschen, sondern alle Lebewesen die Fähigkeit zum Austausch von Informationen herausgebildet haben: um voneinander zu lernen, worauf es im Leben ankommt. Lange Zeit ging es dabei nur um das nackte Überleben und die Reproduktion. Dazu dient der Informationsaustausch bei Pflanzen und Tieren noch heute. Bei uns Menschen ist noch das hinzugekommen, was wir mit unserem zeitlebens umbaufähigen Gehirn zusätzlich noch brauchen, um unser Leben und unser Zusammenleben so zu gestalten, dass wir uns nicht immer wieder allzu sehr und allzu lange verirren: Orientierung!

Weshalb ist die Evolution des Lebendigen eine Evolution der Informationsverarbeitung?

Eine Bettwanze braucht nur zwei Informationen aus der sie umgebenden Welt, um das sein zu können, was sie ist, und das zu tun, was sie am Leben erhält. Deshalb suchen alle Bettwanzen nach einer Wärmequelle mit einer Kerntemperatur von 37°, die nach Buttersäure riecht. Was sie dann finden, wenn sie nicht durch die listigen Experimente eines Bettwanzenforschers in die Irre geführt werden, ist ein Säugetier mit pulsierenden Blutgefäßen unter der Haut, die sie anzapfen können.

Ihre hochsensitiven Messfühler zur Wahrnehmung dieser beiden Informationen und die neuronalen Netzwerke zu deren Verarbeitung bringt jede Bettwanze schon bei ihrem Schlupf mit auf die Welt. Es sind angeborene Fähigkeiten, deren Herausbildung genetisch verankert ist. Ihr Genom und dessen Abschreibungsmechanismen haben sich im Lauf der Bettwanzenevolution so lange immer wieder verändert, bis dabei genau die genetischen Anlagen entstanden waren, die unsere Bettwanzen zu solch geschickten und lästigen Blutsaugern gemacht haben, die sie heute noch sind.

Da es so viele unterschiedliche Lebensräume gab, die von Lebewesen im Verlauf der Evolution besiedelt worden sind, unterscheiden sich auch deren jeweiligen angeborenen und genetisch verankerten Merkmale und Fähigkeiten beträchtlich von Art zu Art. Manchen gelang es, einen Lebensraum zu besiedeln, der ihnen alles bot, was sie brauchten, und in dem sich über sehr lange Zeiträume nichts so tief greifend veränderte, dass sie darauf reagieren mussten. Wie die Bettwanzen konnten sie dort gut überleben, ohne allzu viel von der Welt mitzukriegen. Den Vertretern einiger Tierarten ging es dort, wo sie gelandet waren, so gut, dass sie sogar ihre Fähigkeit zur Wahrnehmung von Informationen über die Beschaffenheit ihres »Schlaraffenlandes« allmählich verloren, einschließlich des zu deren Verarbeitung erforderlichen Gehirns. Ein besonders bemerkenswertes Beispiel dafür sind die heutigen Bandwürmer. Dort, wo sie sich besonders wohlfühlten, war es immer warm, es gab immer Nahrung im Überfluss, schließlich sind sie auch noch sich selbst befruchtende Zwitter geworden und brauchten sich noch nicht einmal mehr um die Partnersuche zu kümmern. Wichtiger als ein informationsverarbeitendes Gehirn war für ihr Überleben ein gut funktionierender, zum Festhalten geeigneter Hakenkranz außen an ihrem hohl gewordenen Kopf.

Ermutigender verlief die Herausbildung von Mechanismen zur Wahrnehmung von Informationen aus der äußeren Welt und deren Verarbeitung und Integration in ihre eigene Beschaffenheit bei all jenen Tieren, denen es nicht gelungen war, eine ihr Überleben und ihre Reproduktion sichernde, möglichst gemütliche ökologische Nische zu finden. Die hatten es schwerer. All jene Lebensräume, die sich über lange Zeiträume nicht veränderten und in denen es keine Notwendigkeit gab, die einmal entstandenen Erbanlagen noch weiter zu modifizieren, waren ja schon von anderen Arten besetzt. Der Leitsatz »wer zu spät kommt, den bestraft das Leben« galt hier allerdings nicht. Denn die Neuankömmlinge machten aus diesem Problem, dass es keinen Platz mehr für sie gab, ein eigenes Erfolgsrezept. Und das heißt bis heute: »Wer zu spät kommt, kann nur bestehen, wenn er kreativer ist, also lernfähiger und anpassungsfähiger als die Alteingesessenen.« Es ging also darum, die alten, genetisch determinierten Lebensformen »zu überholen, ohne sie einzuholen«, wie das ein Politiker auch schon einmal als Parole verbreitet hat, ohne sie verstanden, geschweige denn selbst beherzigt zu haben.

Es dauerte zwar lange, denn es war ein schwieriger und riskanter Prozess, aber einigen dieser gemächlicher vorangekommenen und deshalb später hinzugekommenen Lebensformen gelang es, ihre starren genetischen Programme und die von ihnen gesteuerte Herausbildung genetisch bedingter Verhaltensweisen allmählich zu öffnen. So entstanden die ersten lernfähigen Tiere. Sie waren in der Lage, ihr Verhalten an die jeweils vorgefundenen Lebensbedingungen zunächst nur während der juvenilen Phase, also der Kindheit, anzupassen und zu erlernen, worauf es für ihr Überleben in einem sich durch ihre eigenen wie auch durch die Aktivitäten anderer Lebewesen ständig verändernden Lebensraum ankam.

Schwierig und riskant war dieser Prozess der Herausbildung lernfähiger und schließlich sogar zeitlebens lernfähiger Gehirne deshalb, weil dabei die ursprünglich entstandenen, das Überleben und die Reproduktion sichernde genetisch verankerten Verhaltensweisen nicht oder nur sehr langsam geöffnet und durch erlernte Verhaltensweisen ersetzt werden konnten. Deshalb verfügen wir Menschen im Stammhirn noch immer über die schon bei den Reptilien entstandenen, genetisch verankerten »archaischen Notfallprogramme«.

Wenn es wirklich gefährlich wird, werden die aktiviert, und ohne weiteres Nachdenken und meist auch ohne Einbeziehung inzwischen erlernter Verhaltensweisen zur Abwehr von Gefahren greifen deshalb auch Menschen noch an wie die Krokodile, hauen ab wie die Hasen oder fallen in ohnmächtige Erstarrung wie plötzlich auf den Rücken gelegte Hühner. Wenn aber etwas auf uns zukommt, das nicht gleich lebensgefährlich ist, bedienen wir Menschen uns nicht dieser genetisch angelegten, sondern der durch eigene Erfahrungen im Gehirn herausgebildeten neuronalen Verschaltungsmuster. Eigene Erfahrungen zur erfolgreichen Gefahrenabwehr, zur Lösung von Problemen oder zum Meistern von Herausforderungen hat jeder Mensch von Kindesbeinen in aller Regel genug gemacht. Diese Lösungen werden im Gehirn in Form gekoppelter emotionaler und kognitiver Vernetzungen fest verankert. Im Fall traumatischer Erfahrungen kann das konkrete eigene Erleben unmittelbar und isoliert abgespeichert werden. Aber normalerweise werden die bei der Lösung eines bestimmten Problems gemachten Erfahrungen mit all den anderen in ähnlichen Situationen gemachten Erfahrungen verknüpft und im Gehirn zu einer »Metaerfahrung« integriert. Die bezeichnen wir in unserer Alltagssprache als »feste Vorstellung« oder »innere Überzeugung«, als »Einstellung« oder »Haltung«, die sich eine Person im Lauf ihres bisherigen Lebens über das »worauf es im Leben ankommt« angeeignet hat, auch »wie Probleme gelöst werden müssen« und »wie man sich in bestimmten Situationen zu verhalten hat«.

Bei den nicht lernfähigen Tieren wird durch bestimmte Trigger (Wahrnehmungen, Schlüsselreize, aber auch innere Impulse und Bedürfnisse) ein angeborenes, genetisch determiniertes Verhaltensprogramm zur Lösung des aufgetretenen Problems aktiviert. Zeitlebens bleiben sie in diesen genetisch gesteuerten, festgefügten Verhaltensprogrammen gefangen. Die nur während ihrer frühen Entwicklungsphase lernfähigen Tiere greifen in solchen Situationen auf die während ihrer »Kindheit« erworbenen und fest eingeprägten Verhaltensweisen zurück. Sie bleiben zeitlebens an diese frühen Prägungen gebunden.

Wir Menschen müssen in Ermangelung dafür geeigneter genetisch festgelegter Verhaltensprogramme erst lernen, wie das Leben geht. Mit unserem zeitlebens lernfähigen Gehirn nutzen wir die im Lauf unseres gesamten bisherigen Lebens bei der Lösung von Problemen gemachten Erfahrungen und die daraus abgeleiteten Vorstellungen, um uns im Leben zurechtzufinden, auf uns zukommende Probleme und Herausforderungen zu meistern und geeignet erscheinende Lösungswege einzuschlagen. Wie sonst sollten wir uns in der Welt zurechtfinden? Wir würden orientierungslos umherirren, könnten keine Entscheidungen treffen, geschweige denn unser Leben bewusst gestalten. Deshalb ist jeder Hinweis, den wir als Information von anderen bekommen, eine wichtige Überlebenshilfe. Wenn es tatsächlich so klappt, wie uns das jemand nahegelegt oder empfohlen hat, erwächst aus dieser positiven Erfahrung eine eigene Vorstellung und die geben wir dann ebenfalls gern an andere weiter.

Je besser es uns gelingt, bestimmte Vorstellungen zu verfolgen und erfolgreich umzusetzen, desto stärker verbinden wir uns mit diesen Überzeugungen. Sie werden so zu einem festen Bestandteil unseres eigenen Selbstverständnisses, oft sogar unseres jeweiligen Menschen- und Weltbildes. Wenn jemand kommt, der diese Vorstellungen nicht teilt, der sie kritisch hinterfragt und sie womöglich sogar als unzutreffend und in die Irre führend bezeichnet, erleben wir das als einen Angriff auf uns selbst, auf unsere Identität. Dagegen wehren wir uns dann meist ebenso vehement und unter Einsatz aller uns zur Verfügung stehenden Mittel, als wolle uns die betreffende Person ein Körperteil amputieren.

Jetzt wird auch deutlich, weshalb es vielen Menschen so schwerfällt, sich von ihren einmal herausgebildeten und zu einem Teil ihres Selbstverständnisses gewordenen Vorstellungen zu lösen. Sie sind zu einem von ihnen selbst gefundenen und als sehr hilfreich bewerteten inneren Kompass geworden, mit dessen Hilfe sie ihr Leben gestaltet, ihre Entscheidungen getroffen, ihr Verhalten und ihre Handlungen ausgerichtet haben. Das ist uns allen so ergangen. Ohne dieses innere Orientierungsinstrument sind wir in der Welt verloren. Und je schneller sich diese jeweilige Lebenswelt verändert, desto mehr erhoffen wir, wieder Halt zu finden, indem wir an diesen einmal herausgebildeten Vorstellungen festhalten.

Solch eine bisher bewährte Orientierungshilfe gibt niemand leichtfertig auf, auch wenn er mit noch so überzeugenden Argumenten, Belehrungen, Ratschlägen oder sonstigen Informationen versorgt wird. Im Gegenteil, lieber suchen wir nach Informationen, die geeignet sind, unsere bisherigen Vorstellungen zu bestätigen und damit weiter zu stärken. Und wir neigen dazu, alles zu überhören, was sie – und damit uns – infrage stellt. Wir haben unsere ursprüngliche Offenheit verloren, sind in diesen Vorstellungen verwickelt.

Glücklicherweise ist unser menschliches Gehirn aber so konstruiert, dass es in der Lage ist, zu jedem Zeitpunkt im Leben etwas hervorzubringen, das stärker ist als jede noch so lange verfolgte und noch so erfolgreich umgesetzte Vorstellung. Im Gegensatz zu Robotern und Automaten haben wir Menschen tief in uns angelegte lebendige Bedürfnisse. Am stärksten sind die beiden Grundbedürfnisse, die wir alle schon mit auf die Welt gebracht haben: das nach Verbundenheit und Sicherheit und das nach eigenen Gestaltungsmöglichkeiten, also nach Autonomie und Freiheit. Sie werden wach, wenn sie ungestillt bleiben. Die damit einhergehende innere Unruhe und Unzufriedenheit zwingen uns, darüber nachzudenken und eine Vorstellung davon zu entwickeln, wie wir sie stillen könnten. Wenn sich später herausstellt, dass sich die betreffende Vorstellung dafür doch nicht so gut eignet, erwacht das betreffende Bedürfnis erneut. Wenn wir keine Lösung für dieses Problem finden, bleibt nur noch die aktive Unterdrückung des betreffenden Bedürfnisses. Es entstehen dann im Gehirn Verschaltungen, die die Aktivität derjenigen Netzwerke hemmen, in denen das betreffende Bedürfnis entsteht. Dann ist es erst mal weg. Für viele Menschen ist auch das eine Lösung. Sie lernen, ihre lebendigen Bedürfnisse zu unterdrücken, entweder weil sie diese in der Welt, in der sie leben, nicht stillen können oder weil sie zu sehr damit beschäftigt sind, eine Vorstellung umzusetzen, mit deren Hilfe sie versuchen, dieses lebendige Bedürfnis einigermaßen zu verdrängen.

Dennoch ist dieses durch die Herausbildung hemmender Nervenzellverschaltungen nicht mehr wahrgenommene Bedürfnis ja nicht völlig verschwunden. Es ist nur unterdrückt und kann zu jedem Zeitpunkt im Leben wieder erwachen und so stark werden, dass die betreffende Person gezwungen ist, nach einer anderen, einer günstigeren Lösung zu suchen. So kann sie sich eine neue Vorstellung nach der anderen zu eigen machen, bis sie irgendwann sich rückbesinnend zu der Einsicht gelangt, dass wir Menschen unsere lebendigen Bedürfnisse nur stillen können, indem wir ihnen folgen. Unsere Bedürfnisse sind schließlich aus unserer eigenen Lebendigkeit erwachsende Botschaften, die uns auffordern, dieses Lebendige in uns zu bewahren und ihm durch die Art und Weise, wie wir mit uns selbst und allem Lebendigen umgehen, Ausdruck zu verleihen. Genau darin unterscheiden wir uns von allen noch so gut programmierten, womöglich sogar lernfähigen digitalen Maschinen. Die lassen sich mit Informationen versorgen und auf diese Weise für bestimmte Leistungen programmieren, weil sie keine eigenen Bedürfnisse haben.

Welche Vorstellung liegt unserem heutigen Informationsbegriff zugrunde?

Durch die Geschichte der Menschheit zieht sich ein fortwährender und mit unterschiedlichen Mitteln und Argumenten ausgefochtener Streit über unser eigenes Selbstverständnis. Um zu erkennen, dass wir Menschen in der Lage sind, uns und die von uns vertretenen Vorstellungen im Lauf unseres Lebens zu verändern, hätte es nicht der neuen Erkenntnisse der Hirnforscher über die lebenslange Plastizität des menschlichen Gehirns bedurft. Das haben unsere Vorfahren schon seit Jahrtausenden gewusst. Es entsprach ihrer Erfahrung, die sie entweder selbst gemacht oder bei einzelnen Mitgliedern ihrer Gemeinschaften beobachtet hatten. Bis heute geben wir diese uralten Geschichten weiter, die davon berichten, dass jemand aus sich selbst heraus einen tief greifenden inneren Verwandlungsprozess durchlaufen hat und als ein »Geläuterter« oder gar »Erleuchteter« wieder aufgetaucht ist.

Zumindest ebenso lange werden unsere Vorfahren erlebt haben, wie schwer oder gar scheinbar unmöglich es ist, sich selbst oder andere Menschen zu verändern. Wie eingemeißelt müssen ihnen die festen Überzeugungen und Vorstellungen ihrer Mitmenschen – wahrscheinlich auch schon damals mit Ausnahme ihrer eigenen – erschienen sein. Sicher wird es immer wieder Situationen gegeben haben, die eine solche Veränderung der Vorstellungen einzelner Mitglieder oder der Mehrheit der Mitglieder einer Gemeinschaft erforderlich machten. Sei es zur Durchsetzung bestimmter Interessen oder zur Sicherung des gemeinsamen Überlebens und des Fortbestandes der jeweiligen Gemeinschaft.

Und damals mussten auch nicht erst Verhaltensforscher wie Iwan Pawlow oder Burrhus F. Skinner kommen, um ihnen zu erklären, wie man einen Menschen dazu bringen kann, sich so zu verhalten, wie es von ihm erwartet wurde und sich das Wissen und Können anzueignen, das er brauchte, um für die Gemeinschaft einen nutzbringenden Beitrag zu leisten. Begriffe wie Erziehung, Bildung oder gar Konditionierung werden sie noch nicht benutzt haben, aber es war seit der Sesshaftwerdung, der Arbeitsteilung und der Herausbildung hierarchisch geordneter sozialer Strukturen zwangsläufig so, dass die »höherstehenden« Vertreter ihre jeweiligen »Untergebenen« zu Objekten ihrer Vorstellungen und Erwartungen, ihrer Belehrungen und Bewertungen, ihrer Maßnahmen und Anordnungen machten. Und das »Erziehen« und »Bilden« von Menschen, ihr »Zurechtstutzen« auf eine gewünschte Form entweder durch die Androhung von Strafen oder das In-Aussicht-Stellen von Belohnungen hat ja zumindest bisher immer einigermaßen funktioniert.

Es ist also durchaus verständlich, dass sich über diesen langen Zeitraum die Vorstellung durchgesetzt und in den Gehirnen der Menschen fest verankert hat, dass es möglich sei, Menschen zu verändern. Sie von außen durch geeignete Maßnahmen dazu zu bringen, so zu werden und sich so zu verhalten, wie es »für die Machthaber« oder »für die Gemeinschaft« dienlich, stabilisierend, nutzbringend erschien. Mithilfe dieser »Abrichtungs- und Dressurmaßnahmen« gelang es, Menschen auf eine gewünschte Weise zu formen und zurechtzubiegen. Durch Druck und Zwang oder mittels Belohnungen und Verführung konnten sie dazu gebracht werden, die von diesen »Dompteuren« verfolgten Absichten, Ziele und Erwartungen zu erfüllen. Das Problem derartiger Anpassungen des eigenen Verhaltens an die Erwartungen anderer ist die damit einhergehende Verletzung des Bedürfnisses nach eigener Lebensgestaltung, Autonomie und Freiheit. Das ließ sich für viele nur lösen, indem sie selbst sich die Vorstellungen ihrer Verführer oder Unterdrücker zu eigen machten. Dann sah es so aus, als seien alle der gleichen Meinung und verfolgten die gleichen Vorstellungen. Doch der Preis dafür waren in ihrem Inneren gebrochene, unaufrichtige, fremdbestimmte Unterdrückte oder Verführte – und deshalb unzufriedene, unglückliche, innerlich verstrickte und verwickelte Menschen.

An die schmerzhafte Verletzung ihres Grundbedürfnisses nach Selbstbestimmung und Autonomie können sich solche Personen, je früher sie stattfand, umso weniger erinnern. Das galt damals und gilt auch für uns heute. Ihre an die Erwartungen ihrer »Bezugspersonen« angepassten Vorstellungen und Überzeugungen geben sie als Eltern nun sogar bedenkenlos an ihre Nachkommen weiter. Ohne es zu bemerken, agieren sie nun selbst als Unterdrücker oder Verführer und behandeln sogar ihre Kinder, als seien sie Objekte. Sie nennen das, was sie tun, »Erziehung«, ohne zu wissen, dass das auch der Fachausdruck der Obstbauern für das Anbinden der Zweige ihrer Apfelbäumchen an die fest gespannten Drähte auf ihren Spalierobstplantagen ist.

Sie nennen das, was sie tun, »Bildung«, ohne sich darüber im Klaren zu sein, dass es sich bei dem, was sie den Heranwachsenden beizubringen versuchen, primär lediglich um eine Ausbildung handelt, die dazu dient, deren späteren beruflichen Einsatz zu optimieren.

Und sie nennen das, was sie unter den Menschen verbreiten, »Information«, ohne auf die Idee zu kommen, dass die Vorstellungen und Überzeugungen, die sich ein Mensch im Lauf seines Lebens zu eigen macht, niemals von außen eingetrichtert, sondern immer nur als eigene Lösungen in seinem Inneren entstehen und verankert werden können.

Was betrachten wir als »Informationen« und wozu werden sie verbreitet?

Auch schon im untergegangenen Römischen Reich wurde das praktiziert, was wir heute als Unterricht, Belehrung oder Unterweisung bezeichnen. Der für die Weitergabe von Wissen und Können von den Römern damals benutzte lateinische Begriff heißt »informatio«. Selbstverständlich gingen die damaligen Lehrmeister davon aus, dass diese Informationen bei all jenen, an die sie gerichtet waren, eine Wirkung erzeugten. Die Information der »Sender« mussten also von dem »Empfänger« aufgenommen, verinnerlicht und umgesetzt werden. Sonst blieben sie nur leere Worte.

Später, im mittelalterlichen Latein, verwendeten die damaligen Wissenschaftler, also die in ihren Klöstern forschenden Mönche, den Begriff »informatio« auch für die Erkenntnisse, zu denen sie bei ihren Untersuchungen und Erkundungen gelangt waren und die anschließend als Information über die Beschaffenheit ihres jeweiligen Untersuchungsgegenstandes an andere weitergegeben werden konnten. Für sie blieb all das, was sie bei ihren Untersuchungen in Erfahrung gebracht hatten, allerdings auch dann eine wichtige »informatio«, wenn sie nicht weitergegeben, sondern zur Verfolgung eigener Ziele und Absichten eingesetzt wurde. Den Leitsatz aller Herrscher »Wissen ist Macht« nutzten sie, um ihre Macht durch das Geheimhalten bestimmter Informationen zu sichern.

Im Deutschen wird der Begriff »Information« erst ab dem frühen 19. Jahrhundert verwendet. Rasant verbreitet hat er sich mit dem Siegeszug der Nachrichtentechnik. Er begann mit der Erfindung technischer Geräte, die als Sender ein Signal verbreiten konnten, das von einem dafür konstruierten Empfänger aufgenommen wurde. Da der jeweilige Empfänger präzise auf die

Frequenz des Senders eingestellt war, erzeugte das Signal in ihm auch immer die gewünschte Wirkung.

In diesem technikbegeisterten Zeitalter der letzten beiden Jahrhunderte neigten die Menschen dazu, die Funktionsweise der von ihnen so erfolgreich eingesetzten Geräte und Maschinen auch auf sich selbst, auf die Funktionsweise des menschlichen Körpers und letztlich auch auf die ihres Gehirns, zu übertragen. Sie sprachen von »Abnutzungserscheinungen« und »Verschleiß«, von »Schaltzentralen« und von der »Informationsaufnahme, -verarbeitung und -speicherung« im Gehirn. Wie in der Nachrichtentechnik gingen sie davon aus, dass es auch in der Kommunikation von Mensch zu Mensch nur eines Senders und eines Empfängers bedurfte, damit ein Signal oder eine Nachricht übertragen wurde, und sie hielten es für selbstverständlich, dass die betreffende Botschaft im Empfänger die vom Sender beabsichtigte Reaktion auslöste. Deshalb bezeichneten sie das, was dabei von Sendern in Form von Signalen, Botschaften oder Nachrichten verbreitet wurde, als »Information«, und zwar auch dann, wenn es sich bei den Empfängern nicht um technische Geräte, sondern um lebendige Menschen handelte.

Im Gegensatz zu den für einen optimalen Empfang konstruierten Geräten sind Menschen bekanntermaßen in der Lage, vieles von dem, womit sie akustisch oder optisch überschüttet werden, einfach auszublenden. Sie können weghören, wegschauen, verdrängen, sich nicht dafür interessieren und sich nicht darum kümmern. Dann kommt die betreffende Botschaft, die Nachricht, der Hinweis einfach nicht bei ihnen an. Sie bewirkt nichts und ist daher für diese betreffende Person keine Information. Das war ein Problem, das von den in der Mitte des vergangenen Jahrhunderts entstandenen Vorgängern unserer heutigen Informations- und Kommunikationswissenschaftler erkannt wurde. Die Verbreitung von Informationen, die nur bei einem

Teil der Adressaten ankommen, war höchst unbefriedigend und nicht geeignet für das, was sie erreichen wollten: eine größtmögliche Verbreitung ihrer Botschaften.

Manche lösten dieses Problem, indem sie den Begriff »Information« so erweiterten, dass er sich gar nicht mehr auf den Austausch wichtiger Hinweise zwischen Menschen bezog. Sie begannen, den Begriff für das so schwer Beschreibbare zu benutzen, was den konkreten materiellen Gegebenheiten und beobachtbaren Erscheinungen zugrunde liegt. Manche, wie der Physiker John Archibald Wheeler, betrachteten »Information« als das »Grundkonzept des Universums«, als eine Art »Bauplan«, der den beobachtbaren materiellen Strukturen zugrunde liegt. In der Biologie wurde daraus die als Bauplan eines Lebewesens betrachtete und in Form charakteristischer DNA-Sequenzen abgespeicherte »Erbinformation«.

Andere »Informatiker« wie der Mathematiker Claude Shannon gingen noch einen Schritt weiter und definierten den Begriff »Information« als die Anzahl möglicher Zustände eines Systems. Demzufolge ist »Information« binär codiert und beschreibt die Anzahl der Fragen, die mit Ja/Nein beantwortet werden müssen, um den aktuellen Zustand eines Systems zu erfragen. Diese und die später noch daraus abgeleiteten Informationstheorien haben mit der ursprünglichen Bedeutung des Begriffs Information als das, was Menschen miteinander austauschen, um sich gegenseitig über etwas zu informieren, nichts mehr zu tun. Als sehr fruchtbar haben sich diese Theorien jedoch für die Entwicklung der auf ihnen basierenden digitalen Technologien erwiesen.

Interessanter für Nachrichtenverbreiter und folgenschwerer für unser Zusammenleben war die Lösung, die von den Kommunikationswissenschaften für den misslichen Umstand gefunden wurde, dass Botschaften, Nachrichten und Hinweise, die ein Sender verbreitet, von den Menschen, an die sie gerichtet sind, subjektiv als unbedeutend bewertet werden. In enger Zusammenarbeit mit Vertretern anderer Wissenschaftsdisziplinen entwickelten sie eine Vielzahl von Methoden, Techniken und Verfahren, um die Empfangsbereitschaft für »Informationen« bei all jenen Menschen zu steigern, die sich gar nicht dafür interessierten. Jede neue Erkenntnis aus der Sinnesphysiologie, der Wahrnehmungsbiologie, der Aufmerksamkeits-, Motivations- und Emotionsforschung wurde im Hinblick auf ihre Wirksamkeit und ihre Einsatzmöglichkeiten zur Verbesserung der Aufnahmebereitschaft der Empfänger für bestimmte »Informationen« geprüft. Und wenn sie funktionierten, wurden entsprechende Verfahren zur Verstärkung der Wirkungen von Informationen auch eingesetzt. Am wirksamsten erwies sich die »emotionale Aufladung« von Nachrichten, Botschaften und Hinweisen durch das Schüren von Angst.

So wurde das, was ursprünglich von uns Menschen als unsere wichtigste Fähigkeit der Angstbewältigung im Vergleich zu den Tieren so besonders effizient herausgebildet worden war – die gegenseitigen Informationen über Gefahren und bedrohliche Entwicklungen –, zur Verstärkung der Wirkungen von Botschaften und Nachrichten missbraucht, die ohne diese emotionale Aufladung bei den Empfängern kaum Beachtung gefunden und entsprechende Reaktionen ausgelöst hätten.

Angesichts dieser Entwicklungen stellt sich die Frage, wie lange die Vertreter einer Spezies ihr Überleben sichern können, wenn die genau dafür entscheidende Informationsübermittlung in einer Flut von Nachrichten untergeht, die primär mit dem Ziel einer maximalen Wirkung und deshalb einer größtmöglichen Verbreitung angeboten wird, um auf diese Weise eigene Vorteile, Einfluss, Macht und materielle Gewinne zu erzielen. Wie und anhand welcher Kriterien sollen die Menschen dann noch entscheiden, welche dieser vielen »Informationen« für sie wirklich wichtig sind und welche nur dazu dienen, sie aufzuregen, zu beunruhigen, zu beängstigen und damit »bei der Stange zu halten«, also ständig eingeschaltet, online zu bleiben.

2.2 Rückbesinnung auf das, was uns Menschen so abhängig von verlässlichen Informationen macht

Die Herausbildung zeitlebens lernfähiger Gehirne war kein Zufall. Sie war die Lösung, die im Lauf der Evolution des Lebendigen gefunden werden musste, als immer mehr Lebewesen entstanden waren, die mit ihren eigenen Aktivitäten ständige Veränderungen nicht nur ihrer eigenen Lebenswelt, sondern auch der Lebenswelt anderer Lebewesen verursachten. In einer sich immer stärker und immer rascher verändernden Lebenswelt ist ein lernfähiges, nicht durch genetische Programme festgelegtes, sondern sich erst im Lauf des eigenen Lebens durch die dabei gemachten Erfahrungen strukturierendes Gehirn ein deutlicher, wie die Evolutionsbiologen es nennen, »Selektionsvorteil«. So ganz leicht war diese allmähliche »Öffnung« der genetischen Programme, die die Strukturierung der Gehirne von Tieren bis dahin gelenkt hatten, allerdings nicht. Mithilfe eines lernfähigen Gehirns kann dessen »Besitzer« ja prinzipiell alles lernen, was ihm aus welchem Grund auch immer wichtig erscheint, wofür er sich interessiert, worauf sie oder er Lust hat. Das kann individuell sehr unterschiedlich sein und so weit reichen, dass jemand, der nicht mehr weiterleben will, auch lernen kann, sein Leben auf eine ihm geeignet erscheinende Weise zu beenden. Tiere können das nicht.

Tiere können auch keine Kriege vorbereiten und ihre vermeintlichen Gegner auf Schlachtfeldern massenhaft umbringen oder in Konzentrationslagern vergasen. Mit einem lernfähigen Gehirn kann man auch lernen, andere Menschen und andere Lebewesen wie Objekte zu behandeln. Die einzige Möglichkeit, all diese Irrwege zu vermeiden, auf die wir Menschen mit unseren zeitlebens lernfähigen Gehirnen geraten können, besteht darin, uns miteinander auszutauschen. Wir können uns gegenseitig darüber informieren, was uns hilft, nicht auf solche Irrwege zu geraten. Allerdings nicht, indem wir nach lauter Gleichgesinnten suchen, die ihre jeweiligen und leider oft genug in die Irre führenden Informationen mit uns teilen und mit denen wir uns gegenseitig in unseren Überzeugungen bestärken, sondern indem wir uns mit möglichst vielen, möglichst unterschiedlichen Menschen darüber austauschen, wie unser Leben und unser Zusammenleben gelingen können.

Weshalb sind wir Menschen so sehr auf den Austausch von verlässlichen Informationen angewiesen?

Wenn die Akazienbäume in den afrikanischen Savannen zu sehr von Insekten oder Giraffen abgefressen werden, kommt es in den noch verbliebenen Blättern zu einer Umstellung ihres Stoffwechsels. Es entstehen dabei vermehrt chemische Substanzen, die solche Blätter für die Fressfeinde des Baumes ungenießbar machen. Gleichzeitig werden leicht flüchtige Substanzen von den Blättern eines solchen befallenen Baumes abgegeben, die sich in der Luft verbreiten. Benachbarte Akazienbäume sind in der Lage, diese »Botenstoffe« zu erkennen und ihren Stoffwechsel dann so umzustellen, dass diese Substanzen zur Abwehr von Fressfeinden auch in ihren Blättern gebildet werden. Dieses Beispiel macht deutlich, dass der Austausch von Informationen auch für andere Lebewesen überlebenswichtig ist. Erst seit einigen Jahren versuchen die Biologen herauszufinden, welche Signalstoffe dazu von welchen Lebewesen abgegeben und wie diese Botschaften von den Empfängern erkannt und in entsprechende Antworten und Reaktionen umgesetzt werden. Die wachsende Anzahl dabei entdeckter Signalstoffe und die immer länger werdende

Liste der Arten, deren Mitglieder einander über Veränderungen ihrer jeweiligen Lebensbedingungen »informieren«, lässt nur eine Schlussfolgerung zu: Die Fähigkeit, Informationen auszutauschen, ist nicht nur viel weiter verbreitet, als bisher vermutet. Sie ist eine Grundvoraussetzung alles Lebendigen. Wer anderen nichts mehr mitteilen kann oder nicht mehr aufnehmen kann, was andere mitteilen, ist tot.

Und was würde aus Akazienbäumen, deren Blätter bei allen möglichen Gelegenheiten so viele unterschiedliche Signalstoffe abzusondern begännen, dass ihre Nachbarbäume mit dieser Informationsflut völlig überfordert wären und die darin untergehende Botschaft nicht mehr mitbekämen?

Was für Informationen die eingangs erwähnten Bettwanzen, die hier beschriebenen Akazienbäume oder die vielen anderen Lebewesen zur Sicherung ihres Überlebens und ihrer Fortpflanzung brauchen, unterscheidet sich von Art zu Art. Sie ist auch abhängig von dem jeweiligen Lebensraum, den die Mitglieder einer Art gefunden und besiedelt haben. Wer in einer Welt lebt, die sich kaum verändert und in der alles weitgehend so bleibt, wie es schon immer war, braucht nicht mehr allzu viel von dieser Welt mitzubekommen und hat auch anderen nicht viel mitzuteilen. Doch überall dort, wo sich ständig etwas im Außen auf bedrohliche Weise verändert, wird niemand überleben können, der für die damit einhergehenden Signale taub und blind ist. Und wessen Lebensraum ändert sich ständig und inzwischen auch immer rascher durch die von ihm selbst ausgehenden Aktivitäten? Der von uns Menschen. Deshalb sind wir auch so sehr wie kein anderes Lebewesen auf verlässliche Informationen über die sich vollziehenden Veränderungen in unserer Lebenswelt angewiesen.

Bettwanzen und Akazienbäume könnten auch gut überleben, wenn es keine Frösche und Schlüsselblumen, keine Rosen und keine Pandabären, keine Orchideen und Schmetterlinge gäbe.

Zur Not könnten wir das auch, aber richtig gut gehen würde es uns nicht, wenn die Vielfalt natürlicher Lebensformen auf diesem Planeten nicht mehr vorhanden wäre. Je vieltöniger und vielstimmiger, je farben- und formenreicher unsere Welt ist und je besser wir in der Lage sind, diese Vielfalt und Buntheit mit all unseren Sinnen aufzunehmen, desto intensiver erleben wir uns als Teil dieser lebendigen Welt. Wer nichts mehr von all dem mitbekommt und nur noch auf das achtet, was ihm nützlich, brauchbar und gewinnbringend erscheint, wird auch nicht in der Lage sein, diese Vielfalt natürlicher Lebensformen zu schützen und zu bewahren. Was würde aus uns, wenn wir nicht mehr in der Lage wären, all diese Signale und Botschaften wahrzunehmen, die uns mit allem Lebendigen verbinden? Was würde aus unseren Kindern, wenn sie ihre Sinne, ihre Herzen und ihren Verstand nicht mehr für die Buntheit und Schönheit unserer Welt öffnen könnten? Wenn sie ständig mit immer neuen »Informationen« überflutet und in der virtuellen Welt der digitalen Medien versinken würden?

Was uns jedoch am deutlichsten von Bettwanzen und Akazienbäumen unterscheidet, ist der Umstand, dass wir Menschen soziale Wesen sind. All jene Bereiche und Regionen, in denen sich das menschliche Gehirn von dem unserer nächsten tierischen Verwandten am stärksten unterscheidet und von denen all jene Funktionen gesteuert werden, die wir als spezifisch menschliche Leistungen betrachten, werden erst nach der Geburt durch eigene Erfahrungen endgültig herausgeformt. Die wichtigsten Erfahrungen, die einen heranwachsenden Menschen prägen und die in Form komplexer neuronaler Verknüpfungen und synaptischer Verschaltungen in seinem Gehirn verankert werden, sind Erfahrungen, die in lebendigen Beziehungen mit anderen Menschen gemacht werden. In all jenen Bereichen, wo es sich von tierischen Gehirnen unterscheidet, wird das menschliche Gehirn durch Beziehungserfahrungen mit anderen Menschen geformt und strukturiert. Alles, was wir als Erwachsene wissen und können, verdanken wir dem Umstand, dass uns andere gesagt, aufgeschrieben oder gezeigt haben, wie es geht. Unser Gehirn ist also ein soziales Konstrukt und als solches für die Gestaltung von sozialen Beziehungen optimiert. Es ist ein Sozialorgan. Deshalb brauchen wir den Austausch von verlässlichen Informationen so sehr wie kein anders Lebewesen.

Ein Blick zurück in unsere Geschichte macht deutlich, dass unsere Vorfahren alle nur denkbaren Formen des Zusammenlebens in Gemeinschaften bereits durchlebt und oft genug auch durchlitten haben. Seit Menschengedenken sind immer wieder Gemeinschaften entstanden, deren Mitglieder ihre Erfahrungen, ihr Wissen und Können miteinander ausgetauscht, voneinander gelernt, sich gegenseitig unterstützt, gemeinsam gelebt, gearbeitet und anstehende Probleme gelöst haben. Die entscheidende Voraussetzung für solche co-kreativen Leistungen ist der Austausch von verlässlichen Informationen unter den Mitgliedern dieser Gemeinschaften.

Überlebt und sich zumindest eine Zeit lang recht erfolgreich durchgesetzt haben sich allerdings auch solche Gemeinschaften, deren Mitglieder nicht durch ein emotionales Band gegenseitigen Vertrauens, sondern durch äußeren oder inneren Druck, durch wechselseitige Abhängigkeit und das Verfolgen eigener Interessen auf Kosten anderer zusammengehalten werden. Die in solchen Angst-, Not-, Zweck- oder Besitzstandswahrungsgemeinschaften gemachten Erfahrungen bestimmen bis heute die Art des Zusammenlebens der meisten Menschen weltweit. In einer endlosen Kette kriegerischer Auseinandersetzungen sind die Mitglieder derartiger Gemeinschaften immer wieder übereinander hergefallen und haben versucht, ihre jeweiligen Interessen auf Kosten anderer durchzusetzen. So sind fest im kollektiven Gedächtnis verankerte Feindbilder und vielfältige, tief greifende Verletzungen entstanden. Die dabei gemachten Erfahrungen werden von Generation zu Generation als den Zusammenhalt einzelner Gemeinschaften stärkende Informationen weitergegeben.

Offenbar sind Menschen, die einander als Konkurrenten betrachten und sich gegenseitig als Objekte zur Realisierung ihrer jeweiligen Ziele und Absichten behandeln, unfähig, eine Vorstellung davon herauszubilden, wie ein Zusammenleben von Menschen unterschiedlicher Herkunft, verschiedenartiger ökonomischer Voraussetzungen und kultureller Prägungen aussehen könnte. Genau das ist das entscheidende Defizit aller vom Konkurrenzdenken geprägten Gemeinschaften. Und genau in diesem Punkt unterscheiden sich diese von Konkurrenzdenken geprägten Gemeinschaften von all jenen, die von Kooperation und Co-Kreativität ihrer Mitglieder getragen sind: Letztere nutzen den Austausch von Informationen auf der Grundlage der von ihnen gemachten Erfahrung, dass sich Probleme miteinander besser und vor allem nachhaltiger lösen lassen als gegeneinander.

Wie funktioniert Informationsverarbeitung im Gehirn?

Niemand, weder ein allmächtiger Schöpfer noch ein in den genetischen Anlagen versteckter »Programmierer«, hat dafür gesorgt, dass die im Verlauf der Evolution entstandenen Lebewesen immer lernfähiger geworden sind, dass sich zunächst ein Nervensystem und schließlich sogar ein zeitlebens lernfähiges Gehirn herausgebildet hat. Das haben wir inzwischen gelernt. Aber wir können uns nach wie vor nur schwer vorstellen, wie sich all das im Verlauf der Evolution von ganz allein in einem fortwährenden Prozess ständig neuer Versuche und immer wieder auftretender Fehler und Irrtümer entwickeln konnte. Zu tief ist unser Vorstellungsvermögen in einmal entstandenen und über Generationen hinweg überlieferten Denkmustern gefangen. Zu gern glauben wir, dass alle Phänomene, die wir beobachten, von irgendjemand oder durch irgendetwas hervorgebracht worden sind. Dass sie eine Ursache oder einen Verursacher haben, es also irgendetwas oder irgendjemanden geben muss, der, die oder das dafür verantwortlich ist, dass etwas so geworden ist, wie es ist.

Für all das, was durch uns Menschen geschaffen wurde und was einen wesentlichen Teil unserer allgegenwärtigen Lebenswelt ausmacht, stimmt das ja auch. Unsere Wohnungen und Häuser, unsere Maschinen und Geräte, unsere modernen Kommunikationsmittel, das Internet und Facebook, aber auch Dörfer und Städte, Parks und Felder, ja sogar unsere Haustiere – nichts von alldem ist von allein so geworden, wie es heute ist. Alles ist von irgendjemandem erfunden, hergestellt, eben gemacht worden. Und wenn etwas davon nicht richtig funktioniert, wenn etwas passiert, das uns nicht gefällt oder Schwierigkeiten bereitet, suchen und finden wir auch immer einen dafür Verantwortlichen. Das ist sehr bequem und trifft auch meist zu. Denn für all das, was von Menschen gemacht wird, sind ja tatsächlich irgendwelche Personen verantwortlich.

Aber: Eben nicht alles, was lebt, was sich weiterentwickelt und dabei ständig selbst verändert, ist von irgendjemandem oder irgendeiner Instanz geschaffen worden. Deshalb ist es eine unvermeidliche Erkenntnis, dass der vermutete Schöpfer oder »Macher« von dem, was jedes Lebewesen und erst recht uns Menschen ausmacht, weder im Himmel, wo er seine schöpferische Kraft entfaltet, noch im Zellkern der befruchteten Eizellen, aus denen wir hervorgegangen sind, zu finden ist. Erst dann, wenn wir mit unseren alten, tradierten Vorstellungen nicht mehr weiterkommen, öffnet sich der Blick für eine andere, eine neue Betrachtungsweise.

An einem solchen Punkt sind wir, sind vor allem all jene Wissenschaftler, die sich mit dem Leben befassen, inzwischen angekommen. Der Schlüsselbegriff zur Erklärung all dieser im Bereich des Lebendigen stattfindenden Entfaltungsprozesse und der dabei hervorgebrachten Phänomene heißt »Selbstorganisation«. Etwas prosaischer ausgedrückt, bedeutet das nichts anderes, als dass alles, was lebt, sich selbst erst im Prozess des eigenen Werdens erfindet. Jede einzelne der vielfältigen Lebensformen, die wir gegenwärtig auf unserem Planeten beobachten können, ist also nur das vorläufige Zwischenprodukt, das bis dahin gefundene Ergebnis eines fortwährenden Lernprozesses. Und in diesem Lernprozess geht es darum, lebendig zu bleiben oder sich zumindest fortzupflanzen inmitten von anderen Lebewesen, die ebenfalls lebendig bleiben und sich fortpflanzen wollen. All jene, die dieses Problem auf irgendeine Weise lösen konnten, haben überlebt, alle anderen sind ausgestorben.

Manche Lebewesen haben sich erfolgreich in ökologische Nischen zurückgezogen und vielfältige Spezialisierungen entwickelt. So war es ihnen möglich, über Generationen hinweg in einem bestimmten Lebensraum zu überleben. Solange dort alles so blieb, wie es war, konnten auch sie so bleiben, wie sie waren. Sie brauchten dann auch nichts hinzuzulernen. Aber alle anderen Lebewesen konnten nur am Leben bleiben und sich fortpflanzen, indem sie sich selbst in einem eigenen Lernprozess so lange veränderten, bis geeignete Strukturen und Mechanismen entstanden waren, die es ihnen ermöglichten, entweder sich selbst immer besser an die ständig von anderen Lebewesen erzeugten Veränderungen ihrer bisherigen Lebenswelt anzupassen oder diese Lebenswelt immer besser gegenüber solchen Veränderungen zu schützen. Dazu mussten sie Mittel und Wege finden, um ihre jeweilige Lebenswelt immer effektiver selbst zu gestalten, zu kontrollieren und auf diese Weise aufrechtzuerhalten.

Welche dieser beiden Strategien verfolgt und welche Lösungen dabei von den Vertretern einzelner Arten gefunden wurden, hing von ihren bis dahin bereits herausgeformten Fähigkeiten, von den durch aufgetretene Veränderungen ihrer bisherigen Lebenswelt entstandenen Erfordernissen und von den in ihnen angelegten Möglichkeiten zu einer eigenen Veränderung ab. Aber das ihr eigenes Überleben und die Sicherung des Überlebens ihrer Nachkommen bestimmende Kriterium blieb immer gleich: Es musste etwas entwickelt oder erfunden werden, was dazu beitrug, dass die betreffenden Lebewesen wieder etwas besser in die Welt passten, in der sie lebten und sich fortpflanzten. »Kohärenz« nennen die Wissenschaftler diesen Zustand, in dem alles optimal zusammenpasst und den alle lebenden Systeme, jede Zelle, jeder Organismus, jede Gemeinschaft anstreben. Der zur Aufrechterhaltung des jeweiligen Systems notwendige Energieaufwand wird umso geringer, je kohärenter es organisiert ist, je besser also alles, was in seinem Inneren und zwischen seiner Innenwelt und seiner Außenwelt passiert, zusammenpasst. Weil aber alles, was lebt, auch auf irgendeine Weise in der Welt agiert und in einer Welt lebt, in der auch andere Lebewesen agieren, entstehen ständig Wirkungen, die diese jeweilige Lebenswelt verändern. Und dann passt es eben nicht mehr, dann entsteht eine *Inkohärenz*. Dann hat das betreffende Lebewesen oder lebende System ein Problem. In seinem Inneren bildet sich ein gewisses Durcheinander, eine Störung, die seine Stabilität gefährdet. Und darauf muss es auf irgendeine geeignete Art und Weise reagieren. Sonst stirbt es. Oder es klappt mit der Fortpflanzung nicht mehr so recht. Gelingt es der betreffenden Lebensform, eine geeignete Antwort zu finden, abzurufen und einzusetzen, ist alles gut. Dann passt alles wieder besser, ist wieder kohärenter, und der im Zustand der Inkohärenz erhöhte Energieverbrauch beginnt, sich wieder zu normalisieren. So kann das betreffende Lebewesen überleben beziehungsweise das betreffende lebende System seine Stabilität zurückgewinnen.

Allerdings ist es anschließend nicht mehr so, wie es vorher war. Es hat jetzt nämlich etwas hinzugelernt. Falls es ihm gelungen ist, die entstandene Störung durch den Rückgriff auf eine bereits in ihm angelegte, bereits bei vorangegangenen ähnlichen Störungen herausgebildete Reaktion wieder auszugleichen, haben sich diese betreffenden Reaktionsmuster und die an ihrem Zustandekommen beteiligten Komponenten und Mechanismen nutzungsabhängig verstärkt. Je häufiger sie abgerufen werden, desto besser klappt es. Möglicherweise war ein bereits vorhandenes Reaktionsmuster aber auch nur eingeschränkt zur Bewältigung der eingetretenen Störung geeignet, konnte jedoch durch den Abruf weiterer bereits angelegter Antwortmöglichkeiten mit diesen kombiniert und so erfolgreich zur Wiederherstellung der verloren gegangenen Kohärenz eingesetzt werden. In diesem Fall wird das durch eine solche Kopplung entstandene, erweiterte Reaktionsmuster nutzungsabhängig stabilisiert. Beim nächsten Mal funktioniert es dann schon deutlich besser.

Besonders interessant wird es immer dann, wenn ein Lebewesen oder ein lebendes System auf eine Weise in seiner Kohärenz gestört wird, die es mit keinem der bereits in ihm angelegten Reaktionsmuster beantworten und ausgleichen kann. Unter solchen Bedingungen kommt es zu einer sich immer tiefer in sein inneres Beziehungsgefüge hinein ausbreitenden Inkohärenz. Sie kann dazu führen, dass dieses gesamte innere Beziehungsgefüge so tief greifend destabilisiert wird, dass es schließlich zerfällt. Dann geschieht das, was der zweite Hauptsatz der Thermodynamik besagt: Die in diesem System und seinen materiellen Strukturen enthaltene Energie verteilt sich wieder gleichförmig im Universum. Es stirbt und zerfällt.

Doch diese innere Destabilisierung bietet auch die Chance für eine tief greifende innere Umgestaltung. Als Folge dieser inneren

Reorganisation kann dann unter Umständen ein neuartiges Reaktionsmuster herausgeformt werden, das in dieser Weise vorher noch nicht entstanden oder noch nicht einsetzbar war. In der Kreativitätsforschung wird so etwas als »Breakthrough Innovation« bezeichnet, in der Komplexitätswissenschaft heißt es »Emergenz«, in der Psychologie vielleicht »innere Transformation« und in der Soziologie würde es wohl »Revolution« genannt. Derartige innere Umbrüche führen meist zur Bereitstellung beziehungsweise Freilegung vielfältiger neuer Optionen für den Aufbau und die Stabilisierung künftiger neuartiger Reaktionsmuster.

Da jedes von einem Lebewesen oder einem lebenden System neu gefundene, weiter ausgebaute oder nachhaltiger verankerte Reaktionsmuster zur Wiederherstellung seiner Kohärenz zwangsläufig auch zu neuartigen oder verstärkten Wirkungen auf andere Lebewesen führt und deren Lebenswelt verändert, erleben auch die davon betroffenen Lebewesen eine Störung ihrer bisherigen Kohärenz. Auch sie sind dann gezwungen, dafür geeignete Reaktionsmuster abzurufen und einzusetzen. Deshalb kommt es in der Folge eines jeden Lern- oder Weiterentwicklungsprozesses der Mitglieder einer Art oder eines lebenden Systems zwangsläufig zu co-evolutiven Lern- und Entwicklungsprozessen all jener Lebewesen, die davon betroffen sind.

Sie werden sich jetzt fragen, was das alles mit der Informationsverarbeitung im menschlichen Gehirn zu tun hat. Wahrscheinlich haben Sie an dieser Stelle Informationen über die Generierung von Signalen in den Sinnesorganen, deren Weiterleitung in bestimmte Hirnregionen, deren Verknüpfung mit anderen Sinneseingängen und bereits abgespeicherten Signalmustern erwartet. Auch Informationen über assoziative Integrationsleistungen, die Aktivierung sensomotorischer, emotionaler und kognitiver Hirnareale und die Generierung spezifischer Antwortmuster wären interessant gewesen. Solange unser Gehirn noch wie ein nach einem genetischen

Bauplan, also auf der Grundlage nach DNA-codierten Informationen, herausgebildetes Konstrukt betrachtet werden konnte, wären solche Informationen über den Input, die Verarbeitung und den Output von Informationen auch durchaus interessant gewesen. Aber die Strukturierung und die Arbeitsweise unseres Gehirns folgt nicht der Logik unserer an den Bauplänen und der Funktionsweise von Maschinen und Computern orientierten Denkmustern. Es ist ein lebendiges Organ und seine Strukturierung und seine Arbeitsweise wird bestimmt von der allem Lebendigem zugrunde liegenden Fähigkeit zur Selbstorganisation.

Was dort oben, in unserem Gehirn, passiert, verwirklicht sich auf allen Ebenen der Organisation des Lebendigen. So verschieden es im Einzelfall und auf den verschiedenen Ebenen der Organisation des Lebendigen auch aussehen mag, so ist Information doch immer das, was alle Lebewesen aufnehmen, speichern und nutzen, um zumindest für eine gewisse Zeit oder in Form ihrer Nachkommen genau das Gegenteil dessen zu erreichen, was ihnen der zweite Hauptsatz der Thermodynamik verheißt: ihren Untergang und die Auflösung der von ihnen herausgebildeten materiellen Strukturen.

Versuchen wir also noch einmal und konkret am Beispiel unseres Gehirns, diesen Prozess der Informationsverarbeitung in lebenden Systemen zu verstehen. Normalerweise, also im Ruhezustand, wenn man nichts denkt und nichts tut, verbraucht das Gehirn bereits zwanzig Prozent der vom Körper bereitgestellten Energiereserven. Sobald man beginnt, über etwas nachzudenken, ein Problem lösen zu wollen oder gar eine schwierige Entscheidung abzuwägen, steigt dieser Energieverbrauch rapide an. Das ist nicht nur problematisch für den ordnungsgemäßen Ablauf aller anderen, ebenfalls energieverbrauchenden Prozesse im Körper. Das führt im Gehirn auch dazu, dass dort oben eine ganze Reihe von Mechanismen in Gang gesetzt wird, um diesen rapide angestiegenen Energieverbrauch wieder zu drosseln. Die einfachste und beliebteste Lösung heißt »abwarten und hoffen«, dass dieser Zustand wieder vorbeigeht, dass sich das Problem irgendwann von allein erledigt hat oder von anderen erledigt wird. Dazu zählt auch alles, was die Psychologen als »Verdrängungs- und Ablenkungsversuche« bezeichnen. Oder man macht einfach das, was einem in dieser Situation einfällt, und je häufiger das so klappt, desto stärker wird das betreffende, dabei im Gehirn aktivierte Verschaltungsmuster gebahnt und gefestigt. Auf diese Weise entstehen Routinen und Automatismen, die ganz von allein in Gang kommen und kaum noch Energie verbrauchen. So lässt man es lieber weiter so laufen, wie es läuft, und braucht weder nachzudenken noch etwas zu entscheiden. Und wenn es schwieriger wird und es so nicht mehr so recht klappt, versucht man es noch intensiver auf die eingefahrene Weise nach dem Motto »noch mehr vom Alten«. Nachdenken, sich etwas bewusst machen und dann eine wohlüberlegte Entscheidung zu treffen, ist also definitiv nicht die Lieblingsbeschäftigung des Gehirns. Wegschauen, Abwarten, Abarbeiten und Verdrängen sind viel energiesparender.

Hauptsache, es herrscht wieder Ruhe im Hirn, also ein Zustand größtmöglicher Kohärenz, in dem alles, was dort passiert, optimal zusammenpasst und nichts mehr stört. Dann ist auch der Energieverbrauch des Gehirns am geringsten. Und wenn doch wieder etwas geschieht, das diese Harmonie im Hirn stört – was unvermeidlich ist, solange jemand noch lebendig ist und er mit anderen zusammenlebt, die auch nicht tot sind, die noch etwas wollen und deshalb Unruhe erzeugen –, muss man versuchen, diese Störung und die dadurch im Gehirn entstandene Inkohärenz wieder auszugleichen oder zu überwinden. Und das Spiel beginnt von vorn. Ungünstig ist allerdings, dass es sich bei der Mehrzahl der so eingeschlagenen Bewältigungsstrategien um eher kurzfristige Lösungen handelt: sich mit Alkohol oder anderen Drogen zu betäuben beispielsweise oder dem Störenfried eins auf die Birne zu hauen oder dem Konflikt aus dem Weg zu gehen. Dass die so erzeugte Kohärenz dann meist nur für kurze Zeit anhält, ist dem Gehirn egal. Deshalb verhalten sich auch so viele Menschen ziemlich kurzsichtig. Die Suche nach langfristigen und nachhaltigen Lösungen ist ihnen zu kompliziert. Nachdenken und vorausschauendes Planen verbraucht einfach zu viel Energie.

Damit sind wir beim Thema: Was für Informationen können einen Menschen dazu bringen, sich nicht mit solchen kurzfristigen Lösungen zufriedenzugeben und nach Alternativen zu suchen, die ein Problem langfristig aus der Welt schaffen? Auf so ein energetisch aufwendiges Unterfangen kann und wird sich jemand nur dann einlassen, wenn ihm etwas anderes deutlich und spürbar wichtiger ist als die schnelle Lösung. Das ist immer dann der Fall, wenn die betreffende Person ein Ziel verfolgt, das sie unbedingt erreichen will. Eine Beförderung beispielsweise oder den Abschluss einer Ausbildung. Unter diesen Umständen lässt sich das Gehirn dazu bewegen, die kurzfristig wirksame, energiesparende Handlung zugunsten des in Aussicht stehenden Erreichens dieses langfristigen Ziels zu unterdrücken. Das funktioniert und das kennt auch jeder, der jemals so ein fernes Ziel unter Inkaufnahme etlicher Unannehmlichkeiten verfolgt hat. Schwierig wird es allerdings dann, wenn diese Anstrengungen erfolgreich waren und das betreffende Ziel erreicht wurde. Dann wissen viele Leute wieder nicht mehr, wofür es sich nun noch anzustrengen lohnt, und fallen allzu leicht wieder zurück in ihre alten kurzfristigen Lösungen.

Vermeiden lässt sich das nur, wenn es einem Menschen gelingt, etwas in seinem Leben zu verfolgen, das ihm fortan als Orientierungshilfe für sein Handeln und damit auch für seine eigenen Entscheidungen dient. Allzu viele Möglichkeiten gibt es dafür allerdings nicht. Eine davon besteht darin, sich ein Bild davon zu machen, eine Vorstellung darüber zu entwickeln, wer man sein möchte. Etwas prosaischer lässt sich das, worum es sich bei diesem Selbstbild handelt, auch als die eigene Würde bezeichnen. Wer so etwas, also eine Vorstellung seiner eigenen Würde, herausgebildet hat, weiß dann auch, was er tun muss und wie er sich in schwierigen Situationen zu verhalten hat, damit er seine Würde nicht verletzt.

Eine zweite, ebenso nachhaltig wirksame, Orientierung bietende Vorstellung kann von all jenen Menschen herausgebildet werden, die sich nicht nur fragen, *wer* sie sein wollen, sondern die auch etwas finden, *wofür* sie leben wollen. Dabei geht es um nichts Geringeres als um die Sinngebung des eigenen Daseins. Wer weiß, wofür er lebt, lässt sich nicht durch kurzfristige Verlockungen von seinem Weg abbringen. Weder Werbestrategen noch Demagogen können mit solchen Personen etwas anfangen. Sie sind für deren »Informationen« immun.

Wie funktioniert die Verarbeitung von Informationen in menschlichen Gemeinschaften?

Oft werden menschliche Gemeinschaften mit den Vergesellschaftungsformen verglichen, die auch im Tierreich anzutreffen sind. Mit den Schwärmen beispielsweise, die Heuschrecken, Fische und Vögel bilden, oder mit den Rudeln und Herden, in denen Wölfe oder Büffel umherziehen. Besonders beliebt ist der Vergleich mit sozial organisierten Staaten von Bienen, Ameisen oder Nacktmullen. Aus diesen Vergleichen lassen sich dann scheinbar biologische Begründungen dafür ableiten, weshalb die von ihnen genutzten, den Zusammenhalt der Gemeinschaft gewährleistenden Signale und Botschaften auch für uns so wichtig sind. Auch wir setzen an alle Mitglieder verbreitete Informationen ein, um gemeinsames, zielgerichtetes Handeln zu ermöglichen. Dabei wird unterstellt, dass es auch in menschlichen Gemeinschaften so etwas wie »Schwarmintelligenz«, Leithammel und Königinnen geben muss und auch diese menschlichen Gesellschaften untergehen, wenn sie ihre Schwarmintelligenz einbüßen, das Leittier versagt oder die Königin stirbt. Auf den ersten Blick sind das einleuchtende Übertragungen, aber sie treffen nicht den Kern dessen, was eine menschliche Gemeinschaft ausmacht. Deren Ursprünge lassen sich erst dort finden, wo Formen des Zusammenlebens entstanden sind, in die sich jedes einzelne Mitglied mit seinem individuellen Können und Wissen einbringen konnte und in denen alle Mitglieder durch ein emotionales Band von Vertrautheit und Respekt miteinander verbunden waren. Die Fähigkeit, solche »individualisierten Gemeinschaften« herauszubilden, ist das Herausstellungsmerkmal der Primaten.

Wichtigstes Kennzeichen solcher Gemeinschaften ist eine Art des Umgangs miteinander, die jedem Mitglied größtmöglichen Raum für eigene Entwicklungen bietet und alle zur Entfaltung ihrer individuellen Talente und Begabungen einlädt, ermutigt und inspiriert. Es sind Gemeinschaften, deren Mitglieder sich als Subjekte erleben und einander als Subjekte begegnen. »Potentialentfaltungsgemeinschaft« ist die dafür wohl zutreffendste Bezeichnung. Von den Anthropologen werden sie als »individualisierte Gemeinschaften« bezeichnet. Entstanden sind sie auf der Entwicklungsstufe der Primaten. Wenn eine Affenhorde mit schmutzigen Kartoffeln gefüttert wird, findet irgendwann ein Mitglied dieser Gruppe (meist eine sehr erfahrene Äffin) heraus, dass sie besser schmecken, wenn sie vorher im Fluss oder im Meer gewaschen werden. Nach kurzer Zeit hat sich diese Info herumgesprochen und fortan frisst kein Affe aus dieser Gruppe jemals wieder dreckige Kartoffeln. So funktioniert das auch mit allen anderen Entdeckungen und Erfindungen, und wir Menschen haben diese Fähigkeit, das von Einzelnen erworbene Wissen und Können an andere Mitglieder unserer Gemeinschaften weitergeben zu können, im Lauf unserer Entwicklungsgeschichte über Jahrtausende und entsprechend viele Generationen hinweg immer weiter zur Entfaltung gebracht. Dafür brauchten wir ein zeitlebens lernfähiges Gehirn, und für dessen Herausbildung und Entfaltung bot diese Form des Zusammenlebens in individualisierten Gemeinschaften die günstigsten Voraussetzungen: Auf jede und jeden kommt es an, aber weiter geht es nur gemeinsam. Wenn ein Mitglied einer solchen Gemeinschaft etwas Neues, für alle anderen ebenfalls Brauchbares entdeckte, breitete sich diese Information in kurzer Zeit unter den Mitgliedern aus. Anschließend wurde sie auch an die jeweiligen Nachkommen weitergegeben. So verbreitete sich eine neue Kulturleistung nach der anderen. Hervorgebracht wurde sie jeweils von Einzelnen, aber umgesetzt, genutzt und überliefert wurde sie von allen Mitgliedern der betreffenden Gemeinschaft. Ohne diese besondere Fähigkeit zur horizontalen und vertikalen Weitergabe von Informationen säßen wir heute noch alle auf den Bäumen.

Freilich kann in einer solchen individualisierten Gemeinschaft ein Einzelner auch auf die Idee kommen, andere Mitglieder für seine Zwecke zu benutzen, sie also wie Objekte zur Verwirklichung seiner persönlichen Absichten und Ziele zu behandeln. Solange solche Einzelnen damit Erfolg haben, beginnen auch andere, diese Vorgehensweise gezielt einzusetzen und in Form von Informationen innerhalb der betreffenden Gemeinschaft an »Gleichgesinnte« weiterzugeben. So kann sich auch diese »Kulturleistung« bisweilen in der gesamten Gemeinschaft ausbreiten. Sie wird dann auch von den Kindern und Jugendlichen übernommen und führt dazu, dass auch sie diese fragwürdigen Informationen, »worauf es im Leben ankommt«, in ihren Peergroups verbreiten. Dann sind ständig zunehmende und auch immer schärfer zutage tretende Interessenkonflikte unvermeidbar und widersprüchliche »Informationen« bestimmen den Alltag der Menschen und das Geschehen in Politik und Wirtschaft in der betreffenden Gesellschaft.

Ganz leise, ohne Zwang, ja sogar mühelos und fast selbstverständlich haben sich die digitalen Geräte in unser Alltagsleben eingeschlichen. Kaum jemand sieht in dieser Entwicklung ein Problem. Fast schon breitet sich eine ähnlich große Begeisterung über die ungeahnten Möglichkeiten dieser technischen Innovation aus wie schon einmal zu Beginn der Industrialisierung, als die Dampfmaschinen, Verbrennungsmotoren und elektrischen Geräte Einzug in unser Alltagsleben hielten. Niemand hatte es damals geahnt, aber heute wissen wir, wie sehr diese Geräte und Maschinen unser Leben und unser Zusammenleben als Menschen bestimmt haben. Und wenn wir ehrlich sind, können wir uns jetzt auch eingestehen, wie sehr wir unser eigenes Selbstverständnis aus den Konstruktions- und Funktionsmechanismen dieser Maschinen abgeleitet haben: Die DNA ist unser Konstruktionsplan, der Körper funktioniert, nutzt sich ab und kann repariert werden wie eine Maschine. Der Einzelne ist ein Zahnrad im Getriebe der betrieblichen Abläufe, die von nicht weiter hinterfragbaren, sich zwangsläufig aus der Arbeitsweise der Maschinen ergebenden Vorgaben bestimmt werden. Es ist beeindruckend, wie sehr das damals im Maschinenzeitalter geprägte Denken auch heute noch in unseren Köpfen herumspukt.

Diese industrielle Transformation ist längst vorbei, jetzt erleben wir die digitale Transformation. Sie ersetzt nun aber nicht mehr die Arbeitskraft des Menschen, sondern seine kognitiven Fähigkeiten. Digitale Geräte können sich mehr merken als wir, sich besser räumlich orientieren als wir, schneller und vor allem langweiligen Kram viel besser lernen als wir. Digital gesteuerte Automaten und Roboter ermüden nicht, sie arbeiten akkurater, zuverlässiger und effizienter als wir. Sie brauchen keine Pausen, keinen Urlaub, keinen Schlaf. Sie sind uns in fast allen Fähigkeiten überlegen und werden deshalb künftig alle Tätigkeiten übernehmen, die als Algorithmus in sie einprogrammierbar sind. Selbst das Autofahren übernehmen sie und es juckt sie auch nicht, alten Leuten als Pflegeroboter den Hintern abzuwischen. Und natürlich lernen unsere digitalen Helfer sehr schnell und erinnern uns daran, was wir gern machen und was wir machen sollten, um möglichst lange gesund zu bleiben. Willkommen in der digitalen Welt des Informationszeitalters.

Die Digitalisierung eröffnet neue Horizonte für die Informationsverarbeitung. Aber wollen wir uns durch digitale Geräte, durch Roboter und Automaten ersetzen lassen? Wollen wir uns von digitalen Geräten vorschreiben lassen, was wir zu tun und zu lassen haben? Wollen wir uns auf Schritt und Tritt von ihnen überwachen lassen? Ist es das, was wir unter einer menschlicheren Zukunft verstehen? Längst schwirren unsere persönlichen Daten auf diversen Online-Plattformen herum und Computersysteme sind dabei, unser Verhalten, unsere Vorlieben und Abneigungen möglichst genau zu erfassen.

Von den Tieren unterscheiden wir uns durch unsere kognitiven Fähigkeiten. Von den Maschinen unterscheiden wir uns, wie wir bereits gesehen haben, durch ein menschliches Herausstellungsmerkmal, das in kein digitales Gerät, keinen Roboter und Automat programmiert werden kann. Interessanterweise waren es nicht die Psychologen oder Hirnforscher, auch nicht Seelsorger oder Pädagogen, sondern die Experten auf dem Gebiet der Entwicklung künstlicher Intelligenz, die das herausgefunden haben: Digitale Geräte haben keine Bedürfnisse. Deshalb können sie auch keine eigenen Vorstellungen davon herausbilden, wie ein solches inneres Bedürfnis gestillt werden könnte. Und weil sie dazu nicht in der Lage sind, können sie auch keinen eigenen Willen hervorbringen, um so eine Vorstellung dann auch umzusetzen.

Bisher waren wir froh, uns einigermaßen darauf geeinigt zu haben, wodurch wir uns von unseren nächsten tierischen Verwandten, den Menschenaffen, unterscheiden: durch unsere weitaus stärker als bei ihnen ausgeprägten kognitiven Fähigkeiten. Sie ermöglichen es uns, vorausschauend zu denken und bestimmte Vorstellungen herauszubilden, wie sich ein in uns spürbar werdendes Bedürfnis stillen lässt. Sobald so ein Bedürfnis wach wird, beginnen wir, darüber nachzudenken. Falls sich die ausgedachte Strategie auf Dauer dafür doch nicht eignet, erwacht das betreffende Bedürfnis erneut und zwingt uns, nach einer besseren Lösung zu suchen. So kann sich jeder Mensch eine neue Vorstellung nach der anderen zu eigen machen, bis er irgendwann zu der Erkenntnis gelangt, dass es zur Umsetzung dieses einen lebendigen Bedürfnisses doch immer wieder notwendig ist, ein anderes lebendiges Bedürfnis in sich selbst zu unterdrücken. Vielleicht öffnet sich dann der Blick und die betreffende Person beginnt zu verstehen, dass unsere Bedürfnisse aus unserer eigenen Lebendigkeit erwachsende Botschaften sind, die uns auffordern, dieses Lebendige in uns zu bewahren und ihm durch die Art und Weise, wie wir mit uns selbst und allem Lebendigen umgehen, Ausdruck zu verleihen. Dazu bedarf es keiner Informationen darüber, was alles in der Welt passiert.

Nun zeigt sich aber, dass sich in unseren Gehirnen die Vorstellung, alle Probleme dieser Welt ließen sich mit dem nackten Verstand lösen, zu fest eingegraben hat. Das war das Credo, mit dem das Zeitalter der Aufklärung seinen Siegeszug vor nun schon über dreihundert Jahren angetreten hatte. Die wissenschaftlich-technischen Errungenschaften, die durch den Einsatz des nackten Verstandes in diesem Zeitraum hervorgebracht wurden, sind so beeindruckend und so bestimmend für unser heutiges Leben geworden, dass es eine naheliegende Versuchung war, die kognitiven Fähigkeiten des Menschen in den Mittelpunkt unseres eigenen Selbstverständnisses zu stellen. Erst jetzt, angesichts der wachsenden Probleme auf der Welt, wird offenbar, dass wir mithilfe unseres nackten Verstandes nicht nur viele Probleme lösen, sondern auch sehr viele, bisher nicht da gewesene Probleme erzeugen können. Anstatt uns immer stärker mit allem Lebendigen zu verbinden, hat uns der Einsatz unserer kognitiven Fähigkeiten immer stärker von allem Lebendigen getrennt. Wir können inzwischen auf den Mond und womöglich bald auch auf den Mars fliegen und haben Computer erfunden, die viele unserer kognitiven Leistungen, sogar unsere Lernfähigkeit weit übertreffen. Aber wir schauen rat- und tatenlos zu, wie jeden Tag unvorstellbar viele Menschen verhungern, immer mehr Arten aussterben, Kriege angezettelt, Urwälder und Landschaften zerstört werden – das alles und noch viele andere lebensbedrohliche Entwicklungen verdanken wir dem Einsatz der kognitiven Fähigkeiten von Menschen.

Ja, es stimmt, und die Beweislast ist erdrückend: Menschen sind in der Lage, ihre kognitiven Fähigkeiten sehr gezielt zu benutzen, um sich selbst Vorteile zu verschaffen, sich gegen andere durchzusetzen, andere Menschen zu beherrschen oder zu verführen. Das gilt nicht nur für diejenigen, die sich auf diese Weise sehr viel Macht und Einfluss verschafft und ganze Imperien aufgebaut haben. Das machen fast alle so, sogar Ehepartner und Verwandte nutzen ihren Verstand, um sich mit gezielten Informationen oder Desinformationen gegenseitig zu lenken oder gar zu betrügen. Dazu müssen solche Menschen aber etwas gelernt haben, das der menschlichen Natur nicht entspricht, aber notwendig ist, um in einer Gesellschaft überleben zu können, in der Menschen sich gegenseitig wie Objekte behandeln und ihre seelischen Grundbedürfnisse nach Verbundenheit und Autonomie nicht gestillt werden. Deshalb lernen die meisten schon als Kinder, ihr ursprünglich untrennbar miteinander verbundenes Denken, Fühlen und Handeln doch voneinander abzutrennen. Heranwachsende machen in unserem Kulturkreis fast alle die Erfahrung, dass ihr ursprüngliches, authentisches und ganzheitliches Verhalten nicht immer gewünscht und wertgeschätzt wird. An Papas Hand in der Stadt an einem Bettler so vorbeigehen zu müssen, als sei er nicht da, dem Streit der Eltern zuschauen zu müssen, ohne etwas tun zu können, die Nachrichten mit schrecklichen Bildern und Szenen hilflos und emotional aufgewühlt mitzuverfolgen oder sich von anderen beschimpfen und beleidigen zu lassen, ohne emotional darauf zu reagieren, fällt jedem Kind anfangs noch sehr schwer. Es kann die damit einhergehende Inkohärenz in seinem Gehirn nur abstellen, indem es lernt, sein Mitgefühl und sein Bedürfnis nach Verbundenheit zu unterdrücken. Meist werden Kinder dabei durch die kognitiven Begründungen ihrer Bezugspersonen unterstützt, die ihnen erklären, weshalb das mit dem Bettler, mit dem elterlichen Streit, mit den Bildern im Fernsehen oder den Beschimpfungen auf dem Spielplatz ist, wie es ist. So schaffen es die meisten Heranwachsenden, diese ebenso schwierige wie fragwürdige Kulturleistung zu vollbringen und ihr Denken und Handeln von ihrem Fühlen abzutrennen. Jetzt können sie ihren nackten Verstand ohne störendes Mitgefühl oder schlechtes Gewissen zur Erlangung eigener Vorteile einsetzen. In einer vom Wettbewerb und Leistungsdruck bestimmten Lebenswelt kommen zudem diejenigen, die das besonders gut gelernt haben, besonders erfolgreich voran. Sie mussten so abgestumpft werden gegenüber emotional berührenden Informationen, um dazuzugehören, um in diese Gesellschaft zu passen und ihr Gehirn durch diese Anpassungsleistung in einen etwas kohärenteren Zustand zu versetzen.

Es gibt allerdings auch menschliche Gemeinschaften, in denen das Zusammenleben ihrer Mitglieder von Kooperation und Unterstützung, von gegenseitigem Verständnis, Wertschätzung und Mitgefühl bestimmt wird. Ursprüngliche menschliche Gemeinschaften hätten anders wohl kaum überleben können. Relativ lange erhalten hat sich diese Art des Zusammenlebens allerdings nur bei einigen nativen Stämmen außerhalb des Einflussbereichs der sogenannten Zivilisation. Untergegangen sind solche Gemeinschaften nicht nur deshalb, weil sie der technologischen, wirtschaftlichen und vor allem militärischen Überlegenheit ihrer Eroberer nicht gewachsen waren. Ihre Mitglieder hatten auch nicht gelernt, ihren Verstand so bedenkenlos und kaltblütig zur Durchsetzung eigener Interessen einzusetzen.

Begonnen hat der Siegeszug dieser von ihren Emotionen Abgespaltenen vor etwa zehntausend Jahren mit der Sesshaftwerdung. Aus umherziehenden Jägern und Sammlern wurden damals Ackerbauern und Viehzüchter, die ursprünglichen individualisierten Gemeinschaften verwandelten sich in immer größer werdende Siedlungen. In denen brauchten sie ein kohärenzstiftendes Ordnungssystem, und am geeignetsten erwies sich hierfür die Hierarchie. Ein Anführer bestimmte, was zu geschehen hatte, und seine Informationen wurden in Form von Befehlen und Anordnungen nach unten durchgereicht. Die Untergebenen wurden zu Anweisungen empfangenden und ausführenden Objekten gemacht. Sie konnten nur noch versuchen, auf der Stufenleiter dieser Hierarchie weiter nach oben zu kommen, aufzusteigen, um selbst wieder etwas mehr über andere bestimmen zu können. Am besten gelang das immer dann, wenn sie neue Ideen einbringen, mit Verbesserungen, Erfindungen oder Entdeckungen auf sich aufmerksam machen konnten. So entstand ein immenses und sich ständig beschleunigendes Wachstum des in solchen hierarchisch geordneten Gesellschaften hervorgebrachten und genutzten Wissens und Könnens. Die in diesem Wettbewerb besonders erfolgreichen Gemeinschaften vergrößerten ihren Einfluss, ihren Reichtum und ihre Macht. Wer nicht mithalten konnte, wurde unterworfen, und wer nicht mitmachen wollte, wurde dazu gezwungen. Kriege wurden geführt, manche Imperien stiegen auf, andere gingen unter. Die hierarchischen Ordnungsstrukturen breiteten sich in alle Bereiche der Gesellschaft aus, und wer aufsteigen wollte, musste sich überall anstrengen, etwas leisten und sich gegenüber anderen durchsetzen. So wurden ständig neue und immer mehr Erfindungen und Entdeckungen gemacht. Die Lebenswelt der Menschen begann, sich immer rascher zu verändern, wurde immer komplexer. Und infolgedessen erwiesen sich die alten kohärenzstiftenden hierarchischen Ordnungsstrukturen als zunehmend ungeeigneter, um das Zusammenleben der Menschen wie bisher zu organisieren.

Nach zehntausend von hierarchischen Ordnungsstrukturen geprägten Jahren, also etwa in unserer gegenwärtigen Epoche, war dieses bis dahin so erfolgreiche Modell an seine von ihm selbst erzeugten und immer deutlicher zutage tretenden Grenzen gestoßen. Weder ließ sich die Macht alter und neuer Herrscher durch die Verbreitung von Informationen sichern, die in Form von Befehlen und Anordnungen bisher so erfolgreich zur Unterdrückung der Menschen eingesetzt worden waren. Noch gelang es, die Menschen durch die Verbreitung von Informationen dauerhaft so verlässlich zu verführen, wie es notwendig gewesen wäre, um die eigene Macht durch eine verängstigte und unmündig gewordene Anhängerschaft zu sichern. Es war eine globalisierte und digitalisierte Welt entstanden, in der alles, was dort geschah, nicht nur voneinander abhängig war, sondern auch durch den ständigen Austausch von Informationen für alle sichtbar gemacht wurde. Wie die Einzeller damals, als die ersten vielzelligen Organismen entstanden, mussten jetzt auch die bisher in viele unterschiedliche Einzelgruppen aufgespaltenen Menschen lernen, zu einer globalen Gemeinschaft zusammenzuwachsen. Und wie bei den Einzellern verlief dieser Prozess nicht reibungslos und auch nicht geplant, sondern selbst organisiert, durch Versuch und Irrtum, mit entsprechenden Rückschlägen und Verirrungen.

Aber immerhin, es gibt inzwischen schon ein weltumspannendes Versorgungssystem, das ähnlich wie das Blutkreislaufsystem eines Vielzellers Rohstoffe, Zwischenprodukte und Waren an Menschen überall auf dem Globus zu verbreiten imstande ist.

Und es gibt nun auch ein weltumspannendes Informationssystem, das ähnlich wie ein Nervensystem genutzt werden kann, um die in einzelnen Bereichen dieses großen Menschheitsorganismus ablaufenden Prozesse und Aktivitäten zu koordinieren. Jetzt stellt sich die Frage, wie wir dieses globale Informationssystem nutzen können, um zu einem Menschheitsorganismus zusammenzuwachsen. Indem ein Teilorgan dieses Organismus allen anderen vorschreibt, was sie zu tun und zu lassen haben, geht es sicher nicht.

2.3 Rückbesinnung auf das, was uns verwirrt und in eine Informationsflut geführt hat

Wir glauben, es gäbe in unseren Gehirnen einen fortwährenden Kampf zwischen dem, was wir als unseren Verstand, unsere Ratio, unsere kognitiven Fähigkeiten bezeichnen, und dem, was wir unsere Empfindungen, Gefühle und Emotionen nennen. Und die Hirnforscher haben diese Vorstellung noch verstärkt, weil sie nachweisen konnten, dass kognitive Leistungen mit einer stärkeren Aktivierung der linken Hemisphäre einhergehen, ganzheitliche und mit Empfindungen verwobene Aktivitäten stärker im Cortex der rechten Hirnhälfte generiert werden. Was dabei leicht vergessen wird, ist der Umstand, dass diese beiden Hirnhälften untrennbar miteinander verbunden sind. »Corpus Callosum« oder »Balken« heißt diese Leitung, über die alles, was rechts passiert, mit dem abgeglichen wird, was links passiert, und umgekehrt. Wir können also nichts denken, was nicht auch mit einem Gefühl verbunden ist. Und wenn eine bestimmte Empfindung in uns wach wird, fangen wir immer auch an, darüber nachzudenken, was sie uns sagen will und was wir tun müssten, um diesem Gefühl gerecht zu werden. Wenn wir »mit dem nackten Verstand« an einem bestimmten Problem arbeiten, gibt es immer auch einen Impuls von der rechten Hirnhälfte, der uns darauf aufmerksam macht, dass dieses spezielle Problem in einem größeren, ganzheitlichen Kontext eingebettet ist. Der Balken sollte also möglichst dick sein, damit dieser ständige Austausch zwischen den beiden Hirnhälften auch optimal funktioniert. Und es sollten auch beide Formen der Informationsverarbeitung im Gehirn, die rationale, kognitive Suche nach geeigneten Lösungen wie auch die ganzheitliche, empfindsame Suche nach geeigneten Lösungen, gleichermaßen gut herausgebildet sein.

Da sich unser plastisches, zeitlebens lernfähiges Gehirn aber erst durch die Erfahrungen strukturiert, die wir auf der Suche nach Kohärenz erzeugenden Lösungen machen, ist es nicht verwunderlich, dass es Menschen gibt, bei denen der Vernetzungsgrad der Nervenzellen des Cortex der linken Gehirnhälfte erheblich besser ausgeprägt ist als rechtsseitig. Und der Balken ist dann auch erkennbar dünner. Es gibt Personen, deren Hirnstruktur sich besonders deutlich dieser erfolgreich eingesetzten, rationalen Arbeitsweise angepasst hat. Dabei handelte es sich häufiger um Männer. Sie hatten weniger dichte Nervenzellvernetzungen rechts und einen dünneren Balken. Wir verwenden hier die Vergangenheitsform, weil die Untersuchungen dazu noch aus dem vergangenen Jahrhundert stammen. Es wäre keine Überraschung, wenn sich diese Schieflage aufgrund der wachsenden Bedeutung, die vor allem die kognitiven Fähigkeiten in den letzten Jahrzehnten erlangt haben, nicht nur weiter verstärkt hat und es inzwischen auch bei immer mehr Frauen zu einer ähnlichen Verringerung des Vernetzungsgrades im rechten Cortex und der Dicke des Balkens gekommen ist. Mit einer solchen strukturellen Anpassung des Gehirns wird es leichter, einzelne Probleme und Aufgaben losgelöst vom ganzheitlichen Kontext und abgetrennt von eigenen inneren Empfindungen und seelischen Bedürfnissen abzuarbeiten.

Was macht uns mit unseren Gehirnen so leicht verführbar?

Mit unserem plastischen, zeitlebens formbaren Gehirn müssen wir erst lernen, all die vielen unterschiedlichen Probleme, die sich im Verlauf unseres Lebens immer wieder auftun, so zu lösen, dass wir nicht daran zerbrechen. »Zerbrechen« ist allerdings nicht ganz die richtige Bezeichnung für das, was mit uns geschieht, wenn wir außerstande sind, unser Gehirn immer wieder in einen Zustand zu bringen, in dem alles, was dort oben zwischen den Nervenzellen abläuft, einigermaßen zusammenpasst. Idealerweise sollte also das, was um uns herum geschieht, möglichst gut zu den Erwartungen passen, mit denen wir herumlaufen und uns in der Welt zurechtzufinden versuchen. Wir sollten die Informationen, die auf uns hereinprasseln, gut einordnen, verstehen und nutzen können. Es dürfte auch nichts mehr geben, das uns andauernd belastet und unzufrieden macht, und wir sollten uns mit anderen Menschen gut verstehen und nicht ständig das Gefühl haben, missverstanden, abgewertet und ausgegrenzt zu werden.

Diesen von uns unablässig angestrebten Zustand versucht auch unser Gehirn, immer wieder zu erreichen. Es hört sich sonderbar an, dass »unser Gehirn das will«, aber tatsächlich gibt es etwas, das jedes Gehirn dazu bringt, die Beziehungen der Nervenzellen und der verschiedenen Bereiche so zu organisieren, dass dort oben alles möglichst gut zusammenpasst, möglichst kohärent ist, und das Gehirn nur wenig Energie verbrauchen muss Und nur solange es gelingt, diesen zur Aufrechterhaltung seiner Strukturen und Funktionen erforderlichen Energieaufwand so gering wie möglich zu halten, lässt sich das vermeiden, was aufgrund des bereits erwähnten zweiten Hauptsatzes der Thermodynamik normalerweise unumgänglich ist: das Zerbrechen oder besser: der Zerfall. Wenn es die Nervenzellen im Gehirn nicht mehr schaffen, den zu Aufrechterhaltung ihrer Strukturen und Funktionen erforderlichen Energiebedarf zu decken, zerfällt das ganze Gebilde, das wir unseren Körper oder unser Gehirn nennen, und die in seinen materiellen Bestandteilen enthaltene Energie verteilt sich wieder gleichmäßig im Universum. Solange wir lebendig sind, ist die Arbeitsweise des Gehirns deshalb darauf ausgerichtet, Energie zu sparen. Es »will« das nicht, es muss das so machen, weil es das im zweiten Hauptsatz der Thermodynamik formulierte Grundprinzip erforderlich macht. Schafft es das nicht, ist es aus mit all der Denkerei und den vielen guten Ideen und auch mit dem Informationsbedarf.

Allerdings geht es mit diesem Zerfall nicht ganz so schnell. Denn wenn es im Hirn wieder einmal allzu inkohärent zugeht, die Nervenzellen zu sehr durcheinanderfeuern und zu viel Energie verbrauchen, geht es uns erst einmal nicht gut. Wir fühlen uns nicht wohl in unserer Haut, sind unsicher und ratlos, ziehen uns zurück und werden vielleicht auch erst einmal krank. So gewinnen wir Zeit, nach einer Lösung für das aufgetretene Problem zu suchen. Manche nutzen die dann, um sich besser über das zu informieren, was sie bedrückt und aus dem Gleichgewicht geworfen hat. Wenn sie in den vielen Ratgebern dann einen Vorschlag finden, was ihnen helfen könnte, versuchen sie, den zu befolgen. Allein dadurch kommt dann zwangsläufig schon wieder etwas mehr Ordnung in das im Hirn entstandene Durcheinander. Manche rappeln sich auch einfach wieder auf und versuchen, ihre verloren gegangene Kohärenz wiederzuerlangen, indem sie ihre bisher verfolgten alten Denkmuster nun noch vehementer und konsequenter als bisher einsetzen, um das entstandene Problem zu lösen. Ganz nach dem Motto: »Noch mehr vom Alten«. Auch das kann eine Zeit lang funktionieren. Viele haben gelernt und als Lösung in ihrem Gehirn verankert, dass »abwarten und Tee trinken« oder »den Kopf in den Sand stecken« ganz gut hilft. Sie versuchen sich abzulenken, gehen einkaufen, fahren in Urlaub, besuchen ein Konzert oder melden sich für einen Gesundheits-, Meditations- oder Kochkurs an. Die dafür erforderlichen Informationen werden ihnen ja überall angeboten. Auch wenn das Gehirn einfach nur mit etwas anderem als mit der Lösung des tatsächlich anstehenden Problems beschäftigt wird, entsteht dort oben wieder eine gewisse Ordnung. Nicht allzu lange, aber das belastende Problem, die Inkohärenz und der zu hohe Energieverbrauch sind dann erst einmal weg und das Leben ist etwas besser auszuhalten.

Weshalb verwickeln wir uns auf der Suche nach dem Glück?

Jetzt wird auch verständlich, weshalb wir ständig von einem glücklichen Leben träumen, in dem wir alles haben, was wir zur Stillung unserer Bedürfnisse brauchen. In Gedanken stellen wir uns vor, wie diese Welt aussehen könnte, und nennen sie dann Paradies oder Himmelreich. Manche würden auch gern in einem Schlaraffenland leben, wo all ihre Bedürfnisse ständig gestillt werden, wo ihnen die gebratenen Tauben direkt in den Mund fliegen. Deshalb haben wir alle so ein großes Interesse an Informationen, die uns verheißen, was uns nun endlich und möglichst für immer glücklich macht.

Oft reicht allein schon die frohe Botschaft, dass das Erhoffte bald eintritt, um uns in gute Stimmung zu bringen. Allein die Vorstellung, dass es in greifbare Nähe rückt, kann das Gehirn in einen kohärenteren Zustand versetzen. Vom Glück zu träumen, macht uns schon fast genauso glücklich, wie es tatsächlich zu erleben. Sich in Gedanken eine Lösung vorzustellen, ist oft sogar beglückender als deren praktische Umsetzung, die sich meist als nicht ganz so einfach erweist. Deshalb haben Informationen darüber, was uns glücklich machen könnte, so eine große Anziehungskraft. Von diesem Effekt leben ganze Branchen.

Die Fitnessindustrie zum Beispiel. Mehr als zehn Millionen Menschen in Deutschland waren vor der Corona-Pandemie Mitglied in einem Fitnessclub.[24] Aber nur rund die Hälfte der

---

24 Statista: »Anzahl der Mitglieder der Fitnessstudios in Deutschland von 2003 bis 2021«, 2022, de.statista.com/statistik/daten/studie/5966/umfrage/mitglieder-der-deutschen-fitnessclubs/

Mitglieder trainiert mehrmals im Monat, nur rund ein Fünftel mehrmals wöchentlich in ihrem Fitnessstudio.[25] Was machen die anderen? Die sind gut informiert über alles, was dort läuft und freuen sich, dass sie zu denen gehören, die etwas für ihre Fitness tun und Mitglied im Fitnessclub sind. Ihre Kondition, ihr Gewicht oder ihre physische Gesundheit verändern sich durch diese Art des vorgestellten Workouts allerdings nicht. Aber es fühlt sich schon recht gut an.

Dasselbe gilt für andere Bereiche des Hobbysports: Wollte man die Anzahl der gekauften Fitness-, Sport- und Outdoorgeräte schätzen, die ungenutzt in Schränken, Kellern und Garagen liegen, es wären wohl Millionen. Und ihre Besitzer erfreuen sich an der Vorstellung, dass sie Bergsteiger sind, weil sie die Ausrüstung im Keller haben und die Dokumentation über die Besteigung des K2 angeschaut haben. Sie tauschen Informationen mit anderen virtuellen oder tatsächlichen Kletterern aus, werden Teil einer Community und schon bald kaufen sie die noch bessere und noch teurere Ausrüstung, buchen den Kletterurlaub oder bestellen das reich illustrierte Buch über ihr neues Hobby.

Mit der Verbreitung derartiger Verheißungsinformationen lässt sich aber nicht nur sehr viel Geld verdienen. Ohne zu ahnen, was dabei in den Gehirnen ihrer Empfänger passiert, nutzen auch all jene Menschen diese Strategie, denen es um die Erlangung und Sicherung von Macht und Einfluss oder auch nur um persönliche Anerkennung und Bewunderung geht. Wer eine Botschaft verbreitet, von der sich viele Menschen angezogen fühlen, weil sie sich die Stillung ihrer jeweiligen Bedürfnisse davon erhoffen, wird auch immer genügend Anhänger seiner Glücksversprechen, seiner Ideologien und seiner Propaganda finden.

25 Lingk, D.: »So viel Geld vergeuden Deutsche im Fitnessstudio«, www.fitforfun.de/sport/fitness-studio/fitnesscenter-so-viel-geld-vergeuden-deutsche-im-fitnessstudio-219221.html

So wurden Kriege vorbereitet und Herrschaftssysteme gesichert, Hexen verbrannt, »Ungläubige«, Fremde und Andersdenkende verjagt und ermordet. Die heute überschaubare Menschheitsgeschichte ist eine Aneinanderreihung derartiger Verbrechen gegen die Menschlichkeit. Und je effizienter die Informationstechnologien wurden, mit deren Hilfe die jeweiligen Machthaber ihre Heilsversprechen verbreiten konnten, desto leichter ließen sich immer größer werdende Menschenmassen durch die Verbreitung solcher Versprechen einer glücklichen Zukunft verführen.

Aber all diese Verheißungen sind und bleiben doch immer nur nackte Vorstellungen, so bunt und attraktiv ihre jeweiligen Verbreiter sie auch an- und auszukleiden versuchen. Ob eine Vorstellung zutreffend ist oder nicht, entscheidet eben nicht die Theorie, sondern die Praxis. Wenn ein Versprechen sich im realen Leben nicht erfüllt, wenn Menschen nicht erleben, dass ihre Hoffnungen und Sehnsüchte tatsächlich wahr werden, verlieren selbst die verheißungsvollsten Vorstellungen ihre Anziehungskraft. Dann nützt auch die beste Kommunikationsstrategie nichts mehr. Das mussten schon die römischen Kaiser erfahren, das erleben auch die Kirchenfürsten seit dem Mittelalter ebenso wie die profaneren Propheten und Verkünder einer besseren Welt. Sie alle sind mit ihren Vorstellungen und Ideologien gescheitert. Wenn es sie noch gibt, verwalten sie nur noch die Überreste ihrer einstigen Reiche. Der zweite Hauptsatz der Thermodynamik lässt grüßen.

Was führt uns bei der Suche nach Lösung in Sackgassen?

Schneller, als es uns lieb ist, holt uns das reale Leben aus all diesen Vorstellungen, wie ein völlig kohärenter Zustand für uns zu erreichen sei, immer wieder auf den Boden der Tatsachen zurück.

So richtig paradiesisch passt in unserem Gehirn erst dann alles zusammen, wenn wir gestorben sind. Dann sinkt auch der Energieverbrauch zur Aufrechterhaltung seiner Struktur und Funktion auf null. Aber solange wir noch am Leben sind, gibt es immer irgendetwas, das uns stört und das Gehirn oder einzelne Bereiche davon in einen inkohärenten Zustand versetzt. Dann haben wir ein Problem, und das müssen wir irgendwie lösen. Sonst geschieht das, was der zweiten Hauptsatz der Thermodynamik beschreibt.

Sobald es gelingt, so eine Lösung zu finden, hört das Durcheinander im Kopf auf. Der inkohärent gewordene Zustand, in dem die Nervenzellen nicht mehr in geordneten Erregungsmustern aktiviert werden, in dem dann nichts mehr so recht zusammenpasst und viel Energie verbraucht wird, beginnt sich wieder zu ordnen. Damit einhergehend kommt es zur Aktivierung von Nervenzellenverschaltungen in dem Bereich des Gehirns, den die Hirnforscher »Belohnungszentrum« nennen. An den Enden der Fortsätze dieser Nervenzellen werden dann Botenstoffe ausgeschüttet, die zu einer verstärkten Bildung und Freisetzung von hormonartigen Wirkstoffen, sogenannten Wachstumsfaktoren, führen. Die stimulieren das Auswachsen von Fortsätzen und die Neubildung und Festigung von Kontakten (Synapsen) der Nervenzellen, die im Gehirn aktiviert worden sind und so zur Lösung des betreffenden Problems beigetragen haben. Dadurch werden diese Verknüpfungen ausgebaut und gefestigt. Und deshalb klappt die betreffende Lösung dann beim nächsten Mal schon deutlich besser. »Bahnung« nennen die Hirnforscher diese strukturelle Verankerung von erfolgreichen Lösungen im Gehirn. Aus anfangs noch dünnen und fragilen »Nervenwegen« werden dadurch zunehmend besser ausgebaute, rascher aktivierbare und effektiver nutzbare »Nervenstraßen«, bisweilen sogar Autobahnen.

Leider erweisen sich nicht alle Lösungen, die ein Mensch als Kind, als Jugendlicher oder als Erwachsener findet und die auf diese Weise in seinem Gehirn strukturell verankert werden, auch langfristig als tragfähig und auch noch später im Leben als geeignet, um diesen Zustand von Kohärenz wiederherzustellen und aufrechtzuerhalten. Wer beispielsweise irgendwann in seinem Leben die Erfahrung gemacht hat, dass es ihm vor allem deshalb immer wieder gelungen ist, gefährlichen Situationen zu entgehen, weil er so überaus wachsam und vorsichtig war, versucht dann oft auch für den Rest seines Lebens, ein Höchstmaß an Wachsamkeit und Vorsicht walten zu lassen. Andere haben vielleicht die Erfahrung gemacht, dass es ihnen sehr geholfen hat, angesichts von Bedrohungen und Gefahren alles im Griff zu behalten und bloß nicht die Kontrolle zu verlieren. Das ist eine sehr hilfreiche Vorstellung, und um sie möglichst kompetent einsetzen zu können, versuchen solche Personen dann ja auch, sich möglichst viele Informationen zu verschaffen, sich möglichst viel Wissen und Können anzueignen. Es gibt auch Menschen, die immer dann, wenn irgendetwas schwierig oder gar bedrohlich wurde, jemanden an ihrer Seite hatten, der ihnen sagte, was zu tun war, der ihnen zeigte, wie es geht, und ihnen half, alle möglichen Probleme (und die damit im Gehirn entstehenden Inkohärenzen) aus der Welt zu schaffen. Das ist sehr bequem und energiesparend, funktioniert aber überhaupt nicht mehr, wenn diese bisherigen Unterstützer später einmal nicht mehr zur Verfügung stehen. Dann neigen solche Personen sehr leicht dazu, sich jemanden zu suchen oder sich jemandem anzuschließen, der ihnen geeignet erscheint, ihnen durch die Widrigkeiten ihres Lebens hindurchzuhelfen, für sie zu sorgen, sie zu beraten und zu beschützen. Diese Bedürftigkeit macht sie besonders anfällig für alle Heilsversprecher, Lebensberater und selbst ernannten oder von ihnen gewählten Leithammel.

Betrachten wir ein praktisches Beispiel, um das zu verdeutlichen: Der Nachbar hat es nicht leicht gehabt als Kind. Ein prügelnder Vater, eine Mutter mit Suchtproblemen. Sie haben ihm einen dicken Sack voller Schwierigkeiten und Probleme aufgeladen, für die er damals nur notdürftige Lösungen finden konnte. Aber er hat es überlebt und ausgehalten, dabei wurden diese Lösungen in Form der dabei aktivierten Nervenzellenverschaltungen fest in seinem Gehirn verankert. Später im Leben führen sie zum Scheitern von Beziehungen, zu Schwierigkeiten im Beruf und zu Konflikten im sozialen Umfeld. Er ist geübt darin, sich kleinzumachen, am liebsten unsichtbar, wann immer es schwierig wird. Die anderen werden ihm nicht helfen, hat er gelernt. Er geht allen Konflikten weiträumig aus dem Weg. Seine Kollegen im Betrieb fühlen sich in seiner Gegenwart nicht wohl. Die zunehmenden Schwierigkeiten an der Arbeit behält er für sich, teilt seine Sorgen nicht mit seiner Partnerin. Diese wiederum spürt die Distanz, bemerkt, wie die Beziehung auseinanderzudriften droht. Und sie wird wütend darüber, was in ihm nur bewirkt, dass er sich noch weiter zurückzieht, sich unsichtbar macht angesichts ihrer Vorhaltungen.

Viele Menschen scheitern an diesem Punkt, geben auf, brauchen psychiatrische Behandlungen oder verbringen den Rest ihres Lebens leidend unter dem Joch ihrer während der Kindheit gefundenen, aber inzwischen immer hinderlicher gewordenen Lösungen. Andere suchen ihr Heil in der Selbsttherapie und manche finden es auch. Mit bewundernswerter Beharrlichkeit, mit großem Mut und Fleiß eignen sie sich Kenntnisse über Traumabewältigung an, besuchen Selbsthilfegruppen, informieren sich und sind irgendwann so tief im Thema, dass sie selbst Kurse anbieten, um anderen helfen zu können. Wie der Baron Münchhausen haben sie sich selbst aus dem Sumpf ihrer alten und krank machenden Lösungsmuster herausgezogen und sie durch neue und besser geeignete ersetzt. Bei manchen führt aber auch diese neue Lösung zu einer weiteren Verwicklung: Sie haben sich mit dem Trauma und dessen Bewältigung so intensiv beschäftigt, dass ihre Lösung zur Traumabewältigung und das viele dazu angeeignete Wissen nun zu einem wesentlichen Teil ihres Selbstverständnisses, ihrer Identität geworden sind.

Seelische Verletzungen gibt es inzwischen immer häufiger, die enormen, von der WHO in den letzten drei Jahrzehnten registrierten Anstiege psychischer Erkrankungen machen das überdeutlich. Die Praxen der Therapeuten sind voll von Menschen, die ihr Leben lang mit einer solchen Traumatisierung und ihren Folgen umzugehen versuchen. Und auch hier gilt leider: Auf der verzweifelten Suche nach einer Lösung geraten manche in die Hände von »Helfern«, die trefflich daran verdienen, oft nicht ganz so treffliche Lösungen anzubieten. Der Rubel rollt polternd und klimpernd quer durch unsere menschlichen Problemlandschaften und hinterlässt tiefe Spuren.

Wie verwickeln wir uns auf der Suche nach Entscheidungen?

Auf diese »menschlichen Problemlandschaften« mit ihren tiefen Spuren stoßen wir nicht nur dort, wo es um unsere Gesundheit oder den Plastikmüll geht. Wir finden sie überall. In unserer Wirtschaft, unserem Bildungssystem ebenso wie in Städten, Gemeinden und Familien. Nirgendwo sind diese Problemlandschaften von allein entstanden. Überall waren es Menschen, die bestimmte Entscheidungen getroffen und anschließend umgesetzt haben, um auf diese Weise ein Problem zu lösen oder ein Ziel zu erreichen, manchmal auch, um einen Traum zu verwirklichen. Aus ihrer jeweiligen Sicht war es damals in der betreffenden Situation die einzig richtige und mögliche Entscheidung. Deren Folgen und Auswirkungen konnten sie meist nicht überschauen. Eventuell dadurch ausgelöste Schäden und Gefahren mussten sie sogar ausblenden. Sonst hätten sie ihre Entscheidung in dieser Weise gar nicht treffen können. Oft stehen die Entscheider auch vor Problemen, die durch vorangegangene Entscheidungen anderer so ineinander verflochten und voneinander abhängig geworden sind, dass sie sich nur noch entscheiden können, es »alternativlos« so weiterlaufen zu lassen, also gar keine eigene Entscheidung zu treffen. Vor allem politische Entscheider geraten durch die mediale Verbreitung von Informationen über die Folgen ihrer Entscheidungsunfähigkeit schnell unter massiven Druck. Sie suchen deshalb nach »Experten«, die sich auf dem betreffenden Gebiet besser auskennen als sie. Indem sie sich auf deren objektive wissenschaftliche Befunde, Analysen und Prognosen berufen, brauchen sie selbst nichts zu entscheiden. Die objektive Faktenlage hat entschieden, was zu tun ist.

Auf den ersten Blick empfinden die meisten Menschen dieses Vorgehen als äußerst umsichtig und korrekt. Es entspricht ihrer eigenen Vorgehensweise, wenn es darum geht, eine Entscheidung zu treffen. Je verlässlicher die Informationen sind, die ihnen zur Verfügung stehen und auf deren Grundlage sie sich für oder gegen etwas entscheiden, desto richtiger und zielführender wird ihre Entscheidung, denken sie.

Und es stimmt ja auch. Jedenfalls dann, wenn es darum geht, sich für den Kauf eines bestimmten Kühlschranks, Heizungssystems, Regenmantels oder Nahrungsmittels zu entscheiden. Und das sind die häufigsten Entscheidungen, die Menschen im Alltagsleben treffen. Gut beraten sind und optimal entscheiden können sich all jene, die sich vorher möglichst gut über die Vorteile und Nachteile, die Kosten-Nutzen-Bilanz, das Preis-Leistungs-Verhältnis informiert haben. Früher gab es dafür Prospekte und Kundenberatungen, Fachzeitschriften mit entsprechenden Bewertungen und Benotungen durch Experten und Fachberater. Das war schon eine Menge Information.

Heute informieren sich die meisten Menschen, bevor sie sich für oder gegen etwas entscheiden, im Internet. Auch das ist eine gute Strategie, denn mithilfe digitaler Medien lassen sich in kürzester Zeit alle Informationen zu einem bestimmten Produkt, Sachverhalt oder Konsumangebot zusammenführen, auswerten und als Entscheidungshilfe nutzen. Die digitalen Programme können anhand der von einem Nutzer erstellten Anfragen- und Nutzungsprofile auch dessen Vorlieben und Interessen ermitteln und in die Kalkulation für einen Entscheidungsvorschlag einbeziehen. Je vollständiger all diese Informationen zur Verfügung stehen, desto zuverlässiger und eindeutiger wird der von diesen digitalen Medien dem betreffenden Nutzer angebotene Entscheidungsvorschlag. Er ist objektiver, als es ein lebendiger Berater oder gar der betreffende Nutzer jemals sein kann, denn er beruht auf einer um Dimensionen größeren Datengrundlage. Er ist nackte Kalkulation, völlig unverfälscht durch subjektive Faktoren, der absolute Traum für alle, die gern richtige Entscheidungen treffen wollen.

Es gibt dabei nur einen Wermutstropfen, dessen Bitterkeit auch die von ihren objektiven wissenschaftlichen Experten perfekt beratenen politischen Entscheider zu verdauen haben: Wer über alles so genau Bescheid weiß, braucht sich nicht mehr zu entscheiden. Und wenn er es wollte, so könnte er es angesichts der ihm zur Verfügung stehenden Informationen auch gar nicht mehr. Die vom Rechner kalkulierte objektive Datenlage hat längst entschieden, was zu entscheiden war. Damit öffnet sich nun eine für viele Zeitgenossen auf den ersten Blick etwas verwunderliche Erkenntnis. Sie ist so banal, dass sie längst im Volksmund mit gesundem Menschenverstand verankert ist: Wer von Tuten und Blasen keine Ahnung hat, sollte sich möglichst gut informieren, bevor er eine Entscheidung trifft. Aber, und diese Erkenntnis verdanken wir der digitalen Revolution: Wer perfekt informiert ist, braucht gar keine eigenen Entscheidungen mehr zu treffen. Es sei denn, sie oder er fasst den Entschluss, die objektive Datenlage zu ignorieren.

Jetzt wird das Ausmaß an Verwicklungen verständlich, in das so viele Menschen geraten, wenn sie eine Entscheidung zu treffen versuchen. Je mehr Informationen sie sich über das zu Entscheidende beschaffen, desto schwerer fällt es ihnen, sich für oder gegen etwas zu entscheiden. Sie hoffen, durch noch mehr und noch zuverlässigere Informationen endlich doch noch einen Zustand zu erreichen, von dem aus endlich eine klare Entscheidung von ihnen getroffen werden kann. So geraten sie immer tiefer in die Nähe eines nach immer mehr und immer besseren Informationen suchenden Informationsjunkies. Solange es nur darum geht, sich für oder gegen ein bestimmtes Produkt, ein Angebot oder eine in Anspruch zu nehmende Dienstleistung zu entscheiden, hält sich der durch diese Strategie auch für sie selbst entstehende Schaden in Grenzen. Es kostet sie nur sehr viel Zeit. Das sich nach all diesen Kalkulationen und der Anschaffung des betreffenden Produkts einstellende Kohärenzgefühl ist meist auch nur von kurzer Dauer. Zu schnell wird diese Entscheidung durch später eingehende Informationen doch wieder infrage gestellt.

Glücklicherweise gibt es aber im Leben eines jeden Menschen auch solche Situationen, die eine Entscheidung von ihm verlangen, die sich nicht mithilfe von möglichst vielen Informationen und den sie bereitstellenden digitalen Technologien treffen lassen.

Möchte ich mit diesem Partner/dieser Partnerin mein Leben teilen? Welchen Beruf soll ich ergreifen? Möchte ich Kinder bekommen und ins Leben begleiten? Was für Freunde möchte ich haben? Worum würde ich mich gern kümmern? Wofür will ich das mir geschenkte Leben einsetzen? Was brauche ich, um glücklich zu sein? All das sind Fragen, die kein digitales Gerät beantworten kann und über die niemand auf der Grundlage der von ihm gesammelten Informationen eine Entscheidung zu treffen imstande ist. Hier geht es nämlich nicht um objektive Daten, sondern um subjektive Bedürfnisse, Empfindungen, Wünsche und Sehnsüchte. Bisweilen ist es auch so etwas wie ein innerer Ruf, den die betreffende Person in sich spürt, den aber nur sie und niemand sonst, erst recht kein digitales Gerät, jemals zu hören vermag. Genau das ist es, was uns als lebendige Wesen von diesen gefühllosen Rechenmaschinen unterscheidet.

Indem wir in uns hineinspüren, bekommt das, was uns von dort, aus unserem Inneren, entgegenkommt, eine bestimmte Wertigkeit, eine mehr oder weniger ausgeprägte Bedeutung. In uns selbst gibt es ein tiefes inneres Wissen, das unseren lebendigen Bedürfnissen und Empfindungen einen Wert verleihen und sie aus der Vielfalt der von außen auf uns herabströmenden und in uns gesammelten Informationen heraushebt. Nicht die objektive Faktenlage, sondern unser Gespür für das, was uns guttut, was uns lebendig erhält und unser Leben erfüllt, bestimmt dann darüber, wie und wofür wir uns entscheiden.

Von welchen Informationen lassen sich Menschen berühren?

Das »wahre« oder »authentische Selbst« nennen die Psychologen diesen tiefen inneren Bereich, der sich bereits vorgeburtlich herausgeformt hat, der untrennbar mit unserem Körper verbunden ist und mit dessen Hilfe schon jedes Baby »weiß«, was ihm guttut und was es braucht und deshalb auch »unbewusst« sucht, um am Leben zu bleiben und die in ihm angelegten Potentiale entfalten zu können. Kleine Kinder bringen dieses intuitive Wissen noch sehr deutlich zum Ausdruck.

Die sogenannten »geistig Behinderten«, bei denen die Herausbildung ihrer kognitiven Fähigkeiten sehr eingeschränkt ist, nutzen dieses authentische Selbst auch später im Leben maßgeblich für ihre Reaktionen auf Irritationen. Es leitet ihre Suche nach Lösungen für die Probleme, denen sie ausgesetzt sind, und hilft ihnen, entstandene Inkohärenzen in ihrem Gehirn auszugleichen. Wie Kinder in den ersten beiden Lebensjahren treffen auch sie keine rationalen Entscheidungen, sie reagieren, wie wir es nennen, nicht »vernünftig«, sondern »aus dem Bauch heraus«.

Wir aber, die wir uns als »normal« und nicht behindert betrachten, haben beim Heranwachsen alle mehr oder weniger gut gelernt, Irritationen und Probleme, die im Zusammenleben mit anderen und beim Hineinwachsen in die von Erwachsenen bestimmte Lebenswelt zwangsläufig immer wieder entstehen, mithilfe unserer während der Kindheit erwachenden und sich als zunehmend brauchbarer erweisenden kognitiven Fähigkeiten zu lösen. Den durch unsere individuell gefundenen Lösungen für all diese Probleme in den kognitiven Bereichen unserer Großhirnrinde herausgeformten Anteil bezeichnen und betrachten wir als unser »Ich«. Es ist ein kognitives Konstrukt, das uns hilft, um uns als einzigartiges Individuum in der Gemeinschaft mit anderen zu erkennen, zu erleben, zu verstehen, abzugrenzen und zu definieren.

Mit unserem authentischen Selbst, mit unserem Körper und mit unseren lebendigen Bedürfnissen ist dieses Ich-Konstrukt nur noch bei wenigen Menschen fest verbunden. Die meisten haben die Erfahrung gemacht, dass es, um in die Welt der Erwachsenen hineinzupassen, günstiger war, ihre körperlichen und seelischen Bedürfnisse möglichst effizient zu unterdrücken. Ihr Zugang zu ihrem authentischen Selbst ist dadurch mehr oder weniger stark blockiert. Situationen, Geschehnisse und Wahrnehmungen möglichst rational zu bewerten, ist in einer Welt, in der alle anderen das ständig tun, ebenso naheliegend wie vorteilhaft. Deshalb laufen wir als »normale« Menschen Gefahr, dieses im Gehirn erst relativ spät herausgeformte »Ich-Konstrukt« für das zu halten, was uns als einzigartiges Individuum ausmacht. Weil es so erfolgreich eingesetzt werden kann, um sich in der Welt menschlicher Gemeinschaften zu behaupten, wird es als wesentlicher, oft sogar dominanter Anteil in unser Selbstbild integriert.

»So bin ich eben«, sagen wir und wehren uns vehement gegen alle Angriffe und Infragestellungen dieses ichbezogenen Selbstverständnisses. Erschüttert wird es allerdings durch gelegentlich auftretende »kognitive Dissonanzen«. Die entstehen dadurch, dass ein kognitives Erklärungsmuster mit einem anderen kognitiven Erklärungsmuster in ein und derselben Person in Widerspruch gerät. Meist findet die betreffende Person dann aber ein übergeordnetes kognitives Erklärungsmuster, das diesen Widerspruch aufhebt. Nur selten führt so eine kognitive Dissonanz zu einer tief greifenden inneren Erschütterung, die als eine sich im Gehirn ausbreitende Inkohärenz auch die älteren und bisher so wirksam unterdrückten Anteile des authentischen Selbst ebenfalls miterfasst. Wenn das der Fall ist, kommt es zu dem, was wir eine »innere Berührung« oder »seelische Öffnung« nennen.

Am häufigsten aber spüren Menschen diesen Zustand innerer Berührung immer dann, wenn sie etwas erleben, das an ihrem Ich-Konstrukt und ihren kognitiven Erklärungsmustern vorbei direkt bis zu den Bereichen vordringt, in denen ihr authentisches Selbst verankert ist. Dann kommen sie wieder mit sich selbst in Berührung. Von den meisten wird das wie das Wiederfinden von etwas empfunden, das sie längst verloren hatten. Gefühle wie Dankbarkeit, Verbundenheit, Ganzheitlichkeit, Demut, Leichtigkeit und tief empfundene innere Freude signalisieren, dass die betreffende Person dabei ist, sich wieder mit ihren lebendigen, wahrhaftigen Bedürfnissen zu verbinden. Oft fließen dann sogar Tränen vor lauter Glück und Erleichterung.

Natürlich ist das auch all jenen bewusst, die Informationen mit bestimmten Absichten und Interessen, also zum Zweck der Manipulation ihrer Empfänger, Abnehmer und Kunden verbreiten. Und wenn sie es selbst nicht wissen, finden sie genügend sehr kluge psychologische Berater, die ihnen sagen, auf welche Weise bestimmte Botschaften verpackt werden sollten, damit sie bis in diese tieferen Bereiche der Gehirne ihrer Empfänger vordringen. Und so wird dann immer kräftiger und gezielter »auf die Tränendrüse gedrückt«.

Besonders gut eignet sich hierfür das Wecken von Mitleid aufseiten der Empfänger. Der traurige Pandabär im Käfig der Wilderer, der einsame Eisbär auf seiner dahintreibenden Eisscholle, der mit Plastikmüll gefüllte Magen des Pinguins, die todgeweihten ölgetränkten Seevögel am Strand – das sind Botschaften, die fast jeden berühren, mit denen fast alle erreicht werden.

Besonders wirksam und berührend lassen sich dafür Bilder einsetzen und dank der digitalen Technologien können emotional aufrüttelnde Fotos und Videos in Sekundenschnelle über den ganzen Globus verbreitet werden. Aus der damit erzeugten Berührung Einzelner wird dann sehr leicht eine in den Kommentaren zu diesen Bildern zum Ausdruck kommende und ebenfalls weiter verbreitete Betroffenheit. Und dann ist es nicht mehr weit, bis ein Sturm der Empörung über diejenigen hinwegfegt, die für das in den Bildern zum Ausdruck kommende Leid und Elend als schuldig betrachtet und gebrandmarkt werden.

Dass im Hintergrund mit solchen das Herz ergreifenden Informationskampagnen bestimmte Interessen und Absichten verfolgt werden, bemerken die aufgebrachten und emotional aufgewühlten Adressaten nicht. Ihre kognitiven Fähigkeiten, sogar das, was wir als gesunden Menschenverstand bezeichnen, sind durch die in ihrem Gehirn erzeugte Aufgewühltheit weitgehend außer Kraft gesetzt. Je besser es gelingt, die Bevölkerung fortwährend in einen solchen emotional aufgeregten Zustand zu versetzen, desto leichter lassen sich Gesetze erlassen und Maßnahmen ergreifen, die unter normalen Bedingungen nur sehr schwer und nur nach intensiven und langwierigen Aufklärungsprozessen von einer Mehrheit akzeptiert und mitgetragen werden.

Wann, wie und weshalb wird Information für Propaganda und Manipulation missbraucht?

Ein sehr anschauliches und erhellendes Beispiel dafür, wie sich die Herzen von Menschen berührende Botschaften nutzen lassen, um bestimmte Absichten und Interessen durchzusetzen, ist die 1622 von Papst Gregor XV. gegründete »Heilige Kongregation für die Verbreitung des Glaubens«. Die gibt es bis heute unter der Bezeichnung »Kongregation für die Evangelisierung der Völker.« Sie verkündet die frohe Botschaft von Jesu, der sein Leben hingegeben hat, um unsere Seelen zu retten, und verbreitet die Bergpredigt, in der die Liebe als das wichtigste Fundament menschlichen Zusammenlebens herausgestellt wird. Beides berührt Menschen tief in ihrem Inneren. Aber der ursprüngliche Zweck, den dieses Bündnis verfolgte, und die Absicht, mit der es gegründet wurde, bestand darin, dem sich ausbreitenden Protestantismus entgegenzuwirken und die Menschen in der sogenannten »Neuen Welt« zu missionieren. Die berührende Botschaft wurde missbraucht, um das durchzusetzen, was im Dreißigjährigen Krieg hier in Deutschland und in der Unterwerfung und Ausplünderung der Völker Südamerikas offen zutage trat.

Die lateinische Bezeichnung dieser Missionsgemeinschaft lautet »Sacra congregatio de propaganda fide«, in Kurzform wurde sie damals »Propaganda« genannt. Später entstanden andere Vereinigungen, die andere Ziele verfolgten, aber alle nutzten die gleiche Strategie. Es wurden Informationen verbreitet, die geeignet waren, in möglichst vielen Menschen eine tief empfundene Sehnsucht, ein ungestilltes Bedürfnis oder einen geheimen Wunsch zu wecken. Das tief im Inneren Empfundene, oft sogar beschämt Versteckte, wurde von den Propagandisten offen ausgesprochen und im selben Atemzug auch gleich die Lösung zur Verwirklichung des Gewünschten klar und deutlich genannt. Propaganda war das, was von ihnen verbreitet wurde, um ihre jeweiligen Interessen durchzusetzen.

Dann kam es, wie es kommen musste: All jene Vereinigungen, deren Anführer diese Klaviatur der Propaganda am besten beherrschten, hatten nicht nur den größten Zulauf. In den Reihen ihrer Anhänger versammelten sich auch ganz besonders Bedürftige und deshalb aufopferungsbereite und zu allem entschlossene »Follower«. Hoch motiviert und selbst felsenfest davon überzeugt, verbreiteten sie ihre Propaganda und rekrutierten mit der daraus erwachsenen Überzeugungskraft weitere Anhänger. Bald waren einzelne Gruppierungen so einflussreich geworden und hatten so viele Anhänger gewonnen, dass sie die Macht übernahmen. Unter den Jubelrufen ihrer Anhänger, mit der Unterstützung ihrer Sympathisanten und beobachtet von den ratlosen, irritierten Blicken der Zweifler und allen Andersdenkenden begannen die Leitfiguren dieser Propagandabewegung, ihr jeweiliges diktatorisches, autokratisches und totalitäres Regime aufzubauen und zu festigen. So entstanden, getragen von einer durch Propaganda verführten Mehrheit der Bevölkerung, die großen totalitären Systeme des 21. Jahrhunderts, Stalinismus, Nationalismus und Faschismus.

Diese Monopolisierung der Propaganda führte nach dem Zusammenbruch dieser Regime zu einer negativen Bewertung und Ablehnung dieser Art der Informationsverbreitung in allen demokratisch verfassten Gesellschaften. Fortan wurde das, was bisher Propaganda hieß, Öffentlichkeitsarbeit genannt. Auch sie diente der Herstellung einer möglichst einheitlichen Meinung zumindest über Grundfragen der Organisation des Zusammenlebens. Diese Aufgabe übernahmen die Massenmedien in enger Zusammenarbeit mit Entscheidungsträgern und kontrolliert von demokratischen Instanzen.

Mit der zunehmenden Verbreitung von Informationen durch digitale Medien wurde es für diese sogenannten Leitmedien jedoch immer schwieriger, den Zusammenhalt und die demokratische Ordnung der Gesellschaft durch die massenhafte Verbreitung von Informationen an fast alle Schichten und Gruppierungen der Bevölkerung zu sichern. Vor allem jüngere Menschen informieren sich heute aus vielen unterschiedlichen Quellen und verbreiten alle möglichen Informationen über digitale Netzwerke.

Die damit einhergehende Flut an Nachrichten, Botschaften, Berichten, Meinungen und Ratschlägen untergräbt die Fähigkeit der meisten Empfänger all dieser Informationen, sich selbst eine eigene Meinung zu bilden, eigene Entscheidungen zu treffen und diese durch entsprechendes Handeln dann auch praktisch umzusetzen. Immer kommt noch eine neue Information an, die dagegenspricht, die auch noch berücksichtigt werden muss, die bisweilen sogar das ganze bisherige Bild und den daraus abgeleiteten Plan auf den Kopf stellt.

Wenn immer mehr Menschen erleben, dass ihr sorgsam und oft mit viel Aufwand zusammengesuchtes heutiges Wissen morgen schon überholt und unzutreffend geworden ist, entsteht ein Gefühl wachsender und um sich greifender Verunsicherung.

Wenn immer mehr Menschen feststellen, dass Informationen, die sie im Internet und sogenannten alternativen Medien finden, im Widerspruch zu den von den klassischen Medien verbreiteten Nachrichten und Botschaften stehen, wächst bei vielen ein Gefühl des Misstrauens und Zweifels.

Wenn immer mehr Menschen den Eindruck gewinnen, dass die Redaktionen der klassischen Medien ebenso wie manche Politiker nicht in der Lage oder nicht gewillt sind, bestimmte von ihnen verbreiteten Informationen, die sich später als unzutreffend oder irreführend erwiesen haben, zu korrigieren und ihre fehlerhaften Berichterstattungen einzugestehen, schwindet das Vertrauen in die Zuverlässigkeit der von ihnen verbreiteten Botschaften.

Und wenn die Anzahl verunsicherter und misstrauisch gewordener Bürger wächst, beginnen auch immer mehr von ihnen, nach möglichst eindeutigen und damit zwangsläufig meist auch besonders einfachen Lösungen zur Wiederherstellung ihres verloren gegangenen Kohärenzgefühls zu suchen. Für alle Dogmatiker, Ideologen und Meinungsmacher sind solche auf Klarheit und Erlösung hoffenden Menschen das optimal gepflügte und gesäte Feld, auf dem sie ihre giftige Saat aus Verschwörungstheorien, Schuldzuweisungen und Feindbildern ausbringen und mit reicher Ernte rechnen können.

Neben diesen nach »billigen« Lösungen suchenden gibt es aber auch verunsicherte Menschen, die angesichts der über sie hinweg schwappenden Flut von fragwürdigen, widersprüchlichen oder unglaubwürdigen Informationen nicht nach möglichst einfachen, sondern nach tatsächlich zutreffenden Erklärungen suchen. Sie sind davon überzeugt, dass es eine »objektive Wahrheit« geben muss, und erwarten zuverlässige und unumstößliche Antworten auf ihre Fragen von »der Wissenschaft« und »den Experten«. Sie gehen davon aus, dass sich Meinungen und Fakten trennen lassen, und glauben an die Objektivität wissenschaftlicher Befunde und an selbstlose Wissenschaftler, die ohne Vorurteile, ohne persönliche Absichten und ohne Abhängigkeiten und nur auf der Suche nach Wahrheit ihren Forschungen nachgehen. Die Ergebnisse dieser Forschungsarbeit werden gern in

Form von völlig wertneutral erscheinenden Messdaten, Statistiken und Prognosen verbreitet.

Besonders eindringlich lässt sich das Bemühen um eine glaubwürdige wissenschaftliche Begründung der eigenen Vorstellungen in totalitären Regimen beobachten. Der Stalinismus berief sich auf objektive Erkenntnisse von Sozial-, Politik- und Gesellschaftswissenschaftler, allen voran Karl Marx. Der Nationalsozialismus berief sich auf die wissenschaftlichen Erkenntnisse von Anthropologen, Vererbungsforschern und Evolutionsbiologen, um die Überlegenheit der arischen Rasse zu begründen und Juden, Roma, Sinti und andere in ihren Augen objektiv »Minderwertige« auszurotten.

Und der Neoliberalismus berief sich auf die aus den Erkenntnissen von Darwin abgeleitete Evolutionstheorie und verknüpfte sie mit den Befunden von Molekularbiologen und Genetikern zu einem wissenschaftlich begründeten Sozialdarwinismus mit der wissenschaftlichen Bezeichnung »Soziobiologie«.

Auch gegenwärtige, sogar demokratisch verfasste Gesellschaften sind nicht davor gefeit, objektive wissenschaftliche Befunde zur Begründung und Rechtfertigung der jeweiligen sozialen Verhältnisse, der ökonomischen Bestrebungen und der in diesen Gesellschaften vorbereiteten Vorstellungen, Menschenbilder und Weltanschauungen zu benutzen.

Von den Medien werden diese wissenschaftlichen Begründungen dann häufig so sehr vereinfacht, so einseitig dargestellt und so überzeugend in der Öffentlichkeit verbreitet, dass sich auch all jene darauf berufen, die angesichts problematischer Entwicklungen und drohender Krisen nicht nach Wahrheit, sondern nach möglichst einfachen Lösungen suchen. Sehr leicht kann sich so eine unheilvolle Allianz von gutgläubigen Vereinfachern und wissenschaftsgläubigen Rechthabern herausbilden. Wenn sie die Mehrheitsverhältnisse in demokratischen Abstimmungen bestimmen, geraten kritische Stimmen ins Abseits, ihre Bedenken und Einwände werden mehrheitlich abgelehnt und die Demokratie verliert auf diese Weise genau das, was sie auszeichnet: den offen und fair geführten Austausch ihrer Bürger auf der Suche nach Lösungen zur Sicherung der Zukunftsfähigkeit des betreffenden, demokratisch organisierten Gemeinwesens. So kann ein solches Gemeinwesen sehr leicht zu einer Gesellschaft von Rechthabern und Mitläufern werden.

Teil 3: Neustart

Wie wir uns aus den durch die Informationsflut entstandenen Verwicklungen befreien können: Wer sich verwickelt hat, kann sich auch wieder entwickeln

3.1 Befreien kann sich nur, wer auch wirklich frei sein will

Selbstverständlich wird jeder Mensch, der unter Bedingungen leben muss, die ihn an der Entfaltung der in ihm angelegten Potentiale behindern, alles in seiner Macht Stehende tun, um sich aus dieser Enge zu befreien. Wer nicht länger unterdrückt werden will, begehrt auf und versucht, seine Unterdrücker loszuwerden. Wer seine Meinung nicht frei äußern kann, kämpft für Meinungsfreiheit. Wer sich nicht frei bewegen kann, versucht, die Mauern, die ihn daran hindern, zu überwinden oder niederzureißen. Das ist alles selbstverständlich.

Aber wie verhalten sich all jene, die Gefangene ihrer eigenen Vorstellungen und Überzeugungen geworden sind? Manche haben anstelle dieser geistigen Besitztümer auch nur sehr umfangreiche materielle Besitztümer erworben. Sie können sich dann viel leisten, aber nur, solange sie ihre Reichtümer auch möglichst gut erhalten und weiter vermehren. Wie frei sind all diese besonders erfolgreichen und einflussreichen Personen also wirklich? Und wie steht es mit all jenen, die einfach nur alles dafür getan haben, um die Erwartungen anderer zu erfüllen, bisweilen so gut und so erfolgreich, dass sie womöglich bis ans Ende ihrer Tage gar nicht mehr bemerken, wie abhängig sie dabei von der erhofften Anerkennung durch diese anderen geworden sind?

Und wie frei sind all jene Menschen, die ständig Angst davor haben, etwas zu verpassen? Oder all jene, die sich ständig darum bemühen, alles »richtig« zu machen, damit sie nicht krank werden oder gar vorzeitig sterben?

Es ist leicht, aus einem Gefängnis auszubrechen, in das man eingesperrt wird. Aber es ist sehr schwierig, aus einem Gefängnis zu entkommen, das man sich selbst ins eigene Hirn gebaut hat. Das kann nur jemand schaffen, der es auch wirklich selbst will.

Wer unbedingt dazugehören will, muss in Kauf nehmen, verwickelt zu bleiben

Das Spektrum der Lösungen, die Menschen im Lauf ihres Lebens finden oder von anderen Personen übernehmen und die in ihrem Gehirn in Form gebahnter Netzwerke verankert werden, ist beeindruckend vielfältig. Bisweilen sind diese einmal gefundenen und immer wieder erfolgreich eingesetzten »Lösungen« so tief in die Funktionsweise des Gehirns integriert worden, dass sie das gesamte Denken, Fühlen und Handeln des betreffenden Menschen bestimmen.

Wer zu der festen Überzeugung gelangt ist, dass es im Leben darauf ankommt, äußerst wachsam zu sein, keine Gefahr zu übersehen und niemandem »blind« zu vertrauen, muss sich natürlich auch möglichst gut über alle möglichen Gefahren informieren. Auch wer der Meinung ist, alles müsse so gut wie möglich kontrolliert werden, damit es nicht aus dem Ruder läuft, braucht dazu möglichst viele Informationen. Solche Menschen versuchen, sich immer besonders gut zu informieren, damit sie nichts übersehen, was gefährlich werden könnte.

Es gibt aber auch Menschen, die für die Probleme ihres Lebens eine weniger aufwendige Lösung gefunden haben, die sie dann auch gern immer wieder einsetzen. Sie haben irgendwann bemerkt, dass ein Problem wie durch ein Wunder plötzlich verschwindet, wenn sie etwas tun, das sie einfach nur ablenkt. Das kann eine Unterhaltungssendung sein oder ein Kinobesuch. Kriminal- und Actionthriller scheinen dafür besonders geeignet zu sein. Einkaufen funktioniert bei manchen auch. Aber dazu muss man auch gut über alle Ablenkungsangebote informiert sein. Manche betäuben sich auch mit ganz viel Arbeit, die sie sich selbst aufbürden. Und einige Menschen spüren, gewissermaßen als Bauchgefühl, dass es ihnen besser geht und die bohrenden Gedanken im Kopf verschwinden, wenn sie sich etwas Gutes gönnen. Das finden sie dann im Informationsangebot von Wellnessressorts, Kreuzfahrtschiffen, Gourmetrestaurants oder Reisebüros. Damit kann man zwar das belastende Problem nicht lösen, sich aber bei der fortwährenden Suche nach Ablenkung immer weiter verwickeln.

Damit sind wir nun zwangsläufig auch gleich bei den Anbietern der immer zahlreicher, bunter, lauter und inzwischen auch zunehmend hinterlistiger werdenden Informationen der Konsum- und Unterhaltungsindustrie, bei den Genussmittelherstellern, Reiseveranstaltern und all jenen angekommen, die genau das anbieten, was sich ihre Kunden auf dieser Suche nach Ablenkung wünschen.

Je schlechter es diesen Kunden geht, je unzufriedener und unglücklicher sie sind, je weniger sie sich allein zurechtfinden und je bedürftiger sie sind, weil sie ihre seelischen Grundbedürfnisse nach Nähe und Verbundenheit einerseits und nach Autonomie und Freiheit andererseits nicht stillen können, desto intensiver suchen sie nach hilfreichen Informationen. Deshalb lässt sich mit Botschaften und Angeboten, die entsprechende Lösung versprechen, recht viel Geld verdienen. Und das funktioniert umso besser, wenn es für die Herstellung, das Design und die Verbreitung solcher Informationen spezialisierte Dienstleistungsunternehmen gibt. Um damit selbst auch wieder Geld zu verdienen, müssen die ihre Angebote durch entsprechende Informationen möglichst weit verbreiten. Die auf diesem Informationsmarkt und in dieser Informationsindustrie Beschäftigten finden durch ihre Mitwirkung an diesen Bemühungen nicht nur Lohn und Brot, sondern bei entsprechendem Einsatz auch recht attraktive Karriere- und Aufstiegschancen, also soziale Anerkennung, finanzielle Sicherheit, bisweilen so reichlich, dass es für den Erwerb von Besitztümern reicht, für die sie von anderen bewundert werden.

Aus diesem Umstand erwächst die wohl so gut wie unwiderstehliche Versuchung, die Nachfrage bestimmter Produkte zu steigern, indem die Empfänger ihrer Produktinformationen auf die Nachteile oder gar Gefahren hingewiesen werden, die ihnen drohen, wenn sie dieses Angebot nicht nutzen. Das Spektrum derartiger Angst machender Hinweise reicht von den vielen Informationen über das, was Kinder für eine gesunde Entwicklung und ein erfolgreiches Leben brauchen, bis zu denen, womit sich vorzeitiger Haarausfall, Faltenbildung und nachlassende geistige Leistungsfähigkeit im Alter verhindern lassen.

Weil der Wunsch nach Sicherheit und Kontrolle so groß und so verbreitet ist, suchen viele Menschen auch nach Informationen, die dieses Sicherheitsbedürfnis stillen. Zwangsläufig verbreiten die Vertreter von Polizei und Grenzschutz, von Geheimdiensten und Überwachungsfirmen deshalb auch immer mehr Informationen über all das, was Leib und Leben sowie Hab und Gut der Bürger bedroht und wie sie sich davor schützen können. Dabei ist die Versuchung sehr groß, der Bevölkerung möglichst eindringlich vor Augen zu führen, wie real und wie vielfältig die Gefahren sind, vor denen die Menschen sich selbst schützen sollten oder beschützt werden müssen. Was wäre ein Geheimdienst wert, der nichts findet, wovor er warnen könnte? Oder Polizisten, die der Bevölkerung nicht hinreichend deutlich machen, wie gut sie diese vor allen möglichen Gefahren beschützt? Es geht also bei all diesen Informationen immer auch um Beachtung, um Anerkennung und Wertschätzung derjenigen, die sie verbreiten. Wie ihre Abnehmer und Kunden sind also auch diese Anbieter im Grunde Bedürftige. Beide brauchen einander, sind in ihrer Bedürftigkeit voneinander abhängig und miteinander verwickelt.

Und es geht ja noch viel weiter. Viele Eltern befürchten, dass ihre Kinder sich später im Leben nicht zurechtfinden, keinen angesehenen Beruf erlernen und als Versager am Rand der Gesellschaft ihr Auskommen suchen müssen. Damit das nicht geschieht, gibt es Schulen, Berufsschulen und Universitäten. Die dort beschäftigten Lehrkräfte können aber nur sicher sein, dass Eltern sorgsam darauf achten, dass ihre Kinder diese Einrichtungen besuchen und möglichst viel lernen, solange diese auch fest davon überzeugt sind, dass ein guter Abschluss die entscheidende Voraussetzung für eine erfolgreiche Karriere ist. Deshalb ist die Versuchung aller im Bildungssystem beschäftigten Personen so groß, den Eltern immer wieder möglichst eindringlich durch entsprechende Informationen deutlich zu machen, wie wichtig der Besuch ihrer Einrichtungen und die Erlangung der dort vergebenen Abschlüsse ist. Auch hier verfolgen die Verbreiter dieser Informationen einen nicht nur dem Wohl der Kinder, sondern auch ihrem eigenen Wohlergehen, ihrer Anerkennung und ihrer Karriere dienlichen Zweck. Ebenso wie die Eltern sind auch sie Bedürftige. Beide sind voneinander abhängig und miteinander verwickelt.

Unvorstellbar für die meisten Bürger eines Landes ist ein nicht zuverlässig funktionierendes Heer zur Abwehr der von anderen Ländern möglicherweise ausgehenden Bedrohungen. Deshalb wird der Aufbau einer eigenen möglichst leistungsfähigen, modernen Rüstungsindustrie vorangetrieben und ein beträchtlicher Anteil der gesamtgesellschaftlich erwirtschafteten finanziellen Mittel für die Bereitstellung einer »schlagfähigen Truppe« eingesetzt. Für all jene, die an der Produktion dieser Rüstungsgüter und am Aufbau und der Einsatzfähigkeit dieses militärischen Abwehrsystems beteiligt sind, ist die Versuchung beträchtlich, der Bevölkerung durch entsprechende Informationen immer wieder mit eindringlichen Worten klarzumachen, wie groß die von feindlichen Nationen ausgehende Bedrohung ist.

Selbstverständlich wollen die meisten Bürger auch möglichst gut über alles informiert werden, was in ihrem Land oder sonst wo auf der Welt geschieht. Vor allem geht es ihnen um das rechtzeitige Erkennen von Gefahren, die sie bedrohen. Dieses Bedürfnis kann umso besser gestillt werden, je breiter und vielfältiger ein dafür geeignetes mediales Informationsnetz aufgebaut und zur Verfügung gestellt wird. Es soll Nachrichten aus aller Welt liefern, rund um die Uhr, in Bild, Ton und Text, aktuell, zuverlässig und objektiv. Aber zu teuer darf es auch nicht werden, es soll sich am besten selbst finanzieren, durch Werbeeinnahmen. Wer die höchsten Abonnentenzahlen oder Einschaltquoten hat, ist dann zwangsläufig auch der beste Kunde für die Werbeindustrie. Und was fesselt die Aufmerksamkeit der Zuschauer, Zuhörer oder Leser mehr als die Information über eine sich anbahnende allgemeine Gefahr? Der Versuchung, Ereignisse, die sich irgendwo auf der Welt abspielen, als große Bedrohung, womöglich für die gesamte Menschheit, darzustellen, ist unter diesen Voraussetzungen nur schwer zu widerstehen.

Um das Ausmaß der Bedrohung einschätzen zu können, werden dann gern Experten befragt. Am liebsten solche, die besonders gut deutlich machen können, wie gefährlich die jeweilige Situation und das betreffende Geschehen sind. Schwer zu finden sind diese Experten nicht. Es gibt genügend Wissenschaftler, die, wie schon in Teil I gezeigt, ein großes Interesse daran haben, der Bedeutung ihrer jeweiligen Fachdisziplin und ihrer eigenen Person durch einen entsprechenden Beitrag in den betreffenden Medien Nachdruck zu verleihen. Auch Wirtschaftsunternehmen suchen ständig nach Experten, die den Boden für den Verkauf ihrer Produkte bereiten. Die werden dann auch gern auf Fachkongressen platziert und für ihre Beiträge gut honoriert. Deshalb ist es für solche Experten nicht leicht, der Versuchung zu widerstehen, die von ihnen oder ihrer Disziplin erarbeiteten Befunde so darzustellen und als Informationen für eine möglichst große Öffentlichkeit zu verbreiten, dass die Bedeutung dieser Erkenntnisse und der sie verbreitenden Experten für die Abwendung von Gefahren und Bedrohungen möglichst gut verstanden und von möglichst vielen und möglichst maßgeblichen Empfängern wertgeschätzt wird.

All diese Beispiele machen deutlich, wie sehr die Bedürftigkeit von Informationsverbreitern wie auch die von Informationssuchenden eine ständig wachsende Informationsflut hervorbringt und zu wechselseitigen Abhängigkeiten und immer weiter reichenden Verwicklungen führt. Durch verwaltungstechnische Maßnahmen zur Begrenzung, Lenkung und Kontrolle dieser vielen Informationen lässt sich eine solche Flut nicht eindämmen. Aber es lohnt sich darüber nachzudenken, wie es gelingen könnte, unser Zusammenleben derart zu gestalten, dass möglichst viele Menschen ihre lebendigen Grundbedürfnisse nach Verbundenheit und Autonomie wieder besser als bisher zu stillen imstande sind. Dann müssten sie sich nicht mehr so sehr verwickeln, wären nicht mehr so bedürftig und brauchten nicht ständig nach Informationen zu suchen oder Informationen zu verbreiten, um sich wohler in ihrer eigenen Haut zu fühlen. Dann könnten solche Menschen auch wieder die entscheidenden Fragen stellen, die von den sogenannten »Normalen« kaum noch gestellt werden. Zum Beispiel die, worauf es im Leben wirklich ankommt, oder auch, ob es wichtiger ist, nur möglichst lange zu leben oder jeden Tag so lebendig wie möglich zu sein.

Wer möglichst lange lebendig bleiben will, darf keine Angst davor haben, etwas früher zu sterben

Weil Menschen große Angst vor lebensverkürzenden Erkrankungen haben, ist ihnen der Aufbau und die Förderung medizinischer Grundlagenforschung und die Schaffung eines zuverlässigen, gut funktionierenden Gesundheitssystems besonders wichtig. Sie alle haben Angst davor, an etwas zu erkranken, das unheilbar ist und mit einem qualvollen Tod endet. Das ist verständlich. Da diese medizinische Forschung und die Leistungen des Gesundheitssystems aber ziemlich viel Geld kosten, ist es ebenso verständlich, dass die medizinischen Einrichtungen nach wirtschaftlichen Kriterien betrieben werden. Für die dort Verantwortlichen wächst daher die Versuchung, Informationen über insbesondere solche Behandlungen anzubieten, die erst dann nachgefragt werden und von Patienten in Anspruch genommen werden, wenn diese von der Dringlichkeit und der Notwendigkeit der betreffenden Behandlung überzeugt sind. Dazu ist es erforderlich, die Bevölkerung auf möglichst eindringliche Weise darüber zu informieren, wie riskant es wäre, bestimmte Behandlungen oder Maßnahmen zu unterlassen. Dass sich hinter diesen scheinbar objektiven und hilfreichen Informationen der Krankenhäuser und Mediziner auch ein nicht zu übersehendes Geschäftsinteresse verbirgt, wird dabei verschwiegen.

Wenn es um unsere Gesundheit geht, wird die Falle der Informationsüberflutung sehr deutlich. Es gibt kaum ein Thema, zu dem sich auf dem globalen Medienmarkt mehr vermeintlich wichtige Informationen finden lassen als zu Gesundheits- und Medizinthemen. Die medizinische Versorgung der Bevölkerung ist eine Industrie, aber eine ganz besondere. Denn wer krank ist, muss ein Produkt kaufen oder eine Dienstleistung in Anspruch nehmen. Und die Gesundheitsbranche ist wahrscheinlich der einzige Industriezweig, dessen Vertreter ihren Kunden einfach verschreiben können, was sie brauchen. Damit dieses Geschäftsmodell funktioniert, muss allerdings dafür gesorgt werden, dass möglichst viele »Kunden« davon überzeugt sind, es gebe nichts Wichtigeres im Leben, als möglichst lange am Leben zu bleiben, gesund natürlich, ohne Krankheit, Schmerzen und Leid.

Wer genau das anstrebt und etwas von seiner Selbstbestimmung als Patient wiederzuerlangen versucht, muss sich gut informieren. Und das ist der Auslöser für eine oft buchstäblich krank machende Informationsüberflutung. Machen Sie den Selbstversuch: Geben Sie einfach die letzten gesundheitlichen Probleme, die Sie hatten, in eine Internet-Suchmaschine ein. Irgendwas. Sie werden doch wohl einmal schlecht geschlafen haben in letzter Zeit. Oder Sie hatten vielleicht Verdauungsstörungen oder Gelenkschmerzen? Irgendwas haben wir doch alle! Nehmen wir … Gelenkschmerzen. Bei Google ergibt die Suche allein nach dem deutschsprachigen Begriff die unüberschaubare Menge von mehr als fünfeinhalb Millionen Treffern. Spätestens wenn man die alle durchgelesen hat, muss man sich über Gelenkschmerzen wahrscheinlich keine Gedanken mehr machen!

Also …, Gelenkschmerzen. Fast die Hälfte aller Menschen über 40 haben sie, das ist demnach ein riesiger Markt. Wir erfahren auf den ersten Blick, dass Gelenkschmerzen alle möglichen Ursachen haben können. Alkoholmissbrauch trägt dazu bei, ebenso wie falsche Ernährung oder zu wenig Bewegung. Es kann eine Schleimbeutelentzündung die Ursache sein, Gicht, Rheuma, Arthritis, andere Entzündungen … die Liste der möglichen Ursachen ist lang. Und wer sie liest, bekommt bisweilen sogar dann Gelenkschmerzen, wenn er oder sie diese bislang noch gar nicht hatte. Und sei es nur, weil der Neu-Patient schon seit drei Stunden wie gebannt von seiner potenziellen Erkrankung vor dem Rechner sitzt. Wie durch einen Zufall bieten die Werbebanner der Informationsseiten gleich alle möglichen Kuren an: Salben. Operationen in Privatkliniken. Das gelenkschonende Fitnessprogramm. Die Spezialbehandlung des Wunderheilers. Und während unser Gehirn mit allen Glocken Alarm schlägt angesichts der potenziellen gesundheitlichen Gefahrenlage, registriert es all diese einfachen, wenn auch nicht billigen Lösungen. Und schon wird aus den vielen Botschaften eine wichtige Information und wir eilen in die Apotheke für die Salbe oder ins Fitnessstudio für das teure Workout-Programm. Wunderbar, wie sich mit den richtigen Informationen die Selbstbestimmung des Patienten wiederherstellen lässt!

Es wird niemand kommen, der uns vor solchen Informationen schützt, die uns vom potentiellen Kranken zum konsumierenden Patienten machen. Das müssen wir selbst schaffen, jeder und jede Einzelne, indem wir uns fragen, worauf es für ein glückliches Leben wirklich ankommt. Dass es möglichst lange dauert? Oder dass die von uns allen mit auf die Welt gebrachte Lebendigkeit im ständigen Bemühen um die Vermeidung und Bekämpfung aller möglichen Erkrankungen immer rascher verloren geht?

Wer nach schnellen Lösungen sucht, läuft Gefahr, sich noch weiter zu verwickeln

Um all diese in einer Gesellschaft ablaufenden Prozesse auch einigermaßen lenken, regulieren und kontrollieren zu können, wünscht sich die Bevölkerung eines Landes eine möglichst kompetente Regierung. Sie soll – unter Abwägung der von allen gesellschaftlichen Akteuren vertretenen Interessen und der von ihnen verfolgten Absichten und Ziele – dafür sorgen, dass es den Bürgern möglichst gut geht und sie unbeschwert und ohne Angst leben können.

Solange die Welt noch einigermaßen überschaubar ist, weil sie an den Ländergrenzen endet und nur wenige Leute im Land etwas zu sagen haben, ist das nicht allzu schwierig. Das schafft manchmal sogar ein autokratischer Alleinherrscher, wenn es ihm gelingt, sich die dafür erforderlichen Vollmachten zu verschaffen und er sich auf umsichtige, kluge Berater und deren Kompetenzen verlassen kann. Aber in einer globalisierten und digitalisierten Welt, in der alles, was dort abläuft, eng miteinander verflochten ist und sich wechselseitig bedingt, kommen solche Regierungsformen rasch an ihre Grenzen. Es gelingt meist nur schwer, die widerstreitenden Interessen der Bevölkerung, der historisch gewachsenen Verbände, Organisationen und Institutionen unter einen Hut zu bringen und all die vielen Probleme zu lösen, die in einer so komplex gewordenen Welt in immer neuer Form auftauchen und kaum noch von einem einzelnen Land zu bewältigen sind.

Ein sehr anschauliches Beispiel für solche komplexen Probleme ist die Verwendung von Plastik und ihre Folgen. Nachdem wir endlich im letzten Jahrhundert gelernt hatten, dass Hygiene ein wichtiger Bestandteil unserer Gesundheitsvorsorge ist, richten wir viel Energie darauf, alles, womit wir irgendwie in Berührung kommen könnten, hygienisch zu verpacken. Selbst die naturverpackten Bananen kommen in eine Plastikfolie.

Da war also ein Problem: die Angst vor Krankheiten, Seuchen, vielleicht auch nur einem lästigen Hautausschlag. Und dafür gab es eine Lösung: die Plastikverpackung. Die war dafür optimal geeignet und Plastik erwies sich mit Beginn der Massenproduktion zudem auch zunehmend als ein vielseitig verwendbarer und leicht bearbeitbarer Baustoff für unzählige Alltagsgegenstände vom Kinderspielzeug bis zum Erwachsenenspielzeug. Seit 2015 wurde so viel Plastik produziert, dass auf jeden Erdenbürger mehr als eine Tonne hergestelltes Plastik kommt. Wer sich das bildlich vorstellt, ahnt das nächste Problem. Es ist eine erdrückende Last.

Das Beispiel der Herstellung und des Einsatzes von Plastik veranschaulicht: Wer einen Markt für diesen neuen Werkstoff schaffen will, muss dafür sorgen, dass sich möglichst viele Menschen etwas wünschen oder erhoffen, das mithilfe dieses neuen Werkstoffes herstellbar und lieferbar wird. Und wenn sie nicht wissen, was sie sich wünschen sollten, muss man ihnen die entsprechenden Informationen zur Verfügung stellen. Werden die von hinlänglich vielen Menschen nicht nur auf-, sondern auch ernst genommen, ist der Boden bereitet für den Verkauf der Lösung, also eines Produktes oder einer Dienstleistung. Diese Kausalkette ist eine Informationskette. Zuerst wurde die Information verbreitet, dass wir ein hygienisches, leicht und billig in Massen zu produzierendes Verpackungsmaterial brauchen. Dann kam die Information, das Plastik die perfekte Lösung für dieses Problem ist und sich für viele andere Einsatzgebiete eignet.

An dieser Stelle, das wissen wir heute alle, endete diese Informationskette allerdings nicht. Als Nächstes kam die Information, dass das Zeug nicht in der Natur abbaubar ist und ein gigantisches Umweltproblem darstellt. Aus der Tugend der Materialstabilität wurde das Problem mangelnder ökologischer Nachhaltigkeit. Bis 2015 wurden über sieben Milliarden Tonnen Plastikabfall produziert, von denen insgesamt weniger als ein Zehntel recycelt wurde. Etwas mehr als ein Zehntel wurde aufwendig verbrannt.[26] Die Lösung für die restlichen rund fünf Milliarden Tonnen Kunststoffmüll musste her. Sie hieß Entsorgung. Weg mit dem Zeug!

Das nächste Glied in der Informationskette war dann: Weg geht nicht! Das Zeug geht nicht weg. Weg hieß im Zusammenhang mit Plastik deshalb lange Zeit einfach so viel wie »irgendwohin, wo wir es nicht sehen«. Und da dieses »Wir« die reichen Industriestaaten waren, wurde der Plastikmüll einfach exportiert. Unsere Gehirne konnten sich wieder beruhigen. Das nächste Plastikproblem war gelöst.

Bis jemand mit der Information, der viele Plastikmüll verdrecke die Meere und gerate über die Nahrungsketten in unser

---

26 Ritchie, H., Roser, M.: »Platsic Pollution«, in: ourworldindata.org, 2018, www.ourworldindata.org/plastic-pollution

Essen, wieder für ein Problem und Durcheinander in unseren Gehirnen sorgte. Jetzt werden also die Meere aufgeräumt. Na, ja … wir haben damit angefangen. Noch ist die Menge des auf diese Art jährlich wieder eingesammelten Plastikmülls deutlich geringer als die Menge dessen, die jährlich dazukommt. Und vom Einsammeln geht Plastik ja auch nicht weg. Das heißt, das eine Problem wird nicht kleiner und das andere ist wieder da.

Diese ziemlich verworrene Informationskette zum Thema Plastik zeigt deutlich, wie sehr wir mit unseren auf Energiesparen ausgerichteten Gehirnen bereit sind, schnelle Lösungen zu akzeptieren, gleichgültig, ob sie dann auch langfristig tragfähig sind. Hauptsache, es herrscht wieder mehr Kohärenz im Dachstübchen. Und noch etwas offenbart sich hier beispielhaft: In einer vom Gewinnstreben und vom freien Markt getriebenen Weltgesellschaft wird an jedem Punkt der Informationskette wieder Geld verdient. Chemiekonzerne verdienen an der Produktion des Plastiks. Journalisten und Umweltorganisationen, die ja alle auch nicht kostenlos arbeiten, deckten die Gesundheits- und Umweltgefahren auf. Anschließend verdienen andere mit dem »Wegräumen« des Plastikmülls ihr Geld, indem sie ihn woanders ins Meer kippen. Die nächsten am Wiedereinsammeln oder an der teuren Entsorgung der nun schon zweimal entsorgten Plastikberge. Die Informationskette Plastik ist also auch eine lange Wertschöpfungskette. An jedem neuen Glied hält jemand, der etwas verdienen will, die Hand auf.

Es muss für engagierte Politiker schwer sein, sich damit abzufinden und ständig nach dem kleinsten gemeinsamen Nenner als Kompromisslösung zu suchen. Das gilt nicht nur für das Plastikproblem, sondern auch für alle anderen Verwicklungen, in die sich eine Gesellschaft immer stärker verstrickt. Falls sich diesen Politikern dann aber die Gelegenheit bietet, endlich einmal zu zeigen, dass sie ja doch sehr gut in der Lage sind, eine Gefahr zu erkennen und durch kompetentes Handeln abzuwenden, kann ihnen niemand verübeln, dass sie diese Gelegenheit mit aller Kraft und in großem Einvernehmen dann auch konsequent am Schopf ergreifen und die entsprechenden Informationen mit allen ihnen zur Verfügung stehenden Möglichkeiten verbreiten. Am besten begründen lassen sich die jeweiligen Erlasse, Maßnahmen und Anordnungen der Politiker mit dem Hinweis auf die Erkenntnisse und Prognosen der von ihnen zu Rate gezogenen objektiven wissenschaftlichen Experten. Deren Daten, Statistiken und Prognosen werden dann sehr leicht als so eindeutig und alternativlos dargestellt, dass die Politiker diesen wissenschaftlichen Erkenntnissen folgen und entsprechende Maßnahmen ergreifen.

So kann sehr schnell eine ganze Gesellschaft von den Vorstellungen einflussreicher wissenschaftlicher Experten beherrscht werden, die zu wissen meinen, wie eine gesamtgesellschaftliche Bedrohung abzuwenden sei und worauf es in dieser Situation für den Fortbestand der jeweiligen Gesellschaft ankomme. In welchem Ausmaß diese propagierten Vorstellungen auch aus dem Bedürfnis dieser Ratgeber nach gesellschaftlicher Anerkennung und nach dem Aufstieg in noch bedeutsamere Positionen erwachsen sind, wird meist erst viel später erkennbar.

3.2 Frei werden kann nur jemand, der kein Bedürftiger mehr ist

Von anderen abhängig sind wir alle. Neugeborene und kleine Kinder könnten ohne die Unterstützung durch ihre Eltern oder andere erwachsene Personen, die sich um sie kümmern und ihre körperlichen Grundbedürfnisse stillen, gar nicht überleben. Es reicht jedoch nicht aus, einfach nur genug zu essen und zu trinken zu bekommen, sauber gehalten zu werden und ein warmes Bett und wärmende Kleidung zu haben. Um uns im Leben zurechtzufinden und die in uns angelegten Potentiale, unsere Talente und Begabungen entfalten zu können, müssten auch unsere seelischen Grundbedürfnisse nach Verbundenheit und Geborgenheit einerseits und nach eigenen Gestaltungsmöglichkeiten, Autonomie und Freiheit andererseits gestillt werden.

Wenn das nicht der Fall ist, können wir als Menschen zwar überleben, aber wir bleiben dann zwangsläufig Bedürftige. Auf die Welt gekommen sind wir so nicht, dazu wurden die meisten Heranwachsenden erst gemacht. Nicht absichtlich, sondern weil es unsere Bezugspersonen selbst nicht anders erlebt hatten und es für selbstverständlich hielten, uns zu Objekten ihrer Absichten und Ziele, ihrer Belehrungen und Bewertungen, ihrer Maßnahmen und Anordnungen zu machen. »Erziehung« haben sie das genannt und wie die meisten anderen Erwachsenen gehandhabt, in manchen Fällen drastischer und drakonischer, in anderen subtiler und versteckter, aber letztlich doch so, dass sich die unter ihrer Obhut oder Begleitung heranwachsenden Kinder und Jugendlichen nicht so gesehen und angenommen fühlen konnten, wie sie waren. Ihnen blieb unter diesen Umständen nichts anderes übrig, als sich entweder an diese Erwartungen ihrer erwachsenen Bezugspersonen anzupassen und sich anzustrengen, diese auch so gut wie möglich zu erfüllen. Oder sie versuchten, sich dagegen aufzulehnen, zu rebellieren und sich zu wehren. In beiden Fällen waren sie gezwungen, ihre beiden Grundbedürfnisse zu unterdrücken und Lösungen zu finden, um sich in der Welt der Erwachsenen und der mit ihnen Heranwachsenden zu behaupten. Die Verankerung dieser Lösungen im Gehirn führte zu Verwicklungen, die oft ihr gesamtes Leben bestimmten. Wer es nicht schaffte, diese Verwicklungen später im Leben unter günstigeren Bedingungen wieder aufzulösen, blieb zeitlebens ein tief in seinem Inneren zerrissener, bedürftiger Mensch.

Wer nicht mehr ständig Informationen verbreiten will, darf keine Angst davor haben, unwichtig zu sein

Eine weitverbreitete Lösung, um das eigene Bedürfnis nach Zugehörigkeit und Geborgenheit wie auch das nach eigenen Gestaltungsmöglichkeiten zumindest ersatzweise zu stillen, besteht darin, sich Anerkennung bei anderen zu verschaffen, entweder durch das Erlangen von Macht und Einfluss oder von Bedeutsamkeit und Bewunderung. Manche sind auch schon zufrieden, wenn es ihnen gelingt, einfach nur auf sich aufmerksam zu machen. Sehr leicht lässt sich das durch die Verbreitung von Informationen erreichen, die andere wichtig finden. Und als besonders wichtig erachten andere all das, was ihnen hilft, ihr Leben zu meistern, Gefahren zu vermeiden, gesund zu bleiben, glücklich zu werden und natürlich auch, Aufmerksamkeit, Anerkennung und Bewunderung bei anderen zu erlangen und Gleichgesinnte zu finden. Die eigene Bedürftigkeit macht also die Verbreiter von Informationen sehr leicht zu Personen, die von anderen nach Informationen suchenden Bedürftigen abhängig sind.

Was die Informationsverbreiter dabei antreibt und was bisweilen auch überdeutlich in ihren Nachrichten und Botschaften zum Ausdruck kommt, bezeichnen wir im Deutschen als »Geltungsbedürfnis«. Es ist umso stärker ausgeprägt, je weniger die betreffende Person das Gefühl hat, in einer Gemeinschaft mit anderen Menschen verlässlich verbunden zu sein und auch dann anerkannt und wertgeschätzt zu werden, wenn sie nichts Bedeutsames von sich gibt. Wenn dieses Grundbedürfnis gestillt ist, verschwindet der diese Bedürftigkeit zum Ausdruck bringende Gestaltungsdrang von ganz allein. Es ist ja nur die von dieser Person gefundene und bisher immer wieder eingesetzte Lösung, um das Problem ihres ungestillten Grundbedürfnisses zumindest ersatzweise zu lösen.

Damit haben wir nun auch eine Lösung für die ständig anschwellende Informationsflut gefunden: Es müsste alles dafür getan werden, um die Anzahl derjenigen Personen zu verringern, die ihre Botschaften deshalb verbreiten, weil sie Angst davor haben, nicht hinreichend gut von anderen gesehen und gehört zu werden, unbedeutend und unwichtig zu sein. Was wir also brauchen, ist nicht ein anderer Umgang mit Informationen, sondern eine andere Art des Miteinander. Wir brauchen Gemeinschaften, deren Mitglieder einander in Augenhöhe begegnen, die einander stärken, statt miteinander um Bedeutsamkeit und Anerkennung zu konkurrieren. Solange viele Menschen weiterhin vergeblich nach solchen Gemeinschaften suchen, wird sich die ständig weiter anschwellende Informationsflut nicht eindämmen lassen.

Die digitalen Medien mit ihren unzähligen Foren, Blogs, Podcasts und anderen Formaten bieten all diesen Bedürftigen eine Vielzahl bisher noch nie da gewesener Möglichkeiten, ihrem Geltungsdrang durch die Verbreitung ihrer jeweiligen Kenntnisse und Erfahrungen, ihrer Meinungen und Überzeugungen, ihrer Vorstellungen und Ideen Ausdruck zu verleihen. Sie müssen nicht mehr warten und darauf hoffen, von einem Informationsverbreiter aus dem Bereich der klassischen Medien eingeladen zu werden, zu einem bestimmten Thema Stellung zu nehmen. Sie können sich die Community ihrer Follower selbst aufbauen und – je erfolgreicher sie dabei sind – als »Influencer« auch noch Geld mit der Verbreitung ihrer Informationen verdienen. Wichtig für ihren Erfolg ist ein sehr feines Gespür für die Interessen und Erwartungen ihrer Follower. Aber ausschlaggebend ist der Eindruck von Authentizität, den sie erwecken. Sie müssen selbst von der Wichtigkeit der von ihnen verbreiteten Informationen überzeugt sein. Sonst verlieren sie ihre Anhänger.

Anders als die klassischen Medien, die ihre Informationen wie mit einem Füllhorn über alle verbreiten, die ihre Programme einschalten oder ihre Zeitungen und Magazine kaufen, spinnen die Informierer in der digitalen Welt einen sehr persönlichen Faden, der sie mit ihren Followern verbindet. Für ihre Mitteilungen bekommen sie eine unmittelbare Rückmeldung in Form von »Likes«, die zum Ausdruck bringen, wie sehr die Empfänger sie und die von ihnen ausgesandten Botschaften mögen. Wer etwas mag, weil es seinen Vorstellungen entspricht, leitet die betreffende Nachricht dann auch gern an seine Freunde weiter. So erzielen manche dieser digitalen Informierer eine enorme Reichweite. Wer so erfolgreich ist, muss von der Richtigkeit und der Bedeutung der von ihm verbreiteten Informationen nicht nur fest überzeugt sein, sie oder er wird auch ständig weiter in dieser Überzeugung bestärkt. In der jeweils entstandenen virtuellen Gemeinschaft fühlen sich alle Beteiligten nicht nur miteinander durch ihre gemeinsamen Vorstellungen und Überzeugungen verbunden. Sie erleben sich auch als autonome Gestalter. Sogar dann, wenn sie diese eigene Gestaltungskraft nur durch ihren Mouse-Klick auf die Likes- oder Weiterleitungs-Ikons auf ihren Bildschirmen umsetzen. Oder durch ihre Beteiligung an einem virtuellen Shitstorm, mit dem andere ihre Überzeugungen infrage stellende Personen und die von denen verbreiteten Informationen bekämpft werden.

Jetzt wird auch die Faszination und die enorme Anziehungskraft verständlich, die von den digitalen Medien ausgeht. Sie eignen sich nicht nur ganz hervorragend zur ersatzweisen Stillung der beiden Grundbedürfnisse ihrer Nutzer. Indem sie dem Empfänger einer Information die Möglichkeit bieten, selbst wieder zum Verbreiter einer Information zu werden, lösen sie auch das bisher herrschende Grundverständnis der Beziehung zwischen den Sendern und den Empfängern von Informationen auf. Die aus der Informationstechnik erwachsene Vorstellung, Sender und Empfänger seien voneinander getrennt, stand schon immer im Widerspruch zu dem im Bereich des Lebendigen verwirklichten und bei genauerer Betrachtung auch überall in der Natur beobachtbaren Prinzip des Informationsaustausches. Jede Information, die eine Zelle, ein Organismus oder eine soziale Gemeinschaft tatsächlich im Inneren erreicht, erzeugt dort auch eine Wirkung. Sie stört den bisher aufrechterhaltenen Kohärenzzustand des betreffenden lebenden Systems und löst eine Antwort aus, die ihrerseits wieder als Information, als Signal von anderen Zellen, Organismen oder sozialen Verbänden wahrgenommen und beantwortet wird.

Die klassischen Medien waren darauf ausgerichtet und wurden dafür genutzt, um Informationen an möglichst viele Mitglieder einer sozialen Gemeinschaft zu verbreiten und eine bestimmte, den Zusammenhalt und den Fortbestand der betreffenden Gemeinschaft sichernde Reaktion auszulösen. Alle wurden über das informiert, was dafür wichtig war, und indem alle darauf reagieren, breitete sich die betreffende Information in der Bevölkerung aus und weckte deren Bereitschaft, alles dafür zu tun, um das als so wichtig dargestellte Ziel auch zu erreichen. So wurden Hexenverbrennungen organisiert, Kriege angezettelt, Minderheiten ausgegrenzt, vertrieben und ermordet. Immer ging es dabei um die Aufrechterhaltung der Stabilität des jeweiligen Gesellschaftssystems. Und das war in den vergangenen zehntausend Jahren fast überall auf der Welt eine hierarchische Ordnung mit Machthabern und Herrschern an der Spitze, die ihre Informationen unter Nutzung der jeweils vorhandenen technischen Möglichkeiten an »ihr Volk« verbreiteten und – wenn das nicht reichte – ihre Herrschaft mit dem Einsatz von Gewalt sicherten.

Letzteres erzeugte Widerstand und die Unterdrückten nutzten ihrerseits die sich ständig weiter verbessernden informationstechnischen Möglichkeiten, um das zu verbreiten und umzusetzen, was ihnen wichtig war. Seither kämpfen in den noch immer hierarchisch organisierten Gesellschaften immer mehr gesellschaftliche Gruppen und Interessenverbände um das, was ihren jeweiligen Mitgliedern als besonders wichtig erscheint – nicht mehr so oft mit Waffengewalt, sondern mithilfe der von ihnen verbreiteten Informationen, die nun allerdings eher die Bezeichnung »Propaganda« verdienen.

Sie alle, die Blogger und Podcaster und Influencer, die Vorkämpfer, Propagandisten und Interessenvertreter gesellschaftlicher Gruppen und Interessenverbände und auch die Vertreter der klassischen Medien haben etwas, das sie miteinander verbindet: Sie alle haben Angst davor, nicht mehr bedeutsam genug, nicht mehr wichtig genug zu sein. Deshalb wirken sie für Außenstehende wie Getriebene, die um Beachtung, um Anerkennung oder gar um Bewunderung kämpfen. Sicher gibt es darunter auch manche, die ihr Einkommen durch die Verbreitung von Informationen sichern. Doch lediglich das, was jemand macht, um Geld zu verdienen, ist nur selten ein ausreichend starker Antreiber. Solche Personen hören einfach auf, Informationen zu verbreiten, wenn sich damit nicht mehr genug Geld verdienen lässt.

Ein deutlich stärkeres Motiv, um sich täglich zu fragen, auf welche Weise und mit welchen Informationen sich möglichst viele Interessenten erreichen lassen, ist der in manchen Menschen sehr stark ausgeprägte Drang nach Beachtung und nach Anerkennung oder gar Bewunderung. Doch auch hier ist es ähnlich wie mit dem Geldverdienen. Bleibt die erhoffte oder bisher vorhandene Anerkennung für die erbrachten Informationsleistungen aus, verebbt zwangsläufig der Schwung, mit dem auch diese Informierer bisher unterwegs waren. Meist ist das ein recht schmerzhafter Ablösungsprozess.

Am stärksten intrinsisch motiviert, bestimmte Informationen zu verbreiten, sind solche Personen, denen das, worüber sie andere Menschen informieren wollen, persönlich sehr wichtig ist. Der Grund dafür, dass ihnen das zu einer Herzensangelegenheit geworden ist, ist oft in bestimmten, sehr tief greifenden Erfahrungen aus ihrer eigenen Lebensgeschichte zu finden. Die würden sie anderen gern ersparen. Was sie weitergeben, sind keine Ratschläge, sondern aus authentischen Erfahrungen abgeleitete eigene Erkenntnisse. Für solche Personen ist es ein Glück, dass es die digitalen Medien gibt. Oft finden sie dort andere, denen Ähnliches widerfahren ist und die das gleiche Anliegen verfolgen. Und bisweilen können sie mit ihren Informationen auch andere wachrütteln und ihnen helfen, ihren weiteren Lebensweg so auszurichten, dass diese fortan glücklicher und zufriedener leben können. Vielleicht machen manche dabei sogar die Erfahrung, wie erfüllend es sein kann, sich um etwas zu kümmern, das ihnen wirklich am Herzen liegt. Wenn nur noch Botschaften von Menschen verbreitet würden, die etwas zu verschenken haben und die dafür nichts von anderen haben wollen, gäbe es auch keine Informationsflut mehr.

Wer nicht mehr ständig nach neuen Informationen suchen will, darf keine Angst davor haben, etwas zu verpassen

»Das Leben ist eine Aneinanderreihung von verpassten Gelegenheiten«, diese Weisheit hat sicher irgendein bedeutender Denker von sich gegeben. Sie ist so verbreitet, dass noch nicht einmal Wikipedia weiß, wer das war. Und sie trifft ein Grundgefühl, das entweder tatsächlich sehr viele Menschen befällt, wenn sie auf ihr bisheriges Leben zurückblicken, oder das sich sehr viele sehr gern von anderen einreden lassen. Dass unser Leben nicht immer so verläuft, wie wir es uns wünschen, und dass es anders verlaufen wäre, wenn wir an bestimmten Stellen andere Entscheidungen getroffen hätten, sind Binsenweisheiten. Spannender ist die Frage, wie jemand eine bestimmte Vorstellung davon herausbildet, worauf es im Leben ankommt, wie sie oder er es also gern gehabt hätte.

Niemand ist mit einer solchen Vorstellung auf die Welt gekommen. Neugierig waren wir damals alle, aber kein Neugeborenes und auch kein kleines Kind hat Angst davor, etwas zu verpassen. Es geht ihm schlecht und es leidet, wenn es nicht so angenommen und geliebt wird, wie es ist. Davor hat es Angst und ist bereit, alles dafür zu tun, um dieses Grundbedürfnis zu stillen. Gelingt es ihm, etwas zu machen, worüber sich die Mama oder der Papa freut und wofür es in die Arme genommen wird, ist alles gut. Gelingt ihm das nicht, wird es versuchen, sich noch stärker anzustrengen, um die Erwartungen seiner primären Bezugspersonen zu erfüllen. Jetzt erst, in diesem Bemühen, erwacht in diesen Kindern die Angst, eine Gelegenheit zu verpassen, um die liebevolle Zuwendung ihrer Eltern wiederzuerlangen. Jetzt erst wird das Kind vorsichtig, jetzt passt es auf, jetzt achtet es auf alles, was dafür hilfreich sein kann. Jetzt fokussiert es seine Aufmerksamkeit auf jede Regung, die sich in der Mimik und Gestik von Mama und Papa zeigt. Jetzt ist es mit seinen Wahrnehmungen im Außen und nicht mehr bei sich. Da draußen möchte es nichts verpassen. Was dabei in ihm geschieht, wird unterdrückt.

Manche Kinder finden aus diesem Bemühen, keine Gelegenheit zu verpassen, um ihre Eltern glücklich zu machen, auch später im Leben nur schwer wieder heraus. Sie spüren dann auch weiterhin sogar noch als Erwachsene diesen Drang in sich, die Erwartungen anderer erfüllen zu wollen. Sobald sie bemerken, dass sie von diesen anderen nicht gemocht, wertgeschätzt oder – wie sie es nennen – geliebt werden, wie sie sind, strengen sie sich noch mehr an, um endlich so zu werden, wie diese anderen es gern hätten. Dabei lernen sie, sehr genau auf das Verhalten und die nonverbalen Botschaften zu achten, mit denen ihr Gegenüber seine Erwartungen zum Ausdruck bringt. Manche versuchen, bereits im Blick ihrer Partner, Chefs, Freunde, Nachbarn oder Arbeitskollegen zu erkennen, was diese sich von ihnen wünschen. Andere achten sehr genau auf das, was diese sagen, und greifen jede Äußerung auf, um es ihnen recht, also alles »richtig« zu machen.

Im realen Leben, also in der persönlichen Begegnung mit Nachbarn, Kollegen, Partnern und Vorgesetzten, geraten solche Menschen, die keine Gelegenheit verpassen wollen, um den Erwartungen anderer gerecht zu werden, über kurz oder lang zwangsläufig in eine Situation, die sie zu der Einsicht zwingt, dass das einfach nicht zu schaffen ist. Zu unterschiedlich sind die Vorstellungen dieser anderen, ihre Überzeugungen, ihr Reden und Handeln und die Art und Weise, wie sie ihre Erwartungen zum Ausdruck bringen. »Wenn alle das Gleiche wollten, wäre es einfacher und energiesparender«, sagt dann das eigene, notorisch um Kohärenz bemühte Gehirn.

Lösbar wird dieses Problem dadurch, dass jemand, der so gern von anderen gemocht werden will, seinen »Beglückungsdrang«

auf diejenigen Personen beschränkt, die sich dann auch besonders gern von ihr oder ihm beglücken lassen. Das lässt den Kreis derjenigen Personen, bei denen darauf geachtet werden muss, was sie sich wünschen, erheblich schrumpfen. Übrig bleibt dann oft nur noch ein Partner oder eine Partnerin, also eine Paarbeziehung.

Manchmal findet sich im realen Leben auch niemand, mit dem sich das Bedürfnis nach Verbundenheit zumindest ersatzweise durch dessen Beglückung stillen lässt. Dann werden die sozialen Netzwerke der digitalen Medien zum Retter in der Not. Dort kann man in kürzester Zeit viele Gleichgesinnte finden. Problemlos wird man Mitglied einer solchen Community, tauscht sich aus, schickt Bilder und Nachrichten umher, findet Anerkennung für eigene »Posts«, kann alle möglichen Probleme miteinander besprechen und eigene Lösungsvorschläge einbringen.

Manchmal gibt es auch etwas, wofür sich alle gemeinsam einsetzen. Vegane Ernährung, Gendergerechtigkeit, Kakteenzucht, verhungernde Kinder oder vor Krieg und Terror Flüchtende. Das liegt einem dann auch schnell selbst am Herzen. Man bringt sich ein, ist dabei, macht mit und fühlt sich in der virtuellen Community und in den virtuellen Chatrooms bald wohler als zu Hause. Aber auch dieses Glück ist bisweilen allzu schnell zu Ende. Ein Mitglied der Community tut sich hervor und beginnt, andere zu belehren. Ein zweites hat etwas von sich gegeben, das anderen missfällt. Klare Regeln für die Kommunikation werden eingefordert, Misstrauen macht sich breit, Andersdenkende werden ausgegrenzt oder ganz ausgeschlossen. Wer auch weiterhin dazugehören will, muss aufpassen, muss dranbleiben und sich so gut wie möglich über alles informieren, was in der Community und auch sonst in der Welt abläuft. Wer den Anschluss verpasst, ist draußen. Deshalb hält man lieber die Augen offen, wird vorsichtig und bemüht sich darum, die Erwartungen »seiner Community« zu erfüllen.

Wie einfach und wie leicht kann unser Leben werden, wenn es künftig nicht mehr so viele Menschen gibt, die sich gegenseitig zu Objekten ihrer Absichten und Ziele, ihrer Belehrungen und Bewertungen oder gar ihrer Maßnahmen und Anordnungen machen. Wenn niemand mehr Angst davor haben muss, so wie sie oder er ist, von anderen nicht gesehen, angenommen und gemocht zu werden. Wenn sich niemand mehr anstrengen muss, um dazugehören zu dürfen und mit anderen verbunden zu sein. Wenn jeder Mensch seiner ihm angeborenen Entdeckerfreude und Gestaltungslust nachgehen und dabei die in ihm oder ihr angelegten Talente und Begabungen entfalten kann.

Tatsächlich strebt ja alles, was lebendig ist, nach Entfaltung. Alles Lebendige will sich und das in ihm angelegte Potential entfalten. Wie das kleine Gänseblümchen, das sich durch die Asphaltdecke einer Nebenstraße kämpft. Weshalb können wir uns nur so schwer vorstellen, wie beglückend es ist, sich bis zur Erschöpfung anzustrengen, ständig Neues hinzuzulernen, intensiv an etwas zu arbeiten, etwas zu leisten, uns um etwas zu kümmern? Genau so waren wir doch alle am Anfang unseres Lebens unterwegs. Nicht weil wir mussten, sondern weil wir wollten. Weil wir die Welt entdecken und uns entfalten wollten. Wie konnte uns ausgerechnet genau das so sehr abhandenkommen, was wir so dringend wie das Gänseblümchen brauchen, um nicht unter einer Asphaltdecke zu verkümmern? Oder ist es uns deshalb abhandengekommen, weil es für unser Überleben unter dieser Asphaltdecke nicht hilfreich oder gar hinderlich war?

Wer sich nicht gesehen fühlt, wird versuchen, auf sich aufmerksam zu machen. Wer sich nur angenommen fühlt, wenn er die Erwartungen anderer erfüllt, wird versuchen sich anzupassen. Wer sich stärkeren gegenüber ohnmächtig ausgeliefert fühlt, wird versuchen, Macht und Einfluss zu erlangen. Wer sich arm fühlt, wird versuchen, reich zu werden. Wer sich bedeutungslos und unwichtig fühlt, wird versuchen, Ansehen und Bedeutung zu erlangen. Wer Angst vor Bedrohungen hat, wird versuchen, alles zu kontrollieren. Das alles sind Lösungen, die ein Heranwachsender findet, um den mit diesen unangenehmen Gefühlen einhergehenden inkohärenten Zustand in seinem Gehirn wieder kohärenter zu machen. Je besser ihr oder ihm das mit einer bestimmten Lösung gelingt, desto stärker werden die dabei im Gehirn aktivierten Nervenzellverschaltungen ausgebaut, gefestigt und verankert. So werden diese Lösungen ein Teil der betreffenden Person, ihres Selbstbildes, ihres Ich-Konstrukts. Sie oder er will und sucht deshalb möglichst viel Aufmerksamkeit, Ansehen und Bedeutung, Macht und Einfluss, Anerkennung und Reichtum, Kontrolle und Absicherung.

Wer so unterwegs ist, muss sich dann auch zwangsläufig möglichst gut über alles informieren, was dieses Begehren noch besser befriedigen kann. Sie oder er braucht auch genaue Informationen, all das, was dieser Befriedigung im Wege steht und sie möglicherweise behindern könnte. So jemand kann es sich nicht leisten, irgendetwas zu übersehen oder zu verpassen. Das würde möglicherweise all seine bisherigen Bemühungen zunichtemachen, seine Karriere beenden, seine Besitztümer ruinieren, seine bisherige Stellung und seine bisher gespielte Rolle und das damit erlangte Ansehen infrage stellen. Deshalb brauchen solche Personen möglichst viele, möglichst zuverlässige Informierer, auch solche, von denen sie erfahren, was in ihren Kreisen angesagt ist, worüber dort gerade geredet wird, was man gelesen oder gesehen haben sollte, wohin man zu gehen hat und was man besuchen muss. Und natürlich die Kleidung, das Styling, die Accessoires und was nicht alles werden dann äußerst wichtig.

Ist es wirklich so schwer, sich am Leben zu erfreuen und jeden Tag so zu genießen als sei er ein Geschenk? Dann würde es ganz leicht, Außergewöhnliches zu leisten, sich mit aller Kraft einzusetzen, mit Hingabe an etwas zu arbeiten und sich liebevoll und kompetent um etwas zu kümmern, das einem am Herzen liegt. Von innen heraus, weil man es will und nicht, weil man es von außen eingepflanzt bekam und es sich so sehr zu eigen gemacht hat, dass man meint, es so und nicht anders tun zu müssen. Das ist ein Asphalt, unter dem jedes Gänseblümchen verkümmert.

Wer frei sein will, darf nichts mehr von anderen haben wollen

Endlich frei zu sein! Dafür haben so viele Menschen jahrtausendelang gekämpft und sich mit allem, was sie hatten, mutig eingesetzt. Es ging ihnen um die Überwindung all der äußeren Fesseln, die sie an der Entfaltung der in ihnen angelegten Potenziale hinderte: Hunger, Not und Elend, Tyrannei und Unterdrückung, übermächtige Naturgewalten und todbringende Erkrankungen. Noch ist das nicht überall und auf allen Gebieten gelungen und wahrscheinlich lässt sich auch nicht alles besiegen und kontrollieren, was unser Leben und unsere Entfaltung bedroht. Wissenschaftliche Erkenntnisse und die Einführung neuer Technologien machten vieles beherrschbar und trugen entscheidend dazu bei, dass sich die meisten Menschen in den am weitesten fortgeschrittenen Ländern ein Leben unter all diesen einstigen Zwängen und Nöten heute kaum noch vorstellen können.

Dennoch leiden sehr viele von ihnen noch immer an einer massiven Einschränkung ihrer Freiheit. Doch die kommt nicht von außen, wie Naturgewalten oder Seuchen. Sie hat ihre Wurzeln im Inneren der betreffenden Personen. Sie sind Gefangene ihrer eigenen Vorstellungen und Überzeugungen, ihrer Befürchtungen und Ängste und ihrer aus ungestillten seelischen Grundbedürfnissen erwachsenen Bedürftigkeit. Denn wirklich frei ist ein Mensch erst dann, wenn er seine Wahrnehmung und sein Empfinden unbehindert öffnen und sich mit der ihn umgebenden Welt vorbehaltlos verbinden kann. Eine solche Person spürt dann auch, wer oder was in dieser Welt sich nicht so gut entfalten kann. Dadurch erwacht die innere Bereitschaft, sich dafür einzusetzen und sich darum zu kümmern, dass dieser stecken gebliebene Entfaltungsprozess wieder in Gang kommt. Dieses unbefangene Beobachten, dieses Gewahrwerden, dieses Sich-Zuwenden und -Hingeben wird niemand erleben können, der die Welt, die Natur, andere Lebewesen oder andere Menschen mit der Brille seiner festgefügten Vorstellungen betrachtet und deshalb zu wissen glaubt, worauf es ankommt. Der Blick eines solchen Menschen ist nicht frei. Die Aufmerksamkeit einer solchen Person folgt der aus ihrer Vorstellung abgeleiteten Erwartung. Sie sieht nur das, was sie sehen möchte.

Auch das, wovor viele Menschen Angst haben, lenkt diesen Blick auf die sie umgebende Welt in eine bestimmte Richtung. Sie sehen nicht das, was alles zu sehen wäre, sondern vor allem das, was in ihren Augen bedrohlich erscheint und wie sich solch eine Gefahr abwenden oder beseitigen lässt. Und diejenigen, denen es versagt geblieben ist, ihre beiden seelischen Grundbedürfnisse nach Verbundenheit und Geborgenheit einerseits und nach Selbstbestimmung und Autonomie andererseits zu stillen, richten ihren Blick automatisch auf das, was ihnen geeignet erscheint, ihre Bedürftigkeit zumindest vorübergehend und ersatzweise zu befriedigen. So wählt jeder und jede aus der Vielfalt zur Verfügung stehender Informationen immer genau diejenigen aus, die zu seiner oder ihrer inneren Verfasstheit, also den jeweiligen Vorstellungen, Ängsten oder Bedürftigkeiten, passen. Mit Freiheit hat das nichts zu tun. Und mit Offenheit auch nicht. Solche Menschen sind aber auch keine Unterdrückten mehr, deren Blick sich zwangsläufig auf alles richtet, was geeignet sein könnte, sich aus dieser Unterdrückung zu befreien.

Die festen Vorstellungen, die sie im Kopf haben, ihre Ängste und Befürchtungen und vor allem ihre Bedürftigkeit macht sie enorm leicht verführbar. Allzu gern folgen sie und verbinden sie sich mit solchen Menschen, die sie in ihren Vorstellungen und Überzeugungen bestärken. Allzu gern laufen sie all jenen hinterher und befolgen deren Ratschläge, die ihnen versprechen, ihre Ängste und Befürchtungen durch bestimmte Maßnahmen aufzulösen, zum Beispiel indem sie ankündigen, wieder für Ruhe und Ordnung und klare Verhältnisse zu sorgen. Und allzu bereitwillig verbinden sich diese Bedürftigen mit Personen, die den Eindruck erwecken, als hätten sie eine Lösung zur Überwindung ihrer Bedürftigkeit gefunden. Gern folgen sie deren Einladung, sich ihnen anzuschließen. Sei es, um noch besser Karriere zu machen, noch schneller Geld zu verdienen, noch mehr Macht und Einfluss oder Ansehen und Bewunderung zu erlangen.

Manche lassen sich in ihrer Bedürftigkeit auch dazu verführen, Mitglied einer Gemeinschaft zu werden, in der alle in großer Eintracht und den gleichen Vorstellungen miteinander verbunden sind.

Unterdrückte können sich gegen ihre Unterdrücker wehren, um sich zu befreien. Verführte halten den goldenen Käfig, in dem sie gelandet sind, für das Land der unbegrenzten Möglichkeiten, fühlen sich so frei wie nie zuvor und schützen ihre Verführer, mit denen sie sich so eng verbunden fühlen. Befreien können sich derartig abhängig Gewordene nur dann, wenn es ihnen gelingt, ihre Bedürftigkeit zu überwinden. Ihre Verführer werden ihnen dabei nicht helfen. Sie müssten es selbst schaffen, sich wieder mit ihren unterdrückten und unerfüllten Bedürfnissen zu verbinden.

Was ist das Entscheidende, könnten sie sich fragen, was ich auf meiner Suche nach Kohärenz, nach Anerkennung und Bewunderung, nach Macht und Einfluss und all dem, was mich bisher geleitet und mein Denken, Fühlen und Handeln bestimmt hat, verloren habe? Wie wäre es, wenn ich mich wieder mit dieser Entdeckerfreude und Gestaltungslust, mit meiner Sinnlichkeit und mit meinen lebendigen Bedürfnissen verbinde? Wenn ich einfach nur versuche, fortan etwas liebevoller zu mir selbst zu sein?

Dann muss ich nicht mehr machen, was andere von mir erwarten. Dann kann ich wieder selbst bestimmen und tun, was mir guttut. Wer das in dieser Weise ausprobiert, erlebt sich dann auch endlich wieder als Gestalter des eigenen Lebens. Das eine Grundbedürfnis nach Autonomie ist damit gestillt. Und weil sich die betreffende Person nun ja wieder mit sich selbst und ihrer eigenen Lebendigkeit verbunden hat, ist auch ihr anderes Grundbedürfnis nach Verbundenheit gestillt. Dann sind solche Menschen keine Bedürftigen mehr, die ständig von anderen etwas haben wollen. Sie brauchen deren Anerkennung und Bewunderung nicht mehr und sie haben auch keine Angst mehr davor, etwas zu verpassen. Weil sie freie Menschen geworden sind, können sie nun anderen etwas schenken.

3.3 Es gibt einen Ausweg aus der selbst verschuldeten Unmündigkeit

Die unser Denken, Fühlen und Handeln steuernden neuronalen Verschaltungsmuster sind nicht durch genetische Programme festgelegt. Sie sind zeitlebens umbaubar, es können immer wieder neue Nervenzellverknüpfungen herausgeformt und gefestigt werden. Unser menschliches Gehirn ist also niemals »fertig« und das Wissen und Können, das wir uns zu einem bestimmten Zeitpunkt angeeignet haben, ist nie genug, um uns in unserer sich ständig verändernden Lebenswelt zurechtzufinden. Wir sind und bleiben Suchende, niemand weiß von Anfang an, worauf es im Leben ankommt. Wir müssen das erst unterwegs herausfinden. Dabei können wir uns auch immer wieder verirren und verwickeln. Um das zu vermeiden, suchen wir zeitlebens nach neuen Erkenntnissen.

Wenn sich so eine Erkenntnis als hilfreich erweist, geben wir sie als Information an andere Menschen weiter. Mit der Einführung des Buchdruckes hatten sich die Möglichkeiten zur Verbreitung von Informationen erheblich erweitert. Das Zeitalter der Aufklärung war angebrochen. In den Machtkämpfen von religiösen und weltlichen Herrschern verloren gegangenes oder unterdrücktes Wissen wurde wiedergefunden, neue Erkenntnisse, Entdeckungen und Erfindungen kamen hinzu. Es herrschte Aufbruchstimmung und die Lebenswelt der Menschen verändert sich rascher als jemals zuvor. Die Vorstellung begann sich auszubreiten, mithilfe unseres nackten Verstandes seien alle Probleme der Welt lösbar.

Zu denen, die bereits sehr früh erkannten, dass das nicht so einfach war, wie es damals noch viele seiner Zeitgenossen glaubten, zählt der Philosoph Immanuel Kant.

Er verfasste gegen Ende des 18. Jahrhunderts einen Text, in dem er herausarbeitete, dass Aufklärung nichts mit Belehrung, mit der Weitergabe von Wissen und – so würden wir es wohl heute nennen – mit der Verbreitung von Informationen zu tun hat.

Es lohnt sich, zumindest den Anfangsteil dieser Schrift noch einmal zu lesen. Sie heißt: *Beantwortung der Frage: Was ist Aufklärung*? Und hier schreibt Kant gleich zu Beginn:

> *»Aufklärung ist der Ausgang des Menschen aus seiner selbst verschuldeten Unmündigkeit. Unmündigkeit ist das Unvermögen, sich seines Verstandes ohne Leitung eines anderen zu bedienen. Selbstverschuldet ist diese Unmündigkeit, wenn die Ursache derselben nicht am Mangel des Verstandes, sondern der Entschließung und des Mutes liegt, sich seiner ohne Leitung eines andern zu bedienen. Sapere aude! Habe Mut, dich deines eigenen Verstandes zu bedienen! ist also der Wahlspruch der Aufklärung.*
>
> *Faulheit und Feigheit sind die Ursachen, warum ein so großer Teil der Menschen, nachdem sie die Natur längst von fremder Leitung freigesprochen (naturaliter maiorennes), dennoch gerne zeitlebens unmündig bleiben; und warum es anderen so leicht wird, sich zu deren Vormündern aufzuwerfen. Es ist so bequem, unmündig zu sein. Habe ich ein Buch, das für mich Verstand hat, einen Seelsorger, der für mich Gewissen hat, einen Arzt, der für mich die Diät beurteilt, usw.: so brauche ich mich ja nicht selbst zu bemühen. Ich habe nicht nötig zu denken, wenn ich nur bezahlen kann; andere werden das verdrießliche Geschäft schon für mich übernehmen. Dass der bei weitem größte Teil der Menschen (darunter das ganze schöne Geschlecht) den Schritt zur Mündigkeit, außer dem dass er beschwerlich ist, auch für sehr gefährlich halte: dafür sorgen schon jene Vormünder, die die Oberaufsicht über sie gütigst auf sich genommen haben. Nachdem sie ihr Hausvieh zu-*

erst dumm gemacht haben, und sorgfältig verhüteten, dass diese ruhigen Geschöpfe ja keinen Schritt außer dem Gängelwagen, darin sie sie einsperrten, wagen durften: so zeigen sie ihnen nachher die Gefahr, die ihnen drohet, wenn sie es versuchen, allein zu gehen. Nun ist diese Gefahr zwar eben so groß nicht, denn sie würden durch einige mal Fallen wohl endlich gehen lernen; allein ein Beispiel von der Art macht doch schüchtern, und schreckt gemeiniglich von allen ferneren Versuchen ab. Es ist also für jeden einzelnen Menschen schwer, sich aus der ihm beinahe zur Natur gewordenen Unmündigkeit herauszuarbeiten. Er hat sie sogar liebgewonnen, und ist vor der Hand wirklich unfähig, sich seines eigenen Verstandes zu bedienen, weil man ihn niemals den Versuch davon machen ließ. Satzungen und Formeln, diese mechanischen Werkzeuge eines vernünftigen Gebrauchs oder vielmehr Missbrauchs seiner Naturgaben, sind die Fußschellen einer immerwährenden Unmündigkeit. Wer sie auch abwürfe, würde dennoch auch über den schmalesten Graben einen nur unsicheren Sprung tun, weil er zu dergleichen freier Bewegung nicht gewöhnt ist. Daher gibt es nur wenige, denen es gelungen ist, durch eigene Bearbeitung ihres Geistes sich aus der Unmündigkeit her aus zu wickeln, und dennoch einen sicheren Gang zu tun.«[27]

Wem es beim Lesen dieses Textes nicht die Sprache verschlägt, sollte ihn sich noch ein zweites Mal in Ruhe vornehmen.

Es ist nicht nur ihr mangelnder Verstand, also zu wenig Sachkenntnis und Wissen, oder ihre unzureichende Fähigkeit, Sachverhalte zu erkennen, Kategorien zu bilden und Beobachtungen

---

27 Kant, I.: *Werke in zwölf Bänden*, Band 11, Frankfurt 1977, Erstdruck: Berlinische Monatsschrift, Berlin Dezember 1784, S. 481–494.

einzuordnen, was Menschen unmündig macht. Diese kognitiven Defizite ließen sich ja alle durch die Bereitstellung entsprechender Informationen, durch Belehrung und Unterricht überwinden. Und genau das wurde schon zu Kants Zeiten versucht und in den seither vergangenen 250 Jahren ständig weiter intensiviert und verbessert. Es hat nichts genützt. Und Kant sagt auch, warum all diese Bemühungen so erfolglos geblieben sind: Weil sie auf die Vermittlung von Wissen oder von kognitiven Kompetenzen ausgerichtet waren und nicht auf die Ermutigung, dieses Wissen und diese Kompetenzen einzusetzen, sich also seines »eigenen Verstandes zu bedienen«. Wem der Mut zum selber Denken und die Freude am Lernen abhandengekommen ist, bleibt ein unmündiger Abhängiger der an ihn herangetragenen und ihn überflutenden Informationen.

Menschen sind keine Objekte

Es ist kein Naturgesetz und liegt auch nicht in den genetischen Anlagen, dass so viele Menschen im Lauf ihres Lebens ihren Mut verlieren. Und es ist ja auch nicht nur der Mut, sich ihres eigenen Verstandes zu bedienen, um einen inkohärenten Zustand in ihrem Gehirn wieder etwas kohärenter zu machen, der vielen fehlt. Manchen fehlt auch der Mut, in Gegenwart anderer zu singen, zu tanzen oder auszusprechen, was sie bewegt. Das hatten sie aber alle einmal gekonnt, zumindest damals, als sie noch kleine Kinder waren ohne diese ständige Angst vor den Bewertungen anderer.

Mit diesem Mut sind wir also alle bereits auf die Welt gekommen. Mutig und fest davon überzeugt, dass es genau so, wie es ist, völlig richtig ist, macht sich jedes Kind auf den Weg. So lange, bis diese Überzeugung nachhaltig erschüttert wird und ihm der Mut vergeht. Verantwortlich dafür ist niemals das betreffende Kind, sondern diejenigen, die es auf diesem Weg begleiten. Oft sind es die eigenen Eltern, manchmal Geschwister oder andere Kinder, manchmal auch Erzieher im Kindergarten oder Lehrer in der Schule. Später auch noch Ausbilder, Hochschuldozenten, Vorgesetzte, Nachbarn und Freunde, bisweilen sogar die jeweiligen Lebenspartner. Und es ist immer die gleiche schmerzhafte Erfahrung, die anfangs noch sehr mutige Menschen in der Beziehung zu solchen Personen machen: Sie müssen erleben, wie sie von diesen anderen zum Objekt von deren Erwartungen und Absichten, deren Belehrungen und Bewertungen oder gar von deren Maßnahmen und Anordnungen gemacht werden.

Diese »Behandlung« verletzt ihre beiden Grundbedürfnisse gleichzeitig und erzeugt eine massive Inkohärenz im Gehirn. Wer das Gefühl hat, von anderen, ihm wichtigen oder bedeutsam erscheinenden Personen erst dann gemocht, wertgeschätzt und angenommen zu werden, wenn er deren Erwartungen erfüllt, muss berechtigterweise daran zweifeln, von diesen Personen so angenommen und mit ihnen so verbunden zu sein, wie sie oder er ist. So wird das Bedürfnis nach verlässlicher Verbundenheit tief verletzt. Und wer dabei ist, etwas selbst zu entdecken oder selbst zu gestalten, und von anderen darauf hingewiesen wird, wie er was zu machen, was er zu tun und zu lassen hat, fühlt sich zutiefst in seinem Bedürfnis nach Selbstgestaltung, Autonomie und Freiheit verletzt.

Die einfachste und von ganz allein gefundene Lösung, um die so im Hirn entstandene und sich im ganzen Körper ausbreitende Inkohärenz wieder in einen etwas kohärenteren Zustand zu verwandeln, besteht darin, das betreffende Grundbedürfnis zu unterdrücken. Dann tut es nicht mehr weh, wie ein Objekt behandelt zu werden. Es ist eine kohärenzstiftende, energiesparende Lösung, und je öfter sie fortan eingesetzt und als erleichternd erlebt wird, desto besser werden die zu dieser Unterdrückung des betreffenden Grundbedürfnisses aktivierten Nervenzellverschaltungen mit ihrer hemmenden Wirkung verstärkt und ausgebaut. Dann sucht das Kind oder später der Erwachsene nicht mehr nach Verbundenheit, sondern nach Anerkennung und Bedeutsamkeit. Und dann will die betreffende Person alles so machen, wie es diese anderen von ihr erwarten. Sie findet das nun völlig normal, ist vielleicht sogar froh, dass sie nun keine Probleme mit diesen anderen mehr hat, und stellt sogar fest, dass sie auf diese Weise recht gut und erfolgreich vorankommt. Diese Anpassungsleistung wird zu einem Teil ihres Selbstbildes, der oder die Betreffende ist nun so geworden wie diese anderen und ist froh darüber, dazuzugehören. Dabei begleitet sie oder ihn jedoch auch weiterhin ständig die Angst vor deren Bewertungen. Deshalb gibt sich die betreffende Person Mühe und strengt sich an, deren Erwartungen zu erfüllen.

Unbekümmert tanzen, singen und lachen können solche Menschen dann freilich nicht mehr. Es fällt ihnen auch schwer, anderen gegenüber auszusprechen, was sie im Inneren bewegt. Sie halten sich gern an das, lesen das und schauen sich das an, was diejenigen tun, die ähnlich »drauf« sind wie sie und mit denen sie sich deshalb verbunden fühlen. Sie halten nun das, was sie denken, was sie als richtig oder falsch bewerten, was sie als erstrebenswert und hilfreich oder als hinderlich und nutzlos erachten, für ihre eigene Meinung. Selbst zu denken kann zu unerwarteten Einsichten führen und die von anderen erhoffte Anerkennung und Zuwendung gefährden. Davor haben solche Menschen Angst und deshalb fehlt ihnen der Mut, »sich ihres eigenen Verstandes zu bedienen«. Lieber wollen sie »alles richtig machen«, und mit dieser Absicht begleiten oder erziehen sie dann auch selbst wieder ihre eigenen Kinder – und machen sie so zum Objekt ihrer vermeintlich eigenen, aber eigentlich nur von anderen übernommenen Absichten und Erwartungen, ihrer Belehrungen und Bewertungen oder gar ihrer Maßnahmen und Anordnungen …

So dreht sich das Karussell, in dem Menschen lernen, einander wie Objekte zu betrachten und zu behandeln, Runde um Runde, von einer Generation zur nächsten. Jemand, der das von außen betrachtet, würde uns für verrückt halten und sich fragen, was uns so blind für das Offensichtliche gemacht hat: Kühlschränke, Autos oder Computer sind Objekte. Die können wir behandeln, wie wir wollen. Aber Menschen sind keine Maschinen. Sie haben Bedürfnisse. Und die müssen sie stillen, um lebendig zu bleiben.

Maschinen haben keinen Hunger oder keinen Durst, auch kein Bedürfnis, gewartet und gepflegt zu werden oder irgendetwas zu leisten. Wir können sie benutzen, um bestimmte Tätigkeiten auszuführen oder Leistungen für uns zu erbringen. Solange wir die dafür erforderliche Energie zuführen, machen sie das, wofür wir sie gebaut und programmiert haben. Sobald wir diese Energiezufuhr abstellen, stehen alle Räder wieder still. Selbst der »intelligenteste« und »lernfähigste« Computer verspürt dann keinen inneren Impuls, die unterbrochene Stromzufuhr wiederherzustellen. Und wenn er so programmiert wäre, dass er dann eine Steckdose sucht und seinen Stecker wieder hineinsteckt, brauchen wir nur die Stromversorgung für das ganze Gebäude abzustellen. Dann ist wieder Schluss. Um sich immer wieder die für seine Aktivitäten erforderliche Energie verschaffen zu können, müsste so ein digital gesteuerter Roboter herausfinden, also durch Versuch und Irrtum lernen, wie das geht. Weil aber selbst der beste Computer kein Bedürfnis hat, seine Energieversorgung selbst sicherzustellen, wird er das niemals lernen können.

Bei uns Menschen ist das ganz anders. Wenn uns die Energie ausgeht, erwacht das Bedürfnis nach Nahrungsaufnahme. Wir bekommen Hunger und stillen dieses Bedürfnis, indem wir etwas essen, das Energie in Form von Kohlenhydraten, Fett und Eiweiß enthält, also Tiere und Pflanzen oder Teile davon. Manche Tiere stellen dieses Fett und Eiweiß her, indem sie andere Tiere fressen, aber am Anfang dieser Nahrungskette steht immer ein Pflanzenfresser. Es sind also letztendlich die Pflanzen, die alle Tiere und uns Menschen mit der für das Überleben erforderlichen Energie versorgen. Die Vorfahren der Pflanzen, die Grünalgen oder genauer: deren Vorfahren, die Cyanobakterien – haben die Fotosynthese vor 2,3 Milliarden Jahren erfunden. Aus Sonnenlicht und Kohlendioxid wird dabei Glukose erzeugt. Dieser einfache Zucker ist der wichtigste chemische Energieträger und bildet den Grundstoff für die Herstellung aller energiereichen Kohlenhydrate. Ohne ausreichende Glukoseversorgung können Pflanzen und Tiere auch keine Eiweiße und Fette herstellen. Gleichzeitig entsteht bei der Fotosynthese auch Sauerstoff. Die Cyanobakterien, Grünalgen und Pflanzen haben durch ihre Freisetzung von Sauerstoff unsere Atmosphäre ja genau genommen erst geschaffen. Ohne sie hätte die Vielfalt pflanzlicher und tierischer Lebewesen auf unserem Planeten niemals entstehen können. Auch uns Menschen gäbe es dann nicht. Wir hätten weder Sauerstoff zum Atmen noch Nahrung zum Essen.

Weshalb fallen wir nicht in tiefster Ehrfurcht vor diesen Lebensspendern auf die Knie? Warum erschaudern wir nicht angesichts der Erkenntnis, wie untrennbar alles Lebendige auf dieser Erde miteinander verbunden ist? Wie konnten wir verlernen, die Einzigartigkeit jedes Schlehengebüsches, jedes Apfelbaumes, jedes Schmetterlings, jeder Haselnuss und jedes Menschen zu bewundern und zu bestaunen? Weshalb fließen uns nicht die Tränen der Rührung über die Wangen, wenn wir einem Gänseblümchen begegnen, das sich mit all seiner Kraft durch den Asphalt des Seitenstreifens einer Straße hindurchgekämpft hat?

Warum lassen wir zu, dass unsere Kinder die Fotosynthese und den Elektronentransport in den Chloroplasten auswendig lernen, ohne diese natürlichen Zusammenhänge zu verstehen und sich von diesem überall in der Natur beobachtbaren Entfaltungsprozess des Lebendigen berühren zu lassen?

Immanuel Kant würde sagen: »Weil uns der Mut fehlt, uns unseres Verstandes zu bedienen.« Und der Mut dazu fehlt uns, weil wir nicht mehr mit dem Lebendigen, oft noch nicht einmal mehr mit den lebendigen Anteilen in uns selbst verbunden sind. Deshalb behandeln wir uns selbst, andere Menschen und andere Lebewesen so, als wären sie Objekte.

Ausbildung ist keine Bildung

Wer einen anderen Menschen zum Objekt seiner Erwartungen, seiner Belehrungen, seiner Bewertungen oder gar seiner Maßnahmen macht, verletzt dessen Grundbedürfnis nach Zugehörigkeit und Verbundenheit ebenso wie das nach Autonomie und Freiheit. Wem die Stillung seiner Grundbedürfnisse versagt bleibt, wird zu einem Bedürftigen, und es sind immer auf diese Weise bedürftig gewordene Menschen, die andere, auch andere Lebewesen, ebenfalls wieder wie Objekte behandeln. Sie tun das nicht absichtlich und sind auch nicht boshaft. Ihr Drang, andere darauf hinzuweisen, worauf es im Leben ankommt und was diese zu tun und zu lassen haben, ist nur Ausdruck der Lösung, die sie für das Problem gefunden haben, selbst von anderen – die auch schon keine bessere Lösung gefunden hatten – zum Objekt von deren Erziehungs- und Bildungsmaßnahmen gemacht worden zu sein.

Das Verb »bilden« stammt aus dem Althochdeutschen »bilidon« und das bedeutet »formen« oder »gestalten«. Im Mittelhochdeutschen hat man das Anfertigen und Verzieren von Bildern als

»bilden« bezeichnet, daher stammt der Begriff »Bildende Kunst«. Im Zuge der Aufklärung wurde Bildung zum Ausdruck der Bestrebungen des aufstrebenden Bürgertums, seine Vorstellungen und seine Kenntnisse weiterzugeben. Diejenigen, bei denen das besonders gut geklappt hatte, bezeichnete man als »Gebildete«. Heute ist es schwer, eine einheitliche Definition für das zu finden, was Bildung sein soll. Alexander von Humboldt verstand darunter die Entfaltung von angelegten Talenten und Begabungen und die Herausbildung persönlicher Fähigkeiten. Als preußischer Bildungsminister hat er es möglicherweise auch deshalb in diesem Job nicht lange ausgehalten. Seither ist Bildung immer deutlicher zu einer staatspolitischen Aufgabe geworden. Was durch Bildung erreicht werden soll, ist dabei abhängig von jeweils herrschenden gesellschaftlichen Wertvorstellungen und Überzeugungen. Als »Bildung« wird gegenwärtig das gesamte Wissen bezeichnet, über das eine Person verfügt, aber auch der Prozess, in dem dieses Wissen erworben wird.

Wenn es jedoch um die Entfaltung der in jedem Menschen angelegten Potentiale und damit um die Emanzipation des Menschen aus seiner selbst verschuldeten Unmündigkeit geht, kommt es nicht primär auf die Aneignung von möglichst viel Wissen und vielfältigen Kompetenzen an, sondern auf die von Immanuel Kant so eindringlich angemahnte Fähigkeit, sich seines eigenen Verstandes zu bedienen. So betrachtet ist alles, was diese Fähigkeit stärkt, Bildung. Selbst überragende kognitive Fähigkeiten versetzen eine Person nicht zwangsläufig in die Lage, sich ihrer auch mutig zu bedienen. Manche nutzen ihren Verstand vor allem dazu, die Anerkennung oder Bewunderung anderer zu erlangen und auf diese Weise ihr Bedürfnis nach Zugehörigkeit und Autonomie ersatzweise zu stillen. Sie lernen sehr genau zu erkennen, was diese anderen von ihnen erwarten. Um diese Erwartungen möglichst gut erfüllen zu können, müssen sie allerdings ihr Autonomiebedürfnis unterdrücken, selbst zu denken und ihre eigenen Vorstellungen zu vertreten. Was solche Menschen auszeichnet, ist keine Bildung, sondern ein aus eigener Bedürftigkeit gespeistes und besonders ausgeprägtes Anpassungsvermögen.

Aber auch der bemerkenswerte Mut, den manche in bestimmten Situationen aufbringen, ist nicht Ausdruck ihrer besonders guten Bildung. Denn dieser Mut kann auch aus der Hoffnung erwachsen, dafür möglichst viel Anerkennung und Bewunderung bei anderen zu finden. Wer sich mutig seines Verstandes bedient, muss damit rechnen, als unbequemer Bedenkenträger oder gar Querulant von anderen abgelehnt, für verrückt erklärt und ausgegrenzt zu werden. Wer das dennoch tut, macht es so, weil er gar nicht anders kann. Braucht ein solcher Mensch dazu Mut?

Diese Frage lässt sich am Beispiel Albert Einsteins recht gut beantworten. Was hatte ihn in die Lage versetzt, seinen Verstand auf so außergewöhnliche Weise zu nutzen und ganz anders zu denken als die meisten seiner Zeitgenossen? Er war nicht besonders mutig, aber sehr neugierig, und machte nichts lieber, als selbst zu denken und eigene Vorstellungen zu entwickeln. Es war nicht sein umfangreiches Wissen und auch nicht sein großer Mut, sondern seine innere Freude am eigenen Entdecken und Gestalten, die es ihm ermöglichte, die Relativitätstheorie zu entwickeln. Es ist nur diese tiefe innere Freude am Lernen, die Menschen brauchen, um ihr Leben zu meistern, einen Beruf zu erlernen und erfolgreich zu sein. So betrachtet ist Bildung alles, was ihnen dabei hilft, ihre Freude am Lernen, am eigenen Entdecken und am gemeinsamen Gestalten nicht zu verlieren. Wer diese angeborene Lernlust noch in sich spürt, wird sich mit Freude und Leichtigkeit all das spezifische Wissen und Können, auch die dazugehörigen Kompetenzen aneignen, um die in seiner Lebenswelt zu seiner Lebenszeit anfallenden spezifischen Aufgaben zu meistern oder auch einfach nur mühelos zu erledigen.

Wen müssten wir fragen, worauf es für die Aufrechterhaltung der Freude am eigenen Entdecken und am gemeinsamen Gestalten ankommt? Unternehmensführer? Politiker? Hochschullehrer? Oder unsere Kultusbeamten und Bildungsexperten? Oder eher diejenigen, denen weniger ihr Ansehen und ihre Karriere am Herzen liegen, sondern – so sehr es nur geht – die Zukunft der in unsere Welt hineinwachsenden Kinder und Jugendlichen. Das können auch Pädagogen, Politiker oder Hochschullehrer sein, aber das sind immer und zuallererst diejenigen, die diesen Kindern ihr Leben geschenkt, die sie begleitet und, so gut sie das vermochten, großgezogen haben.

Und was antworten die meisten Eltern, wenn sie gefragt werden, was sie sich für ihre Kinder wünschen? »Glücklich sollen sie sein, jetzt schon, aber auch noch später als Erwachsene.« Und wenn man weiter fragt, was ihrer Meinung nach jedes Kind überall auf der Welt wirklich braucht, um sein Leben so gestalten zu können, dass es glücklich wird, kommen die Antworten hervorgesprudelt wie das Wasser aus einer Quelle: eine Tätigkeit, die Freude macht, verlässliche Freunde, die zu ihm halten, und natürlich auch Geborgenheit, Vertrauen, Zuversicht, viel Fantasie und gute Ideen, auch Herausforderungen und Schwierigkeiten, aber immer wieder ganz viel Freude am eigenen Entdecken und am gemeinsamen Gestalten.

»Intrinsische Motivation« nennen das die Psychologen, und sie sind sich auch einig, dass alle Kinder diese innere Entdeckerfreude und Gestaltungslust bereits mit auf die Welt bringen. Sie ist also angeboren und braucht nicht gefördert zu werden. Es reicht völlig aus, dafür zu sorgen, dass sie nicht durch ungünstige Erfahrungen beim eigenen Entdecken und Gestalten unterdrückt wird. Und solche ungünstigen Erfahrungen macht ein Kind und später auch jeder Erwachsene immer dann, wenn sie oder er zum Objekt der Absichten und Erwartungen, der Belehrungen und

Bewertungen, auch von »extrinsischen« Motivationsversuchen in Form von Belohnungen oder Bestrafungen gemacht wird. Damit bleiben die beiden Grundbedürfnisse ungestillt, und in dieser Weise bedürftig geworden, neigen solche Menschen dazu, möglichst viel von anderen haben zu wollen – Anerkennung und Bewunderung für Informationen, die sie gern an andere verbreiten, oder das Gefühl eigener Sicherheit und Kompetenz durch Informationen, die sie sich von anderen verschaffen.

Erklärungen sind keine Berührungen

Unser nicht durch genetische Programme festgelegtes, zeitlebens umbau- und damit lernfähiges Gehirn macht uns Menschen zu Suchenden. Wir müssen erst durch eigenes Ausprobieren, durch Versuch und Irrtum lernen, worauf es für ein glückliches Leben und ein friedliches Zusammenleben ankommt. Dabei laufen wir ständig Gefahr, uns zu verirren, als Einzelne wie auch als ganze Gemeinschaften oder Gesellschaften. Sobald wir uns zu weit von dem entfernen, was wir für die Entfaltung der in uns angelegten Potentiale brauchen, entsteht in unseren Gehirnen eine immer stärker werdende Inkohärenz, und der damit einhergehende erhöhte Energieverbrauch zwingt uns, eine Lösung zu finden, die geeignet ist, die in unserem Gehirn ablaufenden neuronalen Erregungsprozesse wieder etwas kohärenter, besser aufeinander abgestimmt und damit energiesparender zu machen.

Aus der Tatsache, dass die Menschheit bisher noch nicht untergegangen ist, lässt sich ableiten, dass es unseren Vorfahren immer wieder gelungen ist, ihr Zusammenleben neu zu ordnen, wenn sich der Weg, auf den sie geraten waren, als Irrweg erwies.

Waren sie wie die Ägypter, die Perser, die Römer dazu nicht imstande, wurden sie am Ende zwar von anderen Völkern besiegt, aber erst, nachdem sie genau das bereits verloren hatten, was den bis dahin aufrechterhaltenen, einigermaßen kohärenten Zustand ihrer jeweiligen Gesellschaften gewährleistet hatte: gemeinsame Feindbilder, siegreiche Feldzüge, strenge hierarchische Ordnungen und immer wieder Unterdrückung und Gewalt gegenüber all jenen, die diese Ordnungen infrage zu stellen oder gar zu bekämpfen versuchten.

Ende des vergangenen Jahrhunderts haben wir die jüngste Auflösung eines »Weltreiches« miterlebt, dessen Machthaber nicht mehr imstande waren, die Kohärenz ihrer Gesellschaften durch einen Unterdrückungs- und Bespitzelungsapparat und der von diesen Instanzen verbreiteten Angst zu sichern. Mit dem Zusammenbruch des Ostblocks fand auch der bis dahin mit viel Aufwand ausgetragene Informationskrieg zwischen West und Ost sein natürliches Ende. Damals haben viele nicht gesehen, was in den letzten Jahren immer deutlicher zutage getreten ist: der übermäßige Verbrauch von Energie; der wachsende Einfluss der großen Digitalkonzerne, die Klimaerwärmung, das Artensterben, die Corona-Pandemie, der weltweite Terrorismus, Finanzkrisen, nicht enden wollende Flüchtlingsströme und immer wieder neue Kriege. Bis vor Kurzem erschien es noch unvorstellbar, dass das aus der Aufklärung abgeleitete Selbstverständnis der Menschen in der westlichen Welt jemals so grundlegend infrage gestellt wird. Erstmals in der gesamten Menschheitsgeschichte zeichnet sich ab, dass die Eltern von heute ihre Kinder in eine Welt entlassen, in der es vor lauter Krisen und Problemen keine berechtigte Hoffnung oder auch nur eine gewisse Zuversicht gibt, dass es diesen Kindern in Zukunft einmal besser gehen könnte als ihnen selbst. Sind wir bei unseren Versuchen, die Ideen der Aufklärung umzusetzen und ein friedliches, demokratisch verfasstes Zusammenleben der Menschen zu ermöglichen, auf einen Irrweg geraten?

Dabei verfügen wir Menschen über hervorragende kognitive Fähigkeiten. Aber schon Immanuel Kant hatte ja den Verdacht, dass unser nackter Verstand wenig nützt, wenn wir nicht den Mut aufbringen, ihn auch einzusetzen. Es hilft nichts, die Menschen aufzuklären, ihnen möglichst viel Wissen zur Verfügung zu stellen, wenn ihnen der innere Impuls, also der Mut, fehlt, das Erkannte auch praktisch umzusetzen. Damit sich Menschen auf den Weg machen und ihr ganzes Wissen und Können mit aller Kraft einsetzen, muss ihnen klar sein, wofür sie das tun. Es ist offenbar nicht ausreichend, wenn sie über die vielen und ständig größer werdenden Probleme in der Welt bestens informiert sind, wenn sie diese kognitiv und mit gut begründeten moralischen Motiven nachvollziehen und sogar anderen erklären können. Wir Menschen müssten das, was wir so gut messen, beschreiben und beobachten können und worüber wir einander informieren, auch tief in unserem Inneren empfinden. Diese Fähigkeit, sich durch das, was in der Welt geschieht, was andere Menschen tun, tief im Inneren berühren zu lassen, ist die entscheidende Voraussetzung dafür, dass Menschen den Mut aufbringen, sich ihres Verstandes zu bedienen. Dieser Mut erwächst aus dem, was uns Menschen von Maschinen, von allen digital gesteuerten Robotern und Automaten unterscheidet. Das ist die Fähigkeit, ein inneres Bedürfnis zu spüren und es stillen zu wollen.

Ihre beiden Grundbedürfnisse nach Geborgenheit und Verbundenheit einerseits und nach eigenen Gestaltungsmöglichkeiten, Autonomie und Freiheit andererseits müssen schon Heranwachsende in unserer Gesellschaft so gut wie möglich zu unterdrücken lernen. Sie wachsen in eine Welt hinein, in der die Menschen sich gegenseitig wie Objekte behandeln, in der sie vielfältige Objektbeziehungen miteinander eingehen und ihre jeweiligen Objektrollen so gut wie möglich auszufüllen versuchen. Auch das hatten wir in den vorangegangenen Kapiteln herausgearbeitet, ebenso wie die daraus in ihrem Inneren entstehende Bedürftigkeit, die sie unter anderem dazu bringt, einem Drang zu folgen, andere ständig über das, was sie für wichtig halten zu informieren oder sich selbst so gut wie möglich zu informieren.

Die Notwendigkeit, sich an die Erwartungen der erwachsenen Mitglieder einer Gemeinschaft anzupassen und ihre als Kind noch so gut spürbaren lebendigen Bedürfnisse zu unterdrücken, ergibt sich aus der auch heute noch in vielen Bereichen unserer Gesellschaft aufrechterhaltenen hierarchischen Ordnungsstruktur. Dieses schon sehr früh gefundene und umgesetzte Kohärenz stiftende soziale Ordnungsprinzip war enorm erfolgreich. Die hierarchische Organisation des Zusammenlebens ermöglichte das effiziente Zusammenwirken sehr vieler Menschen zur Beherrschung von Naturgewalten, zur Sicherung der Ernährung oder zur Abwehr von Feinden. Gleichzeitig förderte es den Wettbewerb unter den Mitgliedern solcher Gemeinschaften um Aufstiegschancen und stimulierte deren individuelle Leistungsbereitschaft und ihren persönlichen Einsatz zur Erlangung von Anerkennung, von Einfluss, Macht und Besitz. Auch dieses Bestreben war eine wichtige Schubkraft für den Ausbau unserer kognitiven Fähigkeiten. Wer etwas Neues entdeckte, erfand oder herstellte, das anderen Mitglieder dieser Gemeinschaften vorteilhaft oder attraktiv erschien, hatte die besten Aufstiegschancen.

Durch Nutzung dieses kognitiven Potentials ist es uns Menschen sogar gelungen, ein Grundprinzip der Natur vorübergehend außer Kraft zu setzen. Es handelt sich um die sich aus dem im zweiten Hauptsatz der Wärmelehre ergebende Notwendigkeit zur Minimierung des eigenen Energieverbrauchs. Es zwingt alle lebenden Systeme, also jede Zelle, jeden Organismus und auch jedes soziale System, die Beziehungen seiner Konstituenten so zu gestalten, dass der für die Aufrechterhaltung der Struktur und der Leistungen des betreffenden Systems erforderliche Energieverbrauch so gering wie möglich bleibt. Dank ihres Verstandes haben es Menschen nicht nur geschafft, sich Energieressourcen anzueignen, die von anderen Lebewesen aufgebaut werden, sie haben auch gelernt, die von ihnen in Vorzeiten geschaffenen fossilen Energiereserven anzuzapfen und für ihre Aktivitäten zu nutzen. Solange diese Energie in ausreichenden Mengen verfügbar war, mussten die Menschen ihr Zusammenleben nicht auf eine Minimierung des dazu erforderlichen Energiebedarfs ausrichten. Im Gegenteil! Weil sie bei der Beschaffung von Energieressourcen so erfolgreich waren, hatten sie genug und konnten es sich leisten, ihr Zusammenleben so enorm energieaufwendig zu gestalten, wie das noch heute der Fall ist: voller unnötiger Konflikte, mit Mord und Totschlag, Überfällen und Unterdrückung, ständigen Kriegen und einer Wirtschaft, die als einziges Ziel die Selbsterhaltung durch fortwährendes Wachstum anstrebt. Kein Wunder also, dass sich seit der Sesshaftwerdung vor etwa 10 000 Jahren der Energieverbrauch pro Kopf um den Faktor 500 vergrößert hat. Mit der Zunahme der Weltbevölkerung von ca. zwei Millionen auf acht Milliarden hat sich der globale Energieverbrauch um den astronomischen Faktor von zwei Millionen erhöht.

Rein physikalisch betrachtet ist dieses Szenario eines kontinuierlich und bisweilen sogar explosionsartig wachsenden Energieumsatzes mit einem hochenergetischen Attraktor vergleichbar. Wir kennen das Szenario, in dem ein Schmetterling einen Orkan auslösen kann. Beschrieben wird damit eine energetisch hoch aufgeladene Situation (also ein energetisch labiler Zustand), in der eine winzige Ursache gigantische Energieflüsse in Gang setzt, die sogar zur Formation von Hurrikans führen können. Diese Situation entsteht zwangsläufig durch die Ausbeutung fossiler Energiequellen und sie führt fast ebenso zwangsläufig zu solchen Hurrikans in Form von Kriegen. Ziel der Eroberung fremder Gebiete war stets deren Ausbeutung durch Raub, Zwangsarbeit und unterschiedlichste Formen von Besatzungsabgaben, also im weitesten Sinne Energiebeschaffung.

Damit einhergehend entstanden immer effektivere und wirksamere Kommunikations- und Informationstechnologien und es kam zu einer ständigen Erweiterung kognitiver menschlicher Fähigkeiten. Ihren vorläufigen Höhepunkt hat sie in den digitalen Technologien, den lernfähigen Computern und den mit sogenannter »künstlicher Intelligenz« ausgestatteten Robotern und Automaten gefunden. Die ersten Menschen sind dabei, sich mit diesen lernfähigen Maschinen zu identifizieren, sie zu bewundern und sie als die wahren Gestalter unserer Zukunft zu betrachten. »Cyberwar« nennen sie das, was bisher menschenverachtender, grausamer und todbringender Krieg geheißen hat.

Und weshalb lassen wir zu, dass unsere Kinder sich mithilfe dieser digitalen Geräte in virtuellen Welten verlieren, bis sie ihr Smartphone als ein zu ihnen gehörendes eigenes Körperteil betrachten und ihr reales Leben mit der von diesen digitalen Maschinen erzeugten virtuellen Welt verwechseln? Sicher nicht, weil wir nicht hinreichend gut über die Folgen der Nutzung digitaler Geräte zur Affektregulation vor allem bei Kindern und Jugendlichen informiert sind, sondern weil uns der Mut fehlt, uns unseres Verstandes zu bedienen. Und dieser Mut fehlt uns deshalb, weil wir uns nicht mehr mit anderen Lebewesen, auch nicht mit anderen Menschen und offenbar auch nur noch unzureichend mit unseren Kindern, ja oft noch nicht einmal mehr mit den lebendigen Anteilen in uns selbst verbunden fühlen. Deshalb behandeln wir uns selbst, behandeln wir andere Menschen und andere Lebewesen so, als seien sie Objekte.

Unsere Kinder können unter diesen Bedingungen die in ihnen angelegten Potentiale nicht entfalten. Dazu brauchen sie ebenso wie wir Erwachsene Gemeinschaften, die jedem Mitglied größtmöglichen Raum für eigene Entdeckungen bieten und deren

Mitglieder sich gegenseitig zur Entfaltung ihrer jeweiligen Talente und Begabungen einladen, ermutigen und inspirieren. Das sind Gemeinschaften, deren Mitglieder sich als Subjekte erleben und einander als Subjekte begegnen. Wenn das gelingt, ist die Entfaltung der in jedem Einzelnen wie auch der in der jeweiligen Gemeinschaft angelegten Potentiale unvermeidbar. Denn alles, was lebendig ist, strebt nach Entfaltung und entfaltet sich von ganz allein, solange es dabei nicht behindert oder blockiert wird. Die menschliche Sprache entstand nicht als ein Befehlssystem, sondern um individuell gemachte Erfahrungen mit anderen zu teilen und einander über das zu informieren, was für ein gelingendes Zusammenleben wichtig war. Aber diese Sprache und die mit ihrer Hilfe übermittelten Informationen können ebenso gut benutzt werden, um andere zu hintergehen, zu betrügen, zu verführen und sie auf diese Weise als Objekte zur Durchsetzung eigener Interessen zu behandeln. Leider ist das auch heute noch oft genug der Fall, möglicherweise geschieht es heute sogar häufiger und subtiler als je zuvor.

Glücklicherweise verfügen wir Menschen aber auch noch über eine Sprache, um miteinander zu kommunizieren und Informationen auszutauschen, die keine Worte braucht. Unsere Kinder erlernen diese nonverbale Kommunikation noch vor dem Spracherwerb. Aus der Mimik und Gestik ihrer Eltern können sie sehr genau herauslesen, wie es diesen für sie so wichtigen Bezugspersonen geht, ob sie sich freuen oder traurig sind, ob sie mit ihrer Aufmerksamkeit bei ihnen oder woanders sind, sogar was diesen Eltern wichtig und was ihnen weniger wichtig ist. Wer als Kind nicht genügend Zeit und Gelegenheit hatte, sich diese wortlose Sprache anzueignen und die in der Mimik und Gestik zutage tretenden Botschaften zu verstehen, hat es im späteren Leben meist recht schwer. Sie oder er ist dann nur eingeschränkt in der Lage, die von anderen Personen hinter ihren Worten, hinter ihren verbal vermittelten Informationen verborgenen Botschaften und Absichten zu erkennen.

Und noch etwas zeichnet uns Menschen aus und hilft uns dabei, uns immer wieder mit unseren beiden Grundbedürfnissen zu verbinden, die wir alle in uns tragen, auch wenn sie bisweilen kaum noch spürbar sind. Es ist die Fähigkeit, uns von bestimmten Erfahrungen, die wir in der Begegnung mit anderen machen, manchmal auch von dem, was sie uns in Form von Büchern und Kunstwerken hinterlassen haben, tief im Inneren berühren zu lassen. Und manchmal geschieht es auch, dass wir selbst einen anderen Menschen tief in seinem Inneren berühren. Das sind Sternstunden, in denen wir uns wieder mit unseren lebendigen Bedürfnissen verbunden fühlen, in denen wir uns endlich wieder als miteinander verbundene Subjekte erleben. Plötzlich finden wir so auch unsere eigene Würde wieder. Wer das jemals erlebt hat, wird sich künftig nie wieder wie ein Objekt von anderen Menschen behandeln lassen oder gar selbst einen anderen Menschen zum Objekt seiner Absichten und Ziele, seiner Belehrungen und Bewertungen oder seiner Maßnahmen und Anordnungen machen. Menschen, die sich ihrer eigenen Würde wieder bewusst geworden sind, verspüren auch diesen Drang nicht mehr länger, andere ständig über etwas zu informieren, was sie für wichtig erachten, oder sich selbst ständig über all das auf dem Laufenden zu halten, was andere für wichtig erachten.

Klassische Naturwissenschaftler, die bestrebt sind, bestimmte Phänomene mit objektiven Verfahren zu beobachten, zu messen, zu analysieren und zu beschreiben, stellt diese Berührbarkeit von uns Menschen vor ein großes Problem: Die innere Berührung, die ein Mensch gelegentlich erlebt, lässt sich nicht objektivieren. Sie ist und bleibt ein subjektives Erleben. Sich berühren zu lassen und diese Berührung auch selbst zuzulassen bedeutet, sich in etwas Übergeordnetes einzuordnen, das größer und umfassender ist als das, was jemand bisher für sein »Ich« gehalten hat. Die betreffende Person erlebt sich dann nicht nur als Teil von etwas Größeren. Indem sie diese Erfahrung integriert, nimmt sie selbst nun auch Anteil an diesem größeren Ganzen. Das ist eine aus dem bisher verbreiteten klassischen naturwissenschaftlichen Weltbild nicht ableitbare Vorstellung und eine für die meisten »objektiven« Wissenschaftler nicht erforschbare und deshalb kaum vorstellbare Fähigkeit. Wenn es zu einer Berührung sehr vieler Menschen kommt, entsteht ein hochkohärenter, nur wenig Energie verbrauchender Zustand, der sich durch ein Maximum an individueller Autonomie und Freiheit auszeichnet.

Informationen können Menschen erschüttern und verängstigen, sie können Menschen erfreuen und in ihren Überzeugungen bestätigen, sie können dazu führen, dass Menschen etwas erkennen, sich betroffen fühlen und deshalb bereit sind, irgendetwas zu tun. Aber all das, was als Informationen verbreitet wird, führt nicht dazu, dass Menschen dadurch berührt werden oder besser: sich berühren lassen. Die Voraussetzung jeder Berührung ist eine lebendige Begegnung. Und begegnen können einander nur sich ihrer selbst bewusst gewordene Subjekte, keine Objekte, also keine Abnehmer, Konsumenten oder Empfänger von Informationen.

Offenbar müssen wir zwischen zwei verschiedenen Formen der Wissensverbreitung zu unterscheiden lernen: Zum einen hierarchisch organisiertes, nach außen gerichtetes Wissen, das unter Inanspruchnahme fossiler Energiequellen hervorgebracht und verbreitet wird. Es führt zur Gleichschaltung und Verengung von Handlungsoptionen und wird durch Wachstum mit steigendem Energieverbrauch aufrechterhalten und vermehrt. Dem gegenüber steht das verbindende, durch gegenseitige Berührung entstehende innere Wissen und Empfinden. Es ist durch eine Minimierung des Energieverbrauchs geprägt und stützt sich auf das selbst organisierte Zusammenwirken von Individuen einer größtmöglichen Vielfalt von Lebensformen. Inhalte dieses Wissens sind nicht auswendig erlernbar, auch nicht kognitiv vermittelbar, sondern nur durch eigene Anteilnahme erfahrbar. Der Einzelne erlebt sich als Teil eines größeren Ganzen, das er durch seine eigenen Aktivitäten erfährt und mitgestaltet.

Deshalb entsteht auch Frieden nicht durch die Verhinderung von offen zutage tretender Gewalt, sondern durch Hinwendung zu unseren Mitmenschen und zu allen anderen Lebewesen, mit denen wir untrennbar verbunden sind. Angesichts des verheerenden Zustandes unserer Welt wäre es an der Zeit, das in uns Menschen angelegte Potential, einander tief im Inneren berühren zu können, nun endlich ebenfalls zur Entfaltung zu bringen. So schwer ist das nicht. Es beginnt ja bereits mit einem Lächeln, das wir einem anderen Menschen schenken. Und das enthält mehr Informationen als tausend Worte.

Nachbemerkung

Liebe Leserinnen und Leser,

es kann sein, dass dieses Buch Sie überrascht hat. Schien doch das Problem der Überflutung unserer Gehirne ein dermaßen praktisches, weil alltäglich auftretendes Problem. Wie einfach wäre es gewesen, hätte sich an dieser Stelle eine Lösung gefunden, die es uns ermöglicht, einfach so weiterzumachen mit dem Informationsterror und ihn zum heiligen Krieg gegen Unwissenheit und Ignoranz zu erklären. Das wird nicht gehen. Das hieße, den Weg fortzusetzen, der uns in dieses Problem geführt hat.

Überrascht es Sie, wenn wir eingestehen, dass uns dieses Buch auf jeden Fall auch überrascht hat? Es ist an uns gewachsen und wir an ihm. Es zu schreiben war eine Reise, die uns beide immer tiefer in unser Menschsein geführt hat. Was aussah wie eine Alltagsherausforderung des globalisierten, digitalen Zeitalters, hat sich als Sinnfrage entpuppt. Die Informationsflut ist eben keine Art von Naturkatastrophe in dem neuen Habitat, das die weltumspannende, unmittelbare und vermarktete Kommunikation geschaffen hat. Es gibt keine Rettungsboote und keine Dämme gegen diese Flut. Vielmehr machen wir sie selbst, indem unsere Bedürftigkeit Informationen ansaugt wie ein Riesenstrudel. Und der Weg aus der Überflutung unserer Gehirne mit Informationen ist keine Verteidigung gegen einen Angriff von außen, sondern eine Besinnung auf unser Menschsein. Eine Erinnerung an die Frage, wer und wie und was wir miteinander sein wollen.

Unsere Antwort auf diese Frage ist keine Information, die Sie wie eine neue Programmierung in die Berechnungen für Ihr Leben einstellen können. Es ist unsere Antwort. Sie soll nicht belehren und sie hat kein Ziel. Wenn Sie das, was Sie hier lesen, jedoch berührt, dann wissen Sie, was wir mit diesem Buch meinen. Dann ist das, was wir hier aufgeschrieben haben, für Sie zu einer Information geworden. Sie sind in Ihrem Inneren wieder mit etwas in Berührung gekommen, das die ganze Zeit vorher auch schon da war. Und es konnte Sie nur deshalb berühren, weil Sie offen dafür waren. Die sprachliche Metapher des »Berührens‹ ist poetisch und sie ist sehr zutreffend: Aus gutem Grund lassen wir uns oft nicht von anderen Menschen und dem, was sie sagen und tun, berühren. Zu oft haben wir alle erlebt, dass es auch Menschen gibt, die uns zu berühren versuchen, weil sie bestimmte Absichten damit verfolgen. Und wenn wir uns davon nicht beeindrucken lassen, werden wir bisweilen sogar angefasst und angegriffen. Wir genießen Berührungen, die nicht von außen kommen, sondern in uns selbst entstehen. Und wer uns berührt, um uns zu Objekten seiner Absichten und Ziele zu machen oder uns mit bestimmten Informationen zu manipulieren versucht, dem verschließen wir uns. Es liegt an uns selbst, diese Grenze zu ziehen.

Als wir begannen, dieses Buch zu schreiben, waren wir einander fremd. Wir kannten uns nicht und wir wussten nicht, wohin uns diese Reise führt. Wir sind uns auch in diesem gesamten kreativen Prozess nicht ein einziges Mal von Angesicht zu Angesicht, also physisch, begegnet. Alles lief über Video-Meetings und E-Mails ab. Und doch war es eine inspirierende und in hohem Maße produktive Begegnung zweier sehr verschiedener Menschen mit sehr unterschiedlichen Hintergründen und Erfahrungen.

Am Anfang stand nur das gemeinsame Interesse, so ein Buch zu schreiben. Wir hielten das angesichts des Zustandes unserer gegenwärtigen Welt für dringend notwendig. Es bedarf Tausender Informationen, einen solchen Text zu verfassen, aber die haben unsere Gehirne nicht überflutet, sondern uns vielmehr zu einer wachsenden Einsicht und Klarheit über so viele Verwicklungen geführt, die unser Leben und unser Zusammenleben so schwierig machen. Auch Klarheit darüber, was Menschen helfen kann, sich aus diesen Verwicklungen zu befreien, sich zu entwickeln. Es würde uns freuen, wenn Sie es beim Lesen ähnlich empfunden haben.

Robert Burdy und Gerald Hüther
Leipzig und Witzenhausen, im Sommer 2022